| 台湾研究系列 |

中共和平解决
台湾问题的历史考察

李松林　祝志男　著

九州出版社 JIUZHOUPRESS | 全国百佳图书出版单位

图书在版编目（CIP）数据

中共和平解决台湾问题的历史考察 / 李松林，祝志男著. —北京：九州出版社，2011.12

ISBN 978-7-5108-1382-5

Ⅰ. ①中… Ⅱ. ①李… ②祝… Ⅲ. ①台湾问题-研究 Ⅳ. ①D618

中国版本图书馆 CIP 数据核字（2012）第 014452 号

中共和平解决台湾问题的历史考察

作　　者	李松林　祝志男　著
出版发行	九州出版社
出 版 人	徐尚定
地　　址	北京市西城区阜外大街甲 35 号（100037）
发行电话	（010）68992190/2/3/5/6
网　　址	www.jiuzhoupress.com
电子信箱	jiuzhou@jiuzhoupress.com
印　　刷	三河市东方印刷有限公司
开　　本	720 毫米×1020 毫米　16 开
印　　张	17.75
字　　数	281 千字
版　　次	2012 年 4 月第 1 版
印　　次	2012 年 4 月第 1 次印刷
书　　号	ISBN 978-7-5108-1382-5
定　　价	48.00 元

目　录

第一章　中国共产党和平解放台湾口号的提出

中国共产党历来主张和平与民主，特别是在抗战胜利后，为了避免国共两党再度爆发内战，于1945年8月25日提出了和平、民主、团结的政治口号。如果不是国民党将内战强加在中国共产党的头上，中国共产党决不会与国民党兵戎相见。然而仅仅经过3年多的时间，国民党蒋介石集团就在自己发动的内战中败北，创下了大崩溃、大失败与大逃亡的新纪录。败退台湾的中国国民党蒋介石集团在美国支持下困兽犹斗，提出了“反攻大陆”的口号。出于肃清国民党残敌与实现祖国完全统一的考量，中国共产党提出“一定要解放台湾”的口号，并于1949年10月和1954年9月攻打和炮击金门。此举引起了美国等西方势力的介入，被西方媒体称为第一次“台海危机”。为了化解台海危机与推进祖国统一的进程，中国共产党毅然调整对台政策，将武力解放台弯调整为“和平解放台湾”。此举不仅化解了“台海危机”，而且推进了国共两党之间的接触与两岸关系的发展。考察中国共产党和平解决台湾问题的历史进程与政策演变，必须从武力解放台湾口号的提出与实施开始研究。只有搞清楚中国共产党是怎样从武力解放转变到和平解决台湾问题的，才能够更深刻地理解中国共产党和平解决台湾问题的基本思路、内涵与重要的历史意义。

一、武力解放台湾口号的提出与实施

1. 武力解放台湾口号的提出

众所周知，当“三大战役”的硝烟刚刚散去，中国共产党就在渡江战役发动前夕的1949年3月15日，提出了“一定要解放台湾”的口号。新华社当日“时评”的标题就是《中国人民一定要解放台湾》。① “时评”何以在人民解放军渡江战役前夕就提出“一定要解放台湾”的口号呢？据笔者研究，时评的依据主要有三：

第一，美国正在酝酿“直接攫取台湾”的阴谋。众所周知，台湾自古以来就是中国的领土，无数的历史文献记载都充分证明了这一点。就连美国主导制定的《开罗宣言》也不能不承认：台湾是中国的领土，战后将台湾、澎湖列岛归还中国。然而，作为世界霸主的美国，却千方百计地企图占领台湾，以遏制中国共产党势力的发展。此说并非虚言，关于此点，可从下列事实中得到说明。

早在日本投降前，美国海军军部就曾经拟由“美国单独军政管理台湾”之计划。1947 年“二二八事件”发生后，美国官方虽然表示不介入台湾事务，但在部分美国官员中已经开始出现将台湾从中国分离出去的主张。1943 年 3 月，美国驻台北总领事馆向华盛顿建议：以目前台湾在法律上还是日本的一部分为由，用联合国的名义对台湾进行干涉，待有一个“负责的中国政府”后再归还中国。② 很显然，美国此举是它日后鼓吹“台湾地位未定论”与“联合国托管”说的前奏曲。同年 8 月，美国总统特使魏德曼访问中国时曾对台湾进行过考察，魏德曼在其考察报告中宣称：因“二二八事件”造成民众对台湾当局的敌对情绪，已“有迹象表明台湾人民对美国监护或联合国托管是会接受的”。正是魏德曼的错误判断为美国后来制造台湾与大陆的分离寻找到了理论根据。

国民党在大陆败局已定的情况下，美国为从中国“脱身”，其决策集团于 1948 年至 1949 年初开始考虑将台湾与中国大陆分开处理的问题。1948 年 11 月，美国国务院要求参谋长联席会议对中国未来发展作出估计。参谋长联席会议在征求了美国驻日占领军统帅麦克阿瑟意见后认为：一是中共占领大陆后，台、澎对美国更显重要；二是如果台湾为“不友好”力量（指苏联）控制，一旦发生战争，“敌人”就可利用它控制东南亚地区；三是台

① 《新华月报》，第一卷，第一期，第 43 页。

② 资中筠：《中美关系中的台湾问题之由来》，载《美台关系 40 年》，第 20 页，人民出版社，1991 年版。

湾“沦入”共产党之手，日本就会成为美国的负担。怎样防止台湾不被共产党占领呢？最有效的方式当然是直接出兵。然而由于美国在全球的战线过长，参谋长联席会议并没有建议直接出兵。而是主张：“通过外交和经济手段，不让共产党统治台湾，从而保证其留在对美国友好的政府手中，是符合美国的战略利益的”。① 1949 年 1 月 19 日，美国国家安全委员会提出了《美国对福摩萨的立场报告》。报告宣称：“美国基本目标是不让福摩萨和佩斯卡多尔群岛（即台湾和澎湖列岛）落入共产党手中。为此目标，目前最实际可行的办法是把这些岛屿与中国大陆隔离开来。”当时美国策划了四种方案：

（1）按照日本投降的条件占领台湾，或通过与国民党政府谈判，或在该政府垮台之后采取直接行动；

（2）同国民党政府谈判达成协议，使美国获得在台湾的治外法权和设立基地权；

（3）在台湾支持国民党政府或一部分余党，作为美国所承认的中国政府；

（4）支持台湾当地所得以维持下来的非共产党的中国人的控制。②

基于以上认识，美国先后又抛出了种种分离台湾的方案：

方案一：在蒋介石抵台前，设法阻止蒋介石的流亡政府迁台。美国阻止蒋来台的举措之一，是拉拢时任台湾省主席的魏道明。魏道明宣称在取得美国 1000 万美元贷款作为“心理上”支持的条件下宣布台湾“自治”，并说服蒋介石不要来台。魏道明的行为完全在国民党情报机关的掌控之下，所以计划尚未实施，蒋介石就撤换了魏道明，让自己的嫡系陈诚接任台湾省主席一职。美国这一分裂中国的方案宣告破产。

方案二：在台湾培植亲美代蒋势力。1949 年初，新任国务卿艾奇逊派美国驻华使馆参赞利文斯顿·墨钱特前往台湾执行游说使命，第一个游说对象就是现任台湾省主席陈诚。当墨钱特与陈诚进行私下接触，探寻能否与美国“合作”，阻止蒋介石及其亲信来台时。墨钱特发现陈诚绝对忠诚于蒋介

① 资中筠：《中美关系中的台湾问题之由来》，载《美台关系 40 年》，第 23 页。

② 苏格：《美国对华政策与台湾问题》，第 93 – 94 页，世界知识出版社，1998 年版。

石，在后来给美国政府的建议中宣称：陈诚属于典型的国民党“最反动的”和“昏庸的”领导，不符合美国利益，乃向国务卿推荐孙立人。① 1949年3月上旬墨钱特致电国务院称：“我们所需要的是一个能力强，做事脚踏实地的人，不必听命蒋介石，亦毋须服从李宗仁的联合政府，而去为台湾谋福利。孙立人的经验也许不足，但其他条件却甚适合。”美国人真正属意的应属孙立人，因为孙立人曾留学美国，又在滇缅作战中荣立战功颇受美国器重。此时，李宗仁也有用孙立人取代陈诚的想法。当陈诚得知此一讯息时，立即致信司徒雷登，表示可以让位给孙立人，但须由美国征求蒋介石的意见。② 后美国政府曾直接同孙立人接触，孙立人除了发发牢骚之外并未有实际行动。因美与孙立人接触为国民党情报机构所掌握，蒋介石一方面接见孙立人，加以笼络，另一方面当国民党在台生根后立即将孙立人监禁。

方案三：制造“台湾地位未定论”与“联合国托管说”（“托管”在国际政治意义上是指对非自治领土，特别是旧殖民地，将其交付国际指定的国家代为管理，并协助其自治或独立。《现代汉语词典》将“托管”解释为由联合国委托一个或几个会员国在联合国监督下管理还没有获得自治权的地区。）。1949年4月15日，美国国务院新闻发布官麦克德莫特发表谈话，宣称“台湾地位在战时与库页岛完全一样，其最后地位将由一项和约决定”。③ 尽管在战时美国军方就曾主张台湾应由联合国共管，但美国政府并未持这一立场。此间抛出这一观点很快于同年5月被美国国务卿艾奇逊致美国驻广州代办克拉克的电文所证实。电文称麦克德莫特的发言确实代表美国政府的观点。麦克阿瑟已公然叫嚣“在对日和约签订之前台湾仍属于盟军总部，”此一喧嚣为制造“联合国托管”埋下了伏笔。

上述观点是美国政府制造“台湾地位未定论”的最初公开表述。同年6月，美国国务院又提出一份政策意见书，其主旨是立即向联合国提出台湾问题，要求召开特别联大，由美国发表声明，说明《开罗宣言》发表时所预见的与台湾有关的战后形势没有成为现实，中国政府在台湾“治理不当”，

---

① 苏格：《美国对华政策与台湾问题》，第99页。

② 苏格：《美国对华政策与台湾问题》，第99页。

③ 资中筠：《追根溯源——战后美国对华政策缘起与发展》，第267页，上海人民出版社，2000年版。

正使其丧失在台湾行使主权的权力，因此台湾人民有权举行公民投票以决定自己的命运。①

朝鲜战争爆发后，美国总统杜鲁门在6月27日的声明中，无理地宣称：台湾未来地位的决定“必须等太平洋安全的恢复，《对日和约》的签订或经由联合国考虑”。② 在杜鲁门的声明中，《开罗宣言》关于台湾归属的法律效力不复存在了，中国收回台湾主权的事实也被抹杀了，而且有权决定台湾未来地位的，只能是美国或联合国。

对于改变台湾地位的性质，美国学者与西方领导人作如下辩解：一是《开罗宣言》和《波茨坦公告》不具有约束力；二是“情势变迁”；三是中国接收台湾并非取得主权；四是《对日和约》决定台湾地位；五是联合国考虑台湾归属。③ 这些说法明目张胆地破坏了国际准则。当然这些说法自然不被中国人民所接受，其中包括了退守台湾的国民党蒋介石集团。

面对美国甚嚣尘上的“联合国”托管说与种种分离台湾的方案，“时评”明确表示：“中国人民包括台湾人民将绝对不能容忍美国帝国主义对台湾或任何其他中国领土的非法侵犯。”

第二，以蒋介石为首的国民党反动派，“也梦想托庇于美国帝国主义的军事保护下，把台湾作为最后挣扎的根据地”。④ 国民党在其兵败大陆之际，已决心退保台湾，并将台湾作为“反攻大陆”的基地，同中共作战到底。据蒋介石自己称：早在1946年10月他在视察台湾后就有了退保台湾的构想。蒋在10月26日日记中写道：“只要有了台湾，共产党就无奈我何。”⑤“就算是整个大陆被共产党拿去了，只要保着台湾，我就可以用来恢复大陆。”⑥

当时全国内战初起，国民党蒋介石集团正处在不可一世的狂妄之际，并计划在3个月内从根本上打败共产党，从未料到其在3年后被赶到台湾。当

---

① 资中筠：《追根溯源——战后美国对华政策的缘起与发展》，第270页。
② 《中美关系资料汇编》，第2辑（上），第10页，世界知识出版社，1960年版。
③ 贾庆国：《“台湾地位未定论”的法律透视》，载资中筠主编：《美台关系40年》，第82页。
④ 《新华月报》，第一卷，第一期，第43页。
⑤ 张其昀：《先总统蒋公全集》第2册，第2248页，台湾中国文化大学，1984年版。
⑥ 张其昀：《先总统蒋公全集》第2册，第2248页。

“三大战役”的硝烟尚未消失之际，蒋介石被迫宣布下野。蒋在后来宣称：他当时下野有出于对台湾问题的考虑。“如果我不下野，死守南京，那台湾就不能兼顾，亦就不能成为‘反共抗俄’的堡垒。”① 应当说，蒋介石此时已经看到国民党在大陆将不保，退保台湾的思想随之形成了。蒋介石何以在内战爆发之初就打算选定台湾作为他的反共基地，而在其下野后最终确立了这一构想呢？据笔者研究，当时蒋介石主要出于以下几种考虑：

其一，从台湾的地理位置角度讲，便于避居困守。众所周知，台湾是中国第一大岛屿，总面积达3.6万平方公里，位于祖国大陆东南100多公里的海面上，北临东海，东北隔着琉球群岛与日本遥遥相对，东面是浩瀚无际的太平洋，西南隔台湾海峡与大陆福建省相望，南临巴士海峡，与菲律宾相去不远。台湾全省恰扼西太平洋航道的中心，在战略上素有我国“7省藩篱”之称。美国人一直垂涎台岛，企图将其变为自己在太平洋上一艘“永远不沉没的航空母舰”。这种优越的地理位置让仓惶败退至此的国民党蒋介石集团易于立足，并组建“流亡政府”以图“反攻”。蒋介石在国民党七大报告中曾坦诚地宣称：“我下野时还有一个重要的考虑，就是台湾地位的重要。”“宁可失了整个大陆，而台湾是不能不保的。”②

其二，台湾具有丰富的自然资源与较先进的工业与交通基础。岛上有驰名中外被誉“台湾三宝”的米、糖、茶三大物产；有四季不断、品种繁多的水果；有约相当于江苏、浙江、安徽3省森林面积总和的“森林宝库”；有200多种已探明的地下矿藏和丰富的水产品。与丰富的自然资源相适应，台湾又是较早兴办洋务、修铁路、开矿山、办工厂的地区。日本统治台湾50年间，特别是后期，为适应对外发动侵略战争的需要，对台农业、工业，特别是交通、电力等基本设施作了不少投资，教育亦有一定普及。战争对台湾虽有相当破坏，但总起来看，“到1945年，台湾社会的资本主义生产关系和生产力的发展程度，比之当时仍处在半封建半资本主义的中国大陆社会要‘进步’多了”。③ 连蒋介石都承认，“我初到台湾，参观了日月潭的水利工

① 张其昀：《先总统蒋公全集》，第2册，第2248页。
② 张其昀：《先总统蒋公全集》，第2册，第2248页。
③ 许澄源：《二·二八前夕的台湾经济》，载《台湾与世界》，1987年4月号。

程”，“参观了入山的铁路工程和林场的管理，觉得日本以蕞尔小国，竟能称雄世界，实非偶然”。认为日本在台湾的诸项工程非中国大陆工程可比。① 战后，国民党政权接管了台湾的行政及一切设施。丰富的自然资源与较先进的工业、交通、水利基础就成为国民党退保台湾后得以生存的最基本条件。

其三，败退台湾还可争取美国的支持与援助。众所周知，国民党蒋介石集团是靠美国支持起家的，尽管国民党兵败大陆引起美、蒋争吵而引发美国发表落井下石推卸罪责的中美关系《白皮书》，但从全球战略考虑，他们从根本上是不会放弃支持国民党蒋介石集团的立场的，因为反共成为美、蒋继续勾结的纽带。对于这一点，蒋介石看得再明白不过了。当《白皮书》发表之际，蒋介石充满了愤愤之情，有人劝蒋对美国此举发一声明，表示抗议。蒋介石当时已考虑到国民党已是四面楚歌，兵败退台后还要仰仗美国，故未敢发表个人抗议电，只是令“驻美国大使”顾维钧和“外交部长”叶公超各发一抗议电。朝鲜战争爆发后，美国第 7 舰队侵入台湾海峡，炮制《中美关系白皮书》的美国总统杜鲁门，声明要求蒋介石与之“合作”，时任“外交部长”的叶公超立即奉蒋令复函表示“接受”。

基于以上三点考虑，蒋介石退保台湾的思想至 1949 年中期最终得以确立。此点还可得到旁证。作为蒋介石的政敌、时任中华民国代总统的李宗仁在后来回忆说：“蒋先生在引退前，即已准备放弃大陆，退保台湾，以贯彻其改造党政军，成为三位一体的心愿，维持清一色的蒋家小朝廷。他更深信放弃大陆之后，国际情势必益恶化，第三次大战亦必随之爆发，即可因人成事，回大陆重温接收政权的美梦。”② 当时一些国民党高级将领面对国民党在大陆的这盘残棋，也曾建议蒋介石“以台湾为核心，建立为军事政治之基地”。其中祝绍周 1949 年 1 月 4 日呈蒋的一封密信最具代表性。信中提出：建立以台湾为中心，包括闽、浙、粤和海南岛在内的军事基地，即使将来东南军事再受挫折，还可以台湾为基地，配合国际形势“反攻大陆”；由台湾省政府统一经营管理台湾的经济，以保证将来撤退赴台的国民党军队的

---

① 张其昀：《先总统蒋公全集》，第 2 册，第 1944 – 1945 页。

② 《李宗仁回忆录》，第 951 页，广西人民出版社，1980 年版。

供应；建议授权省主席统一管理从大陆赴台的军政机构。[1] 这一建议对蒋介石退保台湾思想的形成亦有一定的影响。为贯彻退保台湾为反共核心基地的思想，蒋介石在下野前后制订了“建设台湾、闽、粤，控制两广，开辟川滇”的计划，并设想建立一个“北连青岛、长山列岛，中段为舟山群岛，南到台湾、海南岛”的海上锁链，使其成为“反攻大陆”的基地，[2] 当然，中心点在台湾。为实施这一计划与设想，蒋介石推出下列举措：

一是派嫡系大将陈诚及爱子蒋经国主持台湾党政。1948 年 12 月 29 日，蒋介石通过行政院长孙科任命陈诚为台湾省政府主席，通过中央党部任命打“虎”败将蒋经国为台湾省党部主任委员，使台湾党政大权归于蒋介石手中。这也是蒋介石经营台湾的第一步。对于任命陈诚，李宗仁颇感意外，因为作为败军之将的陈诚，自东北返南京后，一直处在“杀陈以谢天下”的喧嚣之中，转瞬间被委以重任使李宗仁不解。李宗仁后来回忆说：“此次就职突然发表，前主席魏道明事前竟毫无所知，陈诚得令后，立即自草山迁入台北。三十八年（1949 年）1 月 5 日便在台北就职视事，行动之敏捷，为国民党执政以来所鲜见，由此可知道蒋先生事前布置的周密。”[3] 1949 年 1 月 18 日，陈诚又兼任了台湾省警备总司令。陈诚接掌台湾党政军大权之后，不负蒋介石的重托，又是改革币制，又是推展三七五减租，还在全岛实施了军事戒严，整顿社会秩序，为国民党兵败退台提供了一个可以喘息的安全之地。陈诚的举措最终也使自己成为“行政院长”、“副总统”与国民党副总裁，是一人之下万人之上之人。

二是命令蒋经国、俞鸿钧将中央银行的黄金、美钞运往台湾与美国。1949 年 1 月 10 日，蒋经国奉父命至上海访中央银行行长俞鸿钧，“希其将中央银行现金移存台湾，以策安全”。[4] 1 月 16 日，蒋介石亲自约见俞鸿钧与席德懋等人，要求将中央银行、中国银行现金移存台湾与美国，“盖欲为国家保留一线生机也”。[5] 尽管金融界人士对此举尚有异议，但在蒋介石的

① 《台湾经济繁荣的功臣》，第 74 页，台北：风云出版社，1988 年版。
② 秦栋、薛乔：《残局难收》，《名人传记》，1986 年 3 期。
③ 《李宗仁回忆录》，第 952 页。
④ 蒋经国：《危急存亡之秋》，《蒋经国自述》，第 207 页，湖南人民出版社，1988 年版。
⑤ 《蒋经国自述》，第 209 页。

严令下，所有国库黄金、美钞在2月10日均运抵台湾与转存美国，据蒋经国称，“上海只留20万两黄金”。① 对于蒋介石运抵台湾的黄金与转存美国的美钞，海内外众说纷纭。据接替蒋介石的代总统李宗仁称：“自民国37年8月‘金元券’发行之后，民间所藏的银元、黄金、美钞为政府一网打尽。据当时监察院财政委员会秘密会议报告，国库库存金钞共值33500万美元。此数字还是依据中国公开市场的价格计算；若照海外比值，尚不止此数。库存全部黄金为390万盎士，外汇7000万美元和价值7000万美元的白银。各项总计约在美金5亿上下。”② 李宗仁称蒋将国库全部金银、美钞运台。《人民日报》公布的数据是：国民党撤离大陆前，先后3批实际运去台湾的黄金共277.5万市两，银元1520万元。③ 前台湾“行政院长”郝柏村称蒋介石从大陆撤退时曾带来了“几百万两黄金”。④

蒋介石此举可谓一石二鸟：一可使刚刚上台的政敌李宗仁无法维持统治，二可为其兵败退台奠定经济基础。对于蒋介石劫夺黄金与美元之事可谓是铁证如山，但蒋介石却宣称“前在职时，为使国家财富免于共党劫持，曾下令将国库所有金银转移安全地点，引退之后，未尝再行与闻”⑤。蒋介石此说与当年蒋经国日记所载两相对照，足以表明是蒋介石在说谎。台湾史学家李敖对此评论说：“‘中华民国’虽进入了‘宪政’时代，居然还有一个‘党总裁’，以该‘党总裁的地位’，可以命令‘密将政府所存黄金运往台北’。”⑥ 与此同时，国民党当局还抢运了大量的珠宝、文物等，仅北平、南京的文物就被盗运走了5000多箱。

三是制定东南区以确保台湾为中心的战略防御计划。早在蒋介石下野前，就将其嫡系部队收缩至东南沿海一线，以台湾为中心，把经营的重点放在上海与福建沿海地区。蒋将京沪警备部扩充为京沪杭警备总司令部，任命嫡系爱将汤恩伯为总司令，统一指挥苏、浙、皖及赣东地区的军事。任命朱

---

① 《蒋经国自述》，第224页。
② 《李宗仁回忆录》，第952页，广西人民出版社，1980年版。
③ 《人民日报》，1980年1月8日。
④ 《台湾时报》，1989年11月27日。
⑤ 汪祖荣、李敖：《蒋介石评传》，第639页，中国友谊出版公司，2000年版。
⑥ 汪祖荣、李敖：《蒋介石评传》，第641页。

绍良为福州绥靖公署主任、福建省主席，负责福建防务。蒋介石令汤恩伯死守上海，坚持半年以上，等待第三次世界大战爆发，以便国民党从海上“反攻大陆”。此一安排显示蒋已意识到大陆将不保，欲退保台湾。

有鉴于此，“时评”郑重宣布：中国人民包括台湾人民“绝对不能容忍国民党反动派把台湾作为最后挣扎的根据地”。

第三，台湾汉奸美国奴才廖文毅之流正在制造“台湾独立”。众所周知，“台独”的始作俑者是日本人。“台独”最早起源于1945年日本宣布无条件投降之后。当日本天皇宣布无条件投降昭书时，日本军方的主战派很难接受日本投降的事实，他们不甘心失败，不愿白白地把既得的台湾“拱手相让”，主张力保台湾，其手法就是策动“台湾独立”。台湾最早从事“台独”活动的是在台日本军人与部分民族败类林熊祥、许丙之流相结合的“怪胎”。国民党接收台湾后，破获了林、许的“台独”组织。1947年，林熊祥、许丙被以“共同阴谋窃据国土罪”判刑。

此间，接受过美国培训并被美国收买、利用的廖文毅返台后秉其美国主子之旨意，在台湾抛出“台湾法律地位未定”、“应把台湾交美国托管”等谬论。如前所言，“二二八事件”时，廖文毅乘机从事“台独”活动。当国民党军登岛镇压暴动之时，廖文毅迅即逃往上海。1947年8月，廖文毅向准备去台湾考察的美国特使魏德迈递交了一份《处理台湾问题意见书》。书中对美国人提出八项要求：

第一，《大西洋宪章》亦应实施于台湾；

第二，准许台湾人派遣代表出席对日和约会议，并赋予发言权；

第三，台湾的归属问题应在对日和约上重新讨论，但必须尊重台湾人的意志，举行公民投票决定；

第四，在举行公民投票前，应准许台湾人脱离中国，而暂时置于“联合国托管理事会”管理之下；

第五，“联合国托管理事会”管理台湾，最长不超过5年；

第六，托管期结束3个月前，应举行公民投票，以决定是否脱离中国，或属他国或完全独立；

第七，倘或公民投票结果为台湾仍要属于中国的时候，必须与中国政府签约，在宪法上保障台湾为一自治领地区，台湾必须有独立建军的权利，中国军队不得去往台湾；

第八，倘或公民投票的结果为台湾要求独立的时候，“联合国托管理事会”的在台机构应立即退出台湾而使台湾成为永久中立国，以避免将来战祸①。

廖文毅的八项建议后来成为魏德迈向美国政府报告的“台湾人愿意接受美国的领导和联合国托管”的依据。这是廖文毅与美勾结的最好证据。

同月，廖文毅与其兄廖文奎纠集若干台湾人士，在上海成立了“台湾再解放联盟”，提出五点基本主张：

一是处理台湾应与处理朝鲜完全相同，台湾成为“独立国”一事，应获得美国的援助。

二是联合国应调查中国于第二次世界大战结束后接收台湾以来的处置不当处。

三是台湾人民系混血种，与其任何邻近国家并无必然联系。

四是台湾在日本人手中备受折磨，故应出席对日和会。

五是决定台湾前途的民主方法为联合国监督举行公民投票②。

1947 年 9 月，廖文毅害怕国民党追捕，遂从上海逃往香港。在港期间，廖文毅等人于 1948 年 5 月成立了“台湾民众联盟”。该机构就其性质而言也是个“台独”组织，其章程的第一条就是“推翻蒋政权在台的反动统治，建立代表台湾各阶层人民利益的民主独立政府，待整个中国政治确已走上民主轨道之时，依人民投票以联邦之一单位加入中国民主联邦”。③

1948 年 9 月 1 日，廖文毅在香港以“台湾再解放联盟”的名义向联合国递交“第一号请愿书”，要求台湾由联合国“托管”为“独立”。此后，廖文毅还向麦克阿瑟、美国国务卿艾奇逊等人，继续阐述他的“托管”说与“台独”理论。由于廖文毅等“台独”分子公开进行的分裂活动遭到一切有良知的香港人士的强烈反对，廖文毅之流害怕民众将其举报到国民党情报部门，遂挟“台湾再解放联盟”和“台湾民众联盟”总部逃往日本。从

① 王晓波：《走出台湾历史的阴影》，第 13 页，台北：帕米尔书店，1986 年版。

② 黄嘉树：《台湾能独立吗：透视台独》，第 16－17 页，南海出版公司，1994 年版。

③ 黄嘉树：《台湾能独立吗：透视台独》，第 17 页。

1949 年至 60 年初，“台独”的大本营一直在日本。

对于廖文毅的“台独“行径，中国人民包括台湾人民绝对不能容忍。

正是基于以上三点考虑，“时评”才郑重提出：“中国人民解放斗争的任务就是解放全中国，直到解放台湾、海南岛和属于中国的最后一寸土地为止。”“中国人民一定要解放台湾，一定要解放全中国。”

然而在人民解放军发动渡江战役之前，中共中央军委尚未将解决台湾问题纳入行动计划。新华社“时评”提出“一定要解放台湾”，最主要的动机是反对美国分离台湾的种种活动，是表示中国共产党藐视一切反动派的决心与将革命进行到底的信心。渡江战役后，蒋介石将防御重点放在东南沿海、华南与西南，准备将其当做国民党新的反抗中心，同人民解放军作战到底。有鉴于此，中共中央决定集中主力部队，采取先华东、华南沿海，后西南西北内地，进行大纵深迂回的进军战略，首先攻占上海、青岛、福州等沿海港口城市，封闭主要海口，力求在大陆消灭国民党军的有生力量，并争取尽早解放台湾。中共中央军委同时决定以三野一部进军福建，建立攻取台湾的前进基地。

解放台湾本岛，按照毛泽东的时间表，应为 1950 年夏。关于此点，可从下列事实中得到印证。

其一，1949 年 7 月，毛泽东致函周恩来，告诉他“准备明年夏解放台湾”。① 此说与刘少奇同年 7 月赴苏同斯大林会晤时的说法相吻合。刘少奇向斯大林通报人民解放战争进展情况时称：根据作战计划，明年占领台湾、海南岛、新疆和西藏。刘少奇的这一说明显然是经过中共中央集体讨论过的一致决议。9 月 4 日，《人民日报》发表《打到台湾去，解放台湾同胞》的时评。《人民日报》时评虽然是针对美国刚发表不久的《中美关系白皮书》中的反动谬论而发，但同时提出了人民解放军“不久一定跨海东征，打到台湾去，解放台湾同胞，解放全中国”!② 同日，新华社为配合《人民日报》时评，播发了台湾民主自治同盟主席谢雪红《对美国并吞台湾阴谋的

① 中共中央文献研究室编：《周恩来年谱》（1898 - 1949），第 833 页，中央文献出版社，1989 年版。

② 《新华日报》，第 1 卷，第 1 期，第 44 页。

声明》。《声明》在谴责美国企图“吞并台湾”阴谋的同时，提出“台湾的解放是不久了”。①

其二，从中华人民共和国成立后的一系列文献看，毛泽东准备于1950年解放台湾。1949年11月5日，新华社根据毛泽东的指示，重申“向全国进军与渡海作战的立场”。12月31日，中共中央发表《告前线将士和全国同胞书》，书中宣称：“中国人民解放军和中国人民在1950年的光荣战斗任务，就是解放台湾、海南岛和西藏，歼灭蒋介石匪帮的最后残余，完成统一中国的事业。”② 1950年1月1日，《人民日报》社论提出1950年的四大任务，其中首要任务就是“以一切力量完成人民解放战争，肃清中国境内的一切残余敌人，解放台湾”。同年2月4日，毛泽东致电第三野战军副司令员、华东军区副司令员粟裕，要求部队加强起义的国民党伞兵第3团的训练，并同意粟裕调4个师演习海战，作为台湾登陆作战之用。③ 5月17日，三野前委根据中央军委部署发出《保证攻台作战胜利的几个意见》，决定以3个兵团、12个军，共50万人的兵力，投入对台作战准备，并成立了以粟裕为总指挥的前线指挥部。同年6月6日，毛泽东在中共七届三中全会上发表《不要四面出击》的讲话中，宣称：“我们当前总的方针是……肃清国民党残余”，“解放台湾、西藏跟帝国主义斗争到底”。④

其三，从美国与台湾官员的预测看：中共将在1950年进攻台湾。美国国务院与中央情报局在研究了台湾现状与前途时曾断言：在美国不出兵的情况下，台湾将在1950年年底陷落。此一断言与时任台湾当局驻南朝鲜“大使”邵毓麟的预测相吻合。面对人民解放军的攻台声势，邵在向蒋进言时称：“就台湾来说，外则强敌压境，兵临隔水，内则匪谍潜伏，人心惶惶；而国际上我们最好的友邦美国，竟在这个重要关头，抛弃了我们。”“如果共党在大陆沦陷后先攻台湾，那我们就不堪设想。”⑤ 的确，就当时形势而言，邵毓麟所言极是，如果没有朝鲜战争爆发与美国介入，中共下一步行动

① 《新华日报》，第1卷，第1期，第45页。
② 《新华日报》，第1卷，第3期，第573页。
③ 《建国以来毛泽东文稿》，第1册，第256页，中央文献出版社，1987年版。
④ 《毛泽东文集》，第6卷，第74页，人民出版社，1991年版。
⑤ 邵毓麟：《使韩回忆录》，台湾《传记文学》，第193期。

就是夺取台湾。连《蒋总统传》的作者董显光也承认，中共攻台“也只是时间问题”。①

上述事实说明：中华人民共和国成立之前，中国共产党人已经提出了“一定要解放台湾”的口号。中华人民共和国成立后至朝鲜战争爆发前，中国共产党人一直奉行武力解放台湾的政策。

2. 武力解放台湾政策的实施

为了实现武力解放台湾这一战略构想，以毛泽东为首的中国共产党人在新中国成立前后，多方采取措施，其做法如下：

第一项举措：求援苏联，创建海、空军。

按照毛泽东的设想，解放台湾分为三步：第一步：必须建立一支近期可以使用的海、空军，拿到制海权与制空权；第二步：扫清屏障台湾的外围，占领攻台的出发阵地；第三步：约在1950年完成夺取台湾的任务。的确，台湾与大陆间最近距离也在80海里以上，平均距离约在100海里，而解放军当时拥有的船只有限，且时速多数为6至7海里，如没有空军掩护，10几个小时的海上航行肯定会遭到国民党海、空军部队的拦截，很难达到夺取台湾的战略目的。因此，必须建立一支较敌方具有一定优势的海、空军，才能保证渡海攻台作战的胜利。

1949年7月10日，毛泽东在致周恩来的信中，提出了建立空军的问题。信中称：“我必须准备攻台湾的条件，除陆军外主要靠……空军。二者有一，即可成功，二者俱全，把握更大。我空军要压倒敌人空军，短期中（例如一年）是不可能的。但仍可以考虑选派三四百人去远方学习6至8个月，同时购买飞机100架左右，连同现有的飞机，组成一支攻击部队。”②

信中提出的“去远方”就是指到苏联。就在7月26日，中共中央致电正在苏联访问的刘少奇，要他向斯大林提出建立空军问题，并希望向苏联购买200架左右的飞机，请其代训飞行员。斯大林对中国的请求表示同意，并

---

① 董显光：《蒋总统传》，第568页，台北：中华大典编印，1967年版。

② 《军史资料》，1985年第10期，第26页。

说：中国现在建立空军已经晚了，如果早一年，空军便可参加中国南部的战役。① 斯大林的允诺就为空军建设进入一个新的阶段提供了物质条件。

众所周知，早在1925年，中国共产党人就着眼未来，积极创造条件，通过各种途径培养航空技术人才，为未来建立人民空军积蓄力量。在1925年广东革命政府创办的航空学校中，第1期10名学员中就有3名中共党员。1926年6月，中共党员常乾坤等5人被送到苏联学习航空。1930年春，一架国民党空军飞机，因迷航油料耗尽被迫降落在鄂豫皖革命根据地，被红军俘获。飞行员龙文光经教育加入红军，鄂豫皖苏区政府根据中共中央指示成立了“鄂豫皖边区苏维埃政府航空局，龙文光出任局长。迫降的飞机被命名为“列宁号”，这是中国共产党拥有的第一架飞机。1932年4月，红一军团攻占福建漳州时，又曾缴获一架通信教练机。2架飞机与当时建立的航空机构虽未保存下来，却反映了中国共产党人对航空事业的重视。

抗战时期，中共中央派遣44人参加苏联政府帮助新疆盛世才援建的航空学校，进行飞行训练。这批人后来成为人民空军建设中的骨干力量。1944年5月，中央军委在第18集团军总参谋部成立了航空组。抗战胜利后，汪精卫伪政权一架运输机飞抵延安，投向人民怀抱。1946年6月26日，国民党空军上尉飞行员刘善本驾驶B-24型轰炸机飞抵延安，受到毛泽东与朱德的接见。朱德总司令鼓励他们说：“我们很快就要着手建立空军。你们还年轻，今后大有干头。”② 就在这一年3月1日，东北民主联军根据中共中央指示，于通化建立了航空学校，为创建人民空军奠定基础。

随着人民解放战争的胜利进展，中共中央政治局在1949年1月8日通过的《目前形势和党在1949年的任务》的党内指示中正式提出：1949年及1950年，我们应当争取组成一支能够使用的空军。③ 同年3月，中央军委成立了航空局，创建人民空军的条件日趋成熟。

就在毛泽东致函周恩来提出创建空军的第二天，中央军委召见第四野战军参谋长刘亚楼，责成其组成空军领导机关。8月1日，中共中央派刘亚

① 《军事资料》，1985年第10期，第28页。

② 《空军史》，第15页，解放军出版社，1989年版。

③ 《空军史》，第25页，解放军出版社。

楼、王弼、吕黎平等人赴莫斯科，参加以刘少奇为首的代表团，商谈苏联帮助中国组建空军的各项具体问题。1949 年 11 月 11 日，中国人民解放军空军正式成立，刘亚楼为空军司令员，肖华为空军政治委员兼政治部主任，王秉璋为空军参谋长。

创建空军是为了保卫新生的人民政权，但首要的任务是消灭国民党残敌，解放台湾。关于此点，可从下列毛泽东、朱德的谈话与讲话中得到说明：

其一：1949 年 12 月 16 日，毛泽东同斯大林会谈时提出："我们很想在建立空中交通方面得到苏联的援助。"斯大林称："我们准备提供这种帮助。"毛泽东说："国民党在台湾岛上建立了海军和空军基地。我们没有海军和空军就会给人民解放军占领这个岛子造成困难。因此我们的一些将领主张求助于苏联，苏联可以派遣志愿飞行员或秘密部队协助迅速夺取台湾。"斯大林同意援助，并提议"可以挑选一个登陆连，做他们（指起义的国民党登陆团）的宣传教育工作，然后派往台湾，并通过他们在岛上组织起义"。①

其二：1950 年 3 月 10 日，朱德在空军政治工作会议上提出："我们建设空军，首先要配合完成解放台湾、海南岛以及消灭残匪的任务，做到在一定的领海和领空上初步取得制空权；然后，逐步在这个基础上，建立一支完全新式的、强大的人民空军。"② 同年 4 月，毛泽东在给《人民空军》创刊号题辞时写道："创造一支强大的人民空军，歼灭残敌，巩固国防。"

成立空军，为进攻台湾夺取海上制空权准备了条件。但空军建设周期比较长，来不及用于东南沿海地区的作战。

在创建人民空军的同时，中共中央也在抓紧海军建设。与空军建设相比，海军建设更加艰难。我国是一个有着长达 1.8 万多公里海岸线和辽阔海区的国家。自鸦片战争以来，帝国主义对中国的入侵大多来自海上。我国的领海长期处于有海无防的屈辱境地。清政府虽曾建立过一支有一定规模的海军，但由于清政府的腐败与指挥失当，招致全军覆没。国民党执政后，也曾

① 马贵凡译：《斯大林同中国领导人的会谈》，载《党史研究资料》，1997 年 3 期。

② 《空军史》，第 36 页。

组建起一支海军，但在对日战争中也几乎丧失殆尽。抗战胜利后，在美英的援助下，国民党重建海军，但其规模可怜得很，武器装备大都破烂不堪。

为了消灭国民党残敌，为了渡海作战，解放台湾，就必须建立起一支人民海军。毛泽东在1949年10月召见人民解放军第12兵团兼湖南军区司令员肖劲光时说："解放全国的作战任务虽然还相当繁重，但是组建一支空军和一支海军的任务，已经提上了议事日程。""过去我国有海无防，受人欺负，我们把海军搞起来，就不怕帝国主义欺负了。再说，我们要解放台湾，也要有海军。海军一定要搞，没有海军不行。"①

早在1949年1月8日中共中央政治局决议中就已提出"争取组成……一支保卫沿海沿江的海军"。② 1949年9月21日，毛泽东在中国人民政治协商会议上郑重宣告："我们将不但有一个强大的陆军，而且有一个强大的空军和强大的海军。"③ 后来，毛泽东在视察海军舰艇部队后题辞时，5次都题写"为了反对帝国主义的侵略，我们一定要建立强大的海军"。④

根据中共中央的指示精神，华东军区在人民解放军攻占南京国民政府总统府的当天，宣布成立中国人民解放军第一支海军，由华中军区副司令员张爱萍任司令员兼政委。当时华东军区海军是在接收国民党起义、投诚舰艇的基础上着手组建的。国民党海军司令桂永清曾扬言："共产党要想建设海军，无异痴人说梦。"⑤ 尽管桂永清低估了人民力量，但当时遇到的困难的确很大。据后来出任海军司令员的肖劲光回忆说，华东军区海军"拥有的装备只有接收国民党海军起义，投诚的一些舰艇，不但质量差，数量也不多。华南地区和青岛地区的海军，架子都还没有完全搭起来。没有军舰，没有油水补给船，没有飞机，没有海岸炮，缺少象样的码头、机场，也缺少油料和各种物资。国家底子薄，经济非常困难，拿不出多少钱来搞海军建设"。⑥

---

① 《肖劲光回忆录》（续集），第1－2页，解放军出版社，1989年版。
② 《海军史》，第30页，解放军出版社，1989年版。
③ 《毛泽东文集》，第5卷，第345页。
④ 《海军史》，第31页。
⑤ 《肖劲光回忆录》（续集），第3页。
⑥ 《肖劲光回忆录》（续集），第4－5页。

在这种情况下，中国人民一面坚持自力更生精神，艰苦创业，一面求助苏联。1949 年 12 月，毛泽东访问苏联同斯大林谈话时提出：“我们还想在建立海军方面得到你们的帮助。”斯大林称：“可以在旅顺口为中国海军培训干部，你们提供人员，我们提供船只，训练过的中国海军干部可以乘这些船只返回中国。”① 1950 年 2 月，毛泽东、周恩来两次同苏联政府签订海军订货协议，将苏联对华 3 亿美元贷款中的 1.5 亿美元用于购买海军装备。同年 5 月 13 日，周恩来致电苏联部长会议主席布尔加宁，请他速将中国向苏联订购的海军器材“加速赶运和派出，使其能在本年 5 月底以前到达上海地区，以供我发动夺取舟山群岛战役时使用”。②

经中国政府的努力与苏联政府的援助，人民海军于 1950 年 4 月 14 日正式成为中国人民解放军的一个军种。肖劲光任海军司令员，刘道生任海军副政委兼政治部主任。初建时海军共有战斗舰艇 51 艘，登陆舰艇 52 艘，辅助船 30 艘，总吨位 4.3 万吨，与国民党海军 10 万余吨位相比还有相当差距。为了迅速担负起夺取台湾与保卫海防的历史重任，人民海军制订了一条比较切合实际的具体实施方针：“从长期建设着眼，由当前情况出发，建设一支现代化的、富有攻防能力的、近海的、轻型的海上战斗力量。首先组织利用和发挥现有力量，在现有力量的基础上，以发展鱼雷艇、潜水艇和海空军等新的力量，逐步建设一支坚强的国家海军。”③ 毛泽东对海军建设的总任务、总方针作了完整的表述：“为了肃清海匪的骚扰，保障海道运输的安全；为了准备力量于适当时机收复台湾，最后统一全部国土；为了准备力量，反对帝国主义从海上来的侵略，我们必须在较长时期内，根据工业发展的情况和财政的情况，有计划地逐步地建设一支强大的海军。”④

由此可见，海军建设同空军建设一样，需要周期较长。如果在短期内发动渡海攻台作战，以海军当时的条件而言，很难适应作战需要。但海、空军的创立，进一步增强了人民解放军攻台的军事实力，如果没有朝鲜战争的爆发，夺取台、澎，的确是时间问题。

① 马贵凡译：《斯大林同中国领导人的会谈》，《党史研究资料》，1997 年 3 期。

② 《周恩来年谱》（1949－1976），（上卷），第 39 页，中央文献出版社，1997 年版。

③ 《海军史》，第 31 页。

④ 《海军史》，第 31 页。

第二项举措：进军东南与攻打金门

渡江战役后，中央军委命令三野向福州进军，并准备相机解放闽浙乃至华东所有沿海岛屿。5月27日，上海战役刚结束，三野10兵团叶飞部收到三野指挥部要其部提前入闽的通知。7月2日，10兵团从苏州、常熟等地出发，冒着酷暑进军福州。8月17日，10兵团夺取福州。福州战役的胜利为人民解放军乘胜南下夺取金门、厦门等地准备了条件。

10兵团由福州挥师南下的首要目标是夺取泉州与漳州，对厦门、金门形成包围之势。9月，10兵团先后夺取湄州岛、大练岛、平潭岛、南日岛、大小练岛，同月25日解放漳州等地，完全控制了厦门外围大陆沿海的阵地。

9月26日，10兵团在泉州召开军师级干部参加的作战会议。会上提出“金厦同取”、“先厦后金”、“先金后厦”三种方案。① 会议权衡三种方案的利弊：

“金厦并取”可以造成国民党指挥及兵力火力的分散，使其顾此失彼，可求全歼；但征集船只问题一时难以解决。

“先金后厦”可以形成对厦门的完全包围，暴露厦门的侧背防御弱点，便于乘隙攻击；但攻金可能使厦敌逃跑，不能全歼。

“先厦后金”便于准备，攻击易于奏效，但厦门夺取后，金门的国民党军可能逃跑，不可能全歼敌军。②

会议权衡再三，鉴于敌人恐慌，有逃跑迹象，决定同时攻取厦门与金门；同时决定10兵团28军攻打金门，29军和31军攻打厦门。但在战役打响前的工作检查中，发现各军准备船只严重不足，10兵团遂即决定改变原定方案，先厦后金。经报三野总部后，总部令10兵团“依实情办理，自行决定之”。10兵团决心先攻取厦门，并定10月15日发起总攻。

厦门是一个海岛，是中国东南沿海的重要门户之一，面积128平方公里，东与金门隔海相望，西南北三面被大陆环绕，最近处与大陆相隔不足2公里。岛上国民党守军汤恩伯凭借坚固的工事与优良装备，宣称厦门防御“固若金汤”。10月15日，攻打厦门的战役打响，经过浴血奋战，翌日拂晓

---

① 《叶飞回忆录》，第587－588页，解放军出版社，1988年版。

② 《叶飞回忆录》，第587－588页。

登陆成功。17日，厦门全岛与鼓浪屿等岛屿已在人民解放军的控制之下。该役共歼国民党军2.7万人，其中俘虏2.5万余人。厦门之战是人民解放军进军东南中一次成功的渡海登陆作战，它为攻打金门乃至台、澎积累了一定的经验。

夺取厦门后，10兵团一面接管厦门，一面展开对金门岛的包围之势。

金门岛位于厦门岛以东10公里，主岛大金门约124平方公里，小金门约15平方公里，周围还有大担、二担等几个小岛。控制金门既可封锁福建厦门的出海口，又可屏障台湾岛。由于金门岛具有极重要的战略地位，故蒋介石令守军指挥官汤恩伯固守。10月22日，汤恩伯接到蒋介石电令，内容是："金门不能再失，必须就地督战，负责尽职，不得请辞易将。"① 汤恩伯不敢怠慢，急令守军赶修工事，同时调胡琏第12兵团所属2个师增援金门，使守军总兵力达3万多人。此时，两军隔海剑拔弩张，一场血战迫在眉睫。

10月24日，负责攻击金门的28军进行了多方面的渡海准备工作后，在29军主力师的协同作战下，发起了对金门的进攻。当晚19时，第一梯队3个团开始登船启航，翌日凌晨3团登陆成功。登岛部队因缺乏师级指挥员统一指挥，都没有组织船只返航接运第二梯队，也没有巩固滩头阵地。据10兵团司令叶飞后来回忆说："登陆部队也没有按照我事先交待的行动，没有先巩固滩头阵地，只留一个营兵力控制古宁头滩头阵地，就分两路向敌纵深猛插，把纵深敌人李良荣兵团击溃，一直向料罗湾方向追击。"② 敌胡琏12兵团主力在金门岛料罗湾登陆后对人民解放军登陆部队反包围，后撤敌人发起反扑，在海陆空的立体进攻下，因潮水退落而在古宁头海滩搁浅的船只全被敌人炮火击毁，国民党攻占了古宁头滩头阵地，切断了解放军登岛部队的后路。由于船被炸毁，原定船只返回运送第二梯队的计划成为泡影。解放军登岛部队想到了缺船，想到了敌人增兵，但没想到退潮时船会搁浅，又被炸毁。这一讯息令金门战役总指挥、28军副军长肖锋懊悔不已。他后来回忆说："第二梯队各单位，因无船可渡，只能隔岸观火，急得跺脚流泪，

---

① 《蒋总统经国先生言论著述汇编》，第2辑，第672页，台北：黎明文化事业股份有限公司，1992年版。

② 《叶飞回忆录》，第603页。

我内心更是如同火焚。”

25日夜，肖锋派出第二梯队，因船只有限，仅有4个连。增援顺利登岛，与坚守金门古宁头部队会合。26日拂晓，国民党军对古宁头解放军登岛部队发起猛攻。激战终日后，解放军登岛部队于夜间突围，同国民党军周旋。当天下午3时左右，登岛部队向指挥部发出最后一次报告：“敌三面进攻，情况严重！情况严重！”① 从此，金门战役指挥部与金门登岛部队联络全部中断。至28日，解放军登岛部队苦战3昼夜，伤亡殆尽，无1人投降。惨烈的金门之战，使解放军两批登岛部队9086人（内有船工、民夫等350人）大部分壮烈牺牲，一部分被俘。此役也使国民党军伤亡9000余人。

金门之战是人民解放军的一次严重失利，一次战役导致全军覆没，这在人民解放军战史上是仅有的一例。金门之战之所以失利，有着多方面的原因：

第一，金门失利的最主要原因“为轻敌与急躁所致”。② 金门之战失利震动了全军。在总结教训时，叶飞承认，当时将主要精力用于接管厦门工作，“而把解放金门的任务交给28军执行”。“轻视了金门，认为金门没有什么工事，金门守敌名义上是一个兵团，即李良荣兵团，实际只有2万多人，而且都是残兵败将，……认为攻取金门问题不大。”③ 作为攻打金门的28军，上上下下均不同程度地存有轻敌思想，特别是攻克厦门后，迟迟不打金门，肖锋怕说不过去，故在敌情不明与船只缺乏的情况下，仍按原计划攻打金门，以致酿成金门战役失利。叶飞也承认：“指挥员尤其是我的轻敌，是金门失利的最根本原因。”④ 毛泽东在得知金门失利的讯息后，以军委名义向各部队发出了《关于攻击金门岛失利的教训的通报》，认为“轻敌与急躁”是金门之战失利的主要原因。

第二，缺乏渡海登陆作战经验，缺乏周密部署。叶飞后来沉痛地回忆道，28军是山东部队，“没有海岛登陆作战经验”。叶飞承认：“渡海作战和渡江作战毕竟不同，例如台风和潮汐的问题，我们当时没有这个经验，后

---

① 《金门大血战》，载《军事史林》，1995年4－5期。
② 《建国以来毛泽东文稿》，第1册，第100页。
③ 《叶飞回忆录》，第598页。
④ 《叶飞回忆录》，第606页。

来吃了大亏。”①

叶飞也承认，在战斗指挥上缺乏周密部署。按常规，渡海登陆作战，无论你兵力多大，首先要夺取和巩固登陆滩头阵地，然后才可以向纵深发展。这是渡海登陆作战的规律。“金门失利恰恰是违背了这个规律。”“28 军登陆，首先夺取了金门古宁头滩头阵地，这是对的；但是，第一梯队登陆部队没有立即构筑工事，巩固滩头阵地，后续第二梯队尚未到达，只以一个营兵力控制古宁头，就向纵深发展，又犯了违背渡海登陆作战的规律，犯了兵家之大忌。”② 叶飞还说：“第一梯队 3 个团的兵力登陆，竟然没有一名师指挥员随同登陆统一指挥，这也是我完全没有预料到的。”③ 这是一个深刻的教训。

第三，缺乏船只，没有海空军支援。第一次准备攻打金门时因船只不够而推迟。正式攻打金门时船只也不够，一次只能运载 3 个团，由于第一梯队登陆后船只未能及时返回被搁浅，后又被炸毁，致使第二梯队无法增援。渡海登陆作战没有船只，就意味着丧失战斗力。叶飞认为：攻打金门时没有海军空军的支援，渡海登陆作战仅仅使用木帆船，遭到海空拦截，造成重大损失。特别是国民党空军轰炸搁浅船只时，肖锋在望远镜中看到这悲壮的一幕只有懊悔万分。

第四，判断敌情有误。攻击金门前叶飞与肖锋掌握金门岛有国民党军李良荣兵团 2 万余人，且残兵败将，防御工事也不如厦门坚固。战役发起前的当天中午，肖锋与叶飞均知胡琏兵团已撤出潮州、汕头等地，去向不明。此时，机要人员送来一份情报，是胡琏向台湾蒋介石请求撤回台湾。但蒋严令胡派兵增援金门的回电未被截获。叶飞判断：“胡琏兵团的行动有两个可能：一是增援金门，一是撤回台湾。”叶决定“趁胡琏尚未到达金门之时，发起登陆，攻取金门，是最后的一个战机，如再延误，金门情况就可能发生变化”。④ 这种仅凭猜测、准备仓促、一味强调抓住战机实施攻击的错误，构成了金门之战的失利。

---

① 《叶飞回忆录》，第 599 页。
② 《叶飞回忆录》，第 607 页。
③ 《叶飞回忆录》，第 607 页。
④ 《叶飞回忆录》，第 603 页。

金门战役后，国民党当局全力鼓吹此次战役的胜利。10 月 26 日，蒋介石派其子蒋经国前往金门慰问。10 月 30 日，蒋介石在一次讲话中称“此次金门保卫战的结果”对来此之敌“予以彻底的歼灭，不使有一人脱逃漏网，这是我们剿匪以来，最彻底的一次胜利”。① 蒋介石还要求各级负责主官，对金门战事的经过，“必须实地调查、研究，提出一个具体的报告”。② 蒋经国在抵金门后的当晚日记中写道：金门之战为年来“第一次大胜利”，是“反共复国”的“转折点”。直至 20 世纪 70 年代，台湾当局还拍《古宁头大捷》的电影，聊以自慰。殊不知连大陆都丢了，在一个地图上都很难找到的小岛上打了一个胜仗，便大吹特吹，这与鲁迅先生笔下阿 Q 的“精神胜利法”有什么两样？

金门之战失利告诫中共中央军委，在进行渡海登陆作战时，必须对岛屿作战的特殊性进行认真思考与深入研究，必须克服麻痹轻敌思想。毛泽东在金门战役失利的第二天就将此事通报全军，要求各部队“必须以金门岛事件引为深戒”，“务必力戒轻敌急躁”；要“周密部署，须有绝对把握时，再行发起攻击”。③ 11 月 4 日，毛泽东为中央军委起草的《关于同意定海作战方案给粟裕等的电报》中，要求他们“采取慎重态度，集中优势兵力，事先作充分准备，力戒骄傲轻敌”。④ 10 天后，毛泽东再电粟裕，要他吸取金门岛失利的教训，“严重注视”对敌作战兵力与时机等，提出如准备不周，“宁可推迟时间”。⑤ 12 月 18 日，毛泽东致电林彪，就四野准备攻打海南岛提出下列意见：“渡海作战，完全与过去我军所有作战的经验不同，即必须注意潮水与风向，必须集中能一次运载至少一个军（4 –5 万人）的全部兵力，携带 3 天以上粮食，于敌前登陆，建立稳固滩头阵地，随即独力攻进而不要依靠后援。”毛泽东要林彪吸取金门作战失利的教训，“以免重蹈金门覆辙”。⑥

---

① 张其昀《先总统蒋公全集》，第 2 册，第 1938 页。
② 张其昀：《先总统蒋公全集》，第 2 册，第 1938 页。
③ 《建国以来毛泽东文稿》，第 1 册，第 100 页。
④ 《建国以来毛泽东文稿》，第 1 册，第 118 页。
⑤ 《建国以来毛泽东文稿》，第 1 册，第 137 页。
⑥ 《建国以来毛泽东文稿》，第 1 册，第 191 页。

金门之战并未影响人民解放军渡海作战的士气，也未增加国民党残军的斗志。11 月 5 日的新华社广播声色俱厉，仍重申向全国进军与渡海作战的立场。1950 年初，三野在粟裕领导下仍加紧进行解放台湾的各项准备。1 月 9 日，华东军区为攻台作军事部署调整。同日，粟裕拟定了攻取舟山、台湾的作战方案，并于 1 月上旬和下旬两次向部队作解放台湾的动员报告。2 月 4 日，毛泽东致电粟裕，要求对起义的伞兵第 3 团加强政治训练，以这批伞兵作基础训练一个伞兵部队，“作为台湾登陆作战之用”。① 2 月 9 日，粟裕致电中央军委，要求调 4 个师赴胶东，以便日夜练习航海，使其担负起海军陆战队任务。2 月 10 日，毛泽东致电刘少奇，同意粟裕“调 4 个师演习海战”。② 2 月 11 日，中共中央军委致电粟裕，同意其要求。2 月 13 日，三野指挥部决定，以 23 军为攻台主力集中训练。3 月 11 日，新任海军司令员肖劲光同粟裕专门商讨了攻台的准备工作。中央军委同意华野领导和海军会商的意见，设想投入 50 万兵力用于渡海攻台，分两次运送。③ 中央军委作这一构想是基于国民党兵败退台的军队实力。国民党陆、海、空军全加起来不足 60 万，攻台时登陆部队分两次运送，总兵力应同守军大致相当。

为顺利攻台，必须扫清屏障台湾的外围。3 月 28 日，毛泽东再电粟裕，“确定先打定海、再打金门”的方针。④

与此同时，四野部队做加紧攻打海南岛的准备。4 月 16 日夜，四野一部一举横渡琼州海峡，在中国第二大岛——海南岛登陆成功。至 30 日，海南岛国民党守军薛岳所部 3 万余人被歼，6 万余人仓惶撤往台湾。海南岛战役的胜利，开创了人民解放军陆军乘木帆船大规模横渡海峡登陆作战的先例。

5 月 19 日，人民解放军粟裕所部吸取攻打金门失利的教训，一举攻占舟山群岛。

至此，东南沿海除台湾、澎湖、金门、马祖外，已全部被人民解放军占领，台湾外围的屏障已经基本扫清。很显然，人民解放军下一个攻击目标将

① 《建国以来毛泽东文稿》，第 1 册，第 256 页。
② 《建国以来毛泽东文稿》，第 1 册，第 257 页。
③ 《肖劲光回忆录》（续集），第 26 页，解放军出版社，1989 年版。
④ 《建国以来毛泽东文稿》，第 1 册，第 282 页。

是金门、马祖和国民党当局偏安的台湾孤岛。

第三项举措：联合国代表权抗争

在中国历史上，曾形成过多次分裂的局面。分裂时期，各据一方的两派之间经常发生争斗与争论，争论的焦点问题之一，即谁是中国的正统派。

中华人民共和国的建立与国民党兵败退台，标志着中华民国政府的覆亡。但国民党"政府"虽退守台湾，却仍赖在联合国不走，在外国势力的支持下，仍以全中国代表自居。

在中华人民共和国成立之前，国民党当局代表中国出席世界最大的国际组织——联合国大会。随着国民党政权在大陆的覆灭与新中国的建立，国民党当局已经沦为一个地方政府，失去了代表整个中国的资格，中华人民共和国政府已经成为中国唯一合法的政府。从这个意义上讲，中国在联大的代表权应属于中华人民共和国，而不是台湾国民党蒋介石集团。但是，美国从其遏制共产主义与亚太地区战略利益考虑，无理阻挠中华人民共和国恢复在联大的合法席位，继续让蒋介石集团的代表占据中国的席位。

为了恢复新中国在联大的合法席位，早在新中国成立的前一天，中国人民政治协商会议就通过决议，否认蒋介石集团的代表出席第四届联大的资格。11 月 15 日，中华人民共和国总理周恩来分别致电联合国秘书长赖依与联大主席罗慕洛，声明如下："中华人民共和国中央人民政府是代表中国人民的唯一合法政府，国民党集团已丧失代表中国人民的任何法律和事实根据，要求立即取消所谓'中国国民政府代表团'继续代表中国参加联合国的一切权利。"①

面对新中国的外交攻势与周恩来的正义呼声，国民党当局害怕被从联大赶出去，因此拼力进行反扑。台湾当局的"外交"干才、驻联大"代表"蒋廷黻按蒋介石指令于 11 月 25 日向联大提出《控苏案》，迂回反击中共。在《控苏案》中，蒋氏指责苏联违反 1945 年 8 月 14 日苏联与国民党政府签订的《中苏友好同盟条约》，并违反了联合国宪章，而以军械及经济援助中共。他请求联合国判定苏联的侵略行为，并建议一切会员国停止供应中共战

① 《人民日报》，1949 年 11 月 16 日。

略物资及其他物资，又建议所有会员国不得承认中华人民共和国。①

对于蒋氏所提《控苏案》与代表权问题，古巴、厄瓜多尔和秘鲁等国提出一个决议案，主张将此案移交“小型大会”作进一步调查研究。吉普赛则代表美国代表团另提一个替代的决议案，删去“抵制中共政权”、不许中共加入联合国及惩罚苏联等规定。经修正，吉普赛所提决议案于同日获大会通过。

对于台湾国民党当局与美国的做法，苏联政府愤怒异常。1950 年 1 月 7 日，苏联外交部长维辛斯基同正在苏联访问的毛泽东会谈时，建议中国外交部给联合国安理会发一声明，“否认前国民党政府代表蒋廷黻继续为安理会中国代表的合法地位”。维辛斯基还说：如果中国发了这个声明，苏联准备采取一项行动，即如果蒋廷黻还留在安理会为中国代表，则苏联将拒绝出席安理会。② 当日，毛泽东致电中共中央周恩来，要外交部发一否认前国民党政府代表在安理会的合法地位的声明。1 月 8 日，周恩来代表中国政府外交部宣称：“中华人民共和国中央人民政府认为中国国民党反动残余集团的代表留在联合国安全理事会是非法的，并主张将其从安全理事会开除出去。”③ 1 月 19 日，周恩来照会联合国，通知中国政府已任命张闻天为出席联合国和安理会的首席代表。同时再次要求将蒋介石集团的非法代表立即开除出去。中国政府也曾致电联合国所属机构和其他国际组织，要求取消国民党集团的代表资格。

就在周恩来发表 1 月 8 日声明的第三天，苏联外交部开始采取行动，苏联驻联大代表马立克在 1 月 10 日的联合国安理会上，提议将台湾当局代表从安理会开除出去，同时支持中国总理周恩来的合法要求。由于美英两国联手反对马立克的提议，致使该提案搁浅。于是，马立克立即发表声明，在蒋介石集团代表蒋廷黻未退出联大安理会之前，苏联代表团将不参加安理会工作。

对于剑拔弩张的安理会内争，秘书长赖依企图打破这一僵局，于 3 月 8

---

① 《中央日报》，1949 年 11 月 27 日。

② 《建国以来毛泽东文稿》，第 1 册，第 219 页。

③ 《建国以来毛泽东文稿》，第 1 册，第 221 页。

日公布了一件备忘录，建议将中国在联大的席位给予中华人民共和国政府。他还宣称："联合国会员国地位与承认中华人民共和国政府问题应分开，凡拒绝承认中华人民共和国政府的国家，不应以此为理由阻止中华人民共和国加入联合国。"事实求是地讲，赖依的建议并非根本解决之道，因为他是在承认台湾当局的同时承认中华人民共和国政府，说到底这是搞"两个中国"，不可能为海峡两岸中国人民所接受。当然这一方案对于美苏两国主张而言，也是一个妥协的方案，对于平息安理会内争起到了缓冲作用。此间美国对华政策出现了前后矛盾的现象。美国总统杜鲁门于 1950 年 1 月 5 日发表弃台弃蒋声明，1 月 10 日美国驻联大代表又反对苏联代表马立克的建议，但在解释杜鲁门声明时，又宣称美国将听任各国代表团自由接受中共政权加入联合国。稍后，国务卿艾奇逊进一步解释称："美国政府对中共政权加入联合国只作象征性的反对，如果安理会赞成中共政权加入，美国将不行使其否决权。"美国对华政策的自相矛盾说明其既想抽身中国、抛弃蒋介石，又害怕苏联，在亚太地区推行共产主义政策。

5 月间，赖依分别访问了华盛顿、伦敦、巴黎与莫斯科，带回了准许中华人民共和国加入联合国的几点办法。很显然，形势的发展对台湾当局不利。笔者以为，如果没有朝鲜战争的爆发与美国入侵朝鲜与台湾，美中、美苏与中美苏关系不会变得如此复杂，中国代表权案有可能在 50 年代初得到公正合理的解决。当然，历史没有如果，这种假设不能成立。

朝鲜战争爆发后，周恩来代表中国政府再电赖依，重申中华人民共和国政府是中国唯一合法的政府，应将国民党在联大所有机构的代表驱逐出去，同时指控美国武装侵略中国领土台湾。就在周恩来致电赖依的次日，台湾当局"外交部长"叶公超非常蛮横地在联大上宣称：台湾反对在联合国讨论台湾的地位问题，美国没有侵略台湾。叶公超的声明并未受到大会的重视，在苏联等国的支持下，周恩来所提美国侵略中国领土台湾案被列入联大会议议程，并准许中华人民共和国特派代表伍修权及顾问乔冠华等，出席联大安理会讨论控诉美国武装侵略台湾案会议。11 月 28 日，伍修权就美国武装侵略台湾问题作了重要发言，阐明了中国人民的政治立场。会后，加拿大外交部长在联大政治委员会中提出《朝鲜停战五项原则》，其中最后一条称：将来召开一次远东会议，由中国与苏联参加，以解决一切远东纠纷，包括台湾及中国代表权问题。此一提案被联大政治委员会接受并通过。台湾当局对此案反应特别强烈，认为此案出卖了台湾当局，因此蒋廷黻表示强烈抗议。与此同时，蒋介石也开始考虑万一被联合国开除时不得不采取的态度。蒋介石后来回忆说："1951 年的时候说，我政府派驻在联合国的蒋代表问我，'万一共党羼入联合国，则我们将采取何种态度？'当时，我即答复说：'我们复国的基础有二：在国际上，法律地位的凭借，则为联合国；在内政上，则为复兴的基地台湾。这两个基础，皆为重要。但其根本，还是在台湾。如果两者不可兼得，则我宁可放弃联合国，而确保台湾。这是我政府到了最后不得已时之唯一政策'。"①

正当蒋介石为国际形势"逆转"坐卧不宁之际，美国参议院的议员们联合举行反对联大《朝鲜停战五原则》的活动，蒋廷黻乘机联手反击，借联大六次会议在巴黎召开之际，再度提出《控苏案》。联大指导委员会在美国的操纵下，以 9 票对 3 票通过了蒋廷黻提出的《控苏案》，后被大会所通告。由于美国的横加干涉与无理阻挠，致使中华人民共和国在联大的代表权问题再度被搁置，直到 20 年后，才获得公正合理的解决。尽管中华人民共和国代表权案在当时没有获得解决，但其上述举措已向世人表明中华人民共和国是中国唯一合法的政府，台湾当局在联合国的席位是非法的。

第四项举措：清匪反霸与镇压反革命

国民党在兵败大陆之际，一面部署逃台，一面在华东、中南、西南和西北等地作"应变部署"，有计划地在大陆潜留了大批特务和党政军骨干分子，妄图推行什么"游击计划"，建立大陆"游击根据地"，等待时机配合国民党军队"反攻大陆"。他们还积极网罗旧军官、恶霸地主以及形形色色的封建会道门，组织土匪武装，形成一股极为猖獗的反动势力。这股反动势力在各省的结合部、偏僻山区和沿海岛屿盘踞后，四处制造谣言，烧杀抢掠，欺骗群众，举行暴乱，破坏新生的人民政权。仅在 1950 年春秋间，就有 4 万名群众和干部被残害。触目惊心的是，帝国主义特务妄图于 1950 年 10 月 1 日国庆节检阅时，制造炮轰天安门的反革命阴谋案件，只是由于 9 月 26 日被公安机关破获才未能得逞。

① 张其昀：《先总统蒋公全集》，第 2 册，第 2520 页。

匪患的存在不仅影响人民生命与财产的安全，而且威胁着新生的人民政权，更不利于追歼国民党残敌与渡海攻台作战。为此，毛泽东在渡江战役胜利后提出“剿匪是肃清残余反动力量的一个重要部分”。从 1950 年 3 月起，中共中央多次发出坚决肃清和镇压土匪、特务、恶霸的指示。毛泽东在中共七届三中全会的书面报告中，进一步强调：“人民解放军在新解放区仍有继续剿灭残余土匪的任务，人民公安机关则有继续打击敌人特务组织的任务。”① 人民解放军按照中央战略部署，先后抽调 41 个军部 140 个师大约 150 万人的兵力，担任剿匪任务。从 1949 年 10 月到 1953 年底，歼灭土匪共 260 多万人，平息了匪患，巩固了新生的人民政权，粉碎了台湾国民党当局企图利用特务土匪颠覆人民政权的图谋。

在清匪反霸的同时，中共中央还在全国范围内大张旗鼓地展开了镇压反革命运动。通过镇反运动。基本上肃清了大陆上的国民党残余势力，造成了我国历史上从来没有过的社会安定局面，大大巩固和加强了人民民主专政，并给予蒋介石的“反攻大陆”战略迎头一击。

以上是中国共产党人为达成武力解放台湾的战略构想所采取的有力措施。上述举措为肃清国民党残敌，实施渡海攻台准备了条件。但就当时攻占的准备条件而言，还不够成熟，最主要的问题是中国共产党还没有强大的空军和海军。毛泽东在 1949 年 7 月 25 日给刘少奇转交斯大林的电报中称：“攻占台湾的军事行动要在我们建立了空军部队后才能进行，这也许要在明年下半年才有可能。”② 毛泽东讲的“攻占军事行动”要有空军支援，能够掌握海上制空权，才有可能。而空军虽在 1949 年 11 月 11 日成立，但当时空军的力量非常弱小，与国民党空军相比还有相当差距。连毛泽东本人都承认。“我空军要压倒敌人空军，短期中（例如一年）是不可能的。”③ 海军与空军情况类似，不可能在短期内建设起一支强大的人民海军。因此，在 1950 年夺取台湾是相当困难的。指挥夺取漳州、厦门战役并实施攻击金门战役的 10 兵团司令叶飞后来也承认：“在现代战争的条件下，没有制海权、

① 《毛泽东文集》，第 6 卷，第 68 页。

② 闻一、丁明译：《关于刘少奇访苏的俄国的档案文献》，载《党史研究资料》，1998 年，第 2 期。

③ 马贵凡译：《斯大林同中国领导人的会谈》。

制空权，要实行大规模渡海登陆作战是非常困难的。50 年代初，在我海空军还处于劣势的条件下，要仅仅靠木帆船横跨台湾海峡，解放台湾，现在来看，恐怕是会吃比攻金失利更大的苦头。"① 直到 1954 年 8 月，周恩来在会见南日外相时还称："我们总的口号是'解放台湾'。但是，这是要有步骤地进行，因为中国海军还未锻炼好，各方面的准备还需要时间。"② 武力攻台的战略计划被搁浅，除了上述原因之外，最主要的原因就是美国侵略台湾。关于此点后面将作详论。

透视武力解放台湾的政策与实践，从当时海峡两岸状况、中国共产党所肩负的历史任务和从中美关系角度分析，这一政策是完全正确的。之所以如此说：

其一，美国仍然奉行其敌视中国人民政权的政策。中华人民共和国成立之前，美国一直在从事种种分离台湾出中国的阴谋活动。中华人民共和国成立后，美国不甘心其在中国的失败，他们还要做最后的挣扎，他们继续承认国民党蒋介石集团与奉行其敌视人民政权的政策，并且正在扶植日本以取代国民党"政府"在东亚地区的战略地位。他们还要利用台湾加强对中国内政的干涉，后来的历史证明了这一点。所有这些都对刚刚诞生的新中国的独立与安全构成了严重的威胁。无论是从同中国结盟的社会主义阵营的反帝角度而言，还是从"绝对不能容忍美国帝国主义对台湾……非法侵犯"的民族主义立场出发，武力解放台湾都是正确的，是中国民族革命在新形势下的继续与发展。

其二，国民党蒋介石集团兵败大陆退守台湾之后，继续坚持反共反人民的立场，并同美国相勾结，宣称要用武力"反攻大陆"。加之在中华人民共和国成立后，"国民党反动派在大陆若干地区内采取了土匪游击战争的方式，煽动了一部分落后分子，和人民政府作斗争。国民党反动派又组织许多秘密的特务分子和间谍分子反对人民政府，在人民中间散布谣言，企图破坏共产党和人民政府的威信，企图离间各民族、各民主阶级、各民主党派、各人民团体的团结与合作。特务和间谍们又进行了破坏人民经济事业的活动，

---

① 《叶飞回忆录》，第 608 页。

② 《周恩来年谱》（上卷），第 411 页。

对于共产党和人民政府的工作人员采取暗杀手段，为帝国主义和国民党反动派收集情报”。① 因此，肃清国民党残余军事力量，既是新中国建立之后完成民主革命遗留任务，实现国家统一的需要，又是巩固新生人民政权的必要手段。

其三，当时国内主要矛盾仍是广大农民同封建地主阶级间的矛盾，这就决定了代表广大农民阶级、工人阶级和劳苦大众的中国共产党同代表大地主、大资产阶级的国民党间的矛盾仍是谁战胜谁的问题。在这种情形下，国共两党除了兵戎相见之外，实难有谈判妥协之可能。毛泽东在总结中国革命历史经验时就曾说过：“和帝国主义的走狗蒋介石国民党及其帮凶们决无妥协的余地，或者是推翻这些敌人，或者是被这些敌人所屠杀和压迫，二者必居其一，其他的道路是没有的。”②

其四，毛泽东历来认为：凡是反动的东西，你不打他就不倒。他也非常赞同鲁迅痛打落水狗的精神，主张“宜将剩勇追穷寇，不可沽名学霸王”，用枪杆子解决革命与反革命之间的对立问题。

由于武力解放台湾符合当时的客观形势，加之毛泽东本人与中央军委决心很大，故而渡海作战、解放台湾的各项准备紧锣密鼓地开展起来。

二、第一次“台海危机”与武力解放台湾口号的调整

朝鲜停战后，台湾海峡风云再起，中国共产党出于制裁国民党与警告美国不要干涉中国内政的考虑，于 1954 年 9 月 3 日炮击金门岛。炮击金门规模虽不大，但被西方舆论称之为“台海危机”。由于美国介入“台海危机”，致使台海局面日趋动荡。出于缓和危机的考虑，中国共产党在停止炮击金门的同时，提出愿同美国政府谈判和同国民党当局谈判，争取用和平方式解决台湾问题。中共的建议不仅化解了所谓的“台海危机”，而且营造了国共两党通过和谈形式解决台湾问题与实现祖国统一的良好氛围。但由于国民党的

① 《毛泽东文集》，第 6 卷，第 68 页。

② 《毛泽东文集》，第 5 卷，第 343 页。

极端反共立场与错误判断，葬送了和平解决台湾问题的良好契机，为台湾海峡再度发生危机埋下了导火索。

1. 中国共产党炮击金门及其原因

朝鲜战争爆发之前，中国共产党力争武力解放台湾，尽早实现祖国统一。朝鲜战争爆发后，美国舰队侵入台湾海峡，以武力阻止人民解放军解放台湾。中国共产党出于“保家卫国”和履行国际主义义务的考虑，断然决定改变原定攻打台湾的计划，集中全力抗美援朝。朝鲜战争结束后，中国共产党再次将武力解放台湾问题提到议事日程。

朝鲜停战不久，作为华东军区司令员兼政委的陈毅，首先提出用5个军兵力攻击金门，并提议修建福建几个机场和鹰厦、福州铁路，厦门海堤。中央军委、毛泽东审慎考虑陈毅的提议后，当即予以批准。① 同时责令华东军区参谋长张爱萍组织福建前线指挥所。然而毛泽东在极短时间内改变了上述决定，要求暂缓攻打金门，提出应首先解放浙江沿海岛屿。毛泽东之所以很快改变决定，主要考虑到朝鲜停战后国际形势已不适于组织大规模渡海登陆作战。② 1953年12月，华东军区根据中央军委命令组建了浙江海防作战联合司令部。与此同时，中央军委确定了从小到大，逐岛进攻，由北向南打的解放沿海岛屿的方针。根据这一方针，浙江沿海大陈岛被选定为解放沿海岛屿的第一个目标。1954年1月，在张爱萍主持下，华东军区详细研拟了陆、海、空三军攻打大陈岛的计划，报经中央军委批准后，进入了战役准备阶段。

1954年日内瓦会议结束不久，毛泽东就向周恩来提出：我们在朝鲜停战后，没有及时提出“解放台湾”的任务是不妥的。现在若还不进行此项工作，我们将犯严重的政治错误。③ 周恩来根据毛泽东的指示，在一次会议讲话中指出：“我们应不应该提出解放台湾的问题？我们早就提出过这个问题，现在提更是时候。”如果“我们不提出解放台湾，保持不了祖国的完整版图，我们就会犯错误，也对不住自己的祖先”。重提解放台湾，“我们主要对付蒋介石集团，也指责美国的侵略”。④

---

① 《叶飞回忆录》，第628页。

② 《三军挥戈战东海》，第38页，解放军出版社，1986年版。

③ 王炳南：《中美会谈九年回顾》，第41－42页，世界知识出版社，1985年版。

④ 《周恩来外交文选》，第84页，中央文献出版社，1990年版。

1954年7月23日，《人民日报》根据毛泽东的指示精神，发表了题为《一定要解放台湾》的社论。7月24日，《人民日报》又发表了题为《人民解放军的光荣任务》的社论，强调人民解放军今后的主要任务是“努力建设成为一支优良的现代化的革命军队，以保卫我国社会主义建设，防御帝国主义的侵略，解放台湾，消灭蒋介石残余匪帮的反革命势力”。8月1日，朱德总司令在纪念中国人民解放军建军27周年大会的讲话中称：“不彻底消灭蒋介石匪帮，不把台湾解放，我们解放全中国的任务就还没有完成。台湾一天不解放，我们全国人民，首先是人民解放军指战员，就一天没有洗清自己身上的耻辱。”朱德要求陆、海、空三军指战员加强政治、军事训练，“为解放台湾，保卫祖国而奋斗”。[①] 8月3日，《人民日报》又刊载了东北、华东、西南、中南四大军区部队纪念八一建军节之际的宣示“为解放台湾而奋斗”。8月11日，周恩来在中央人民政府第33次会议上所作的外交报告中指出：“解放台湾是我国人民光荣的历史任务。只有把台湾从蒋介石卖国贼的统治下解放出来，只有完成这个光荣任务，才能实现我们伟大祖国的完全统一。”[②] 同日，中央人民政府作出决议，批准周恩来的报告，同时号召全国人民和中国人民解放军“从各方面加强工作，为解放台湾、消灭蒋介石卖国集团、以最后完成我中国人民的神圣解放事业而奋斗”。[③] 8月22日，中国各民主党派各人民团体发表了《为解放台湾的联合宣言》。宣言称“台湾是中国领土不可分割的一部分”，“解放台湾……是中国的内政，决不允许任何外国干涉”。[④] 为了进一步突出台湾问题，人民解放军继1953年初小规模炮击金门后，于1954年9月3日、22日，两次重炮轰击金门，引起世界瞩目。

据新华社9月3日讯：“3日下午2时到4时左右，福建前线我海防炮兵向大、小金门岛的蒋贼军阵地和停泊在金门港内的蒋贼海军舰艇进行猛烈轰击。大批炮弹飞越海峡径直落在蒋贼军阵地和舰艇上，大、小金门岛上一片烟火。我军炮兵共计击沉蒋贼海军炮艇一艘，击伤驱潜舰、拖轮各一艘，

---

① 《人民日报》，1954年8月1日。
② 《人民日报》，1954年8月14日。
③ 《人民日报》，1954年8月14日。
④ 《人民日报》，1954年8月23日。

击毁大金门水头活动码头一个，并给予大金门古宁头蒋贼军阵地严重破坏。小金门蒋贼军炮在我军大炮猛烈轰击下，毫无还击。”① 另据美国通讯社供认，人民解放军炮兵“非常精确地打中金门岛和国民党在这个地区控制的其他岛屿的每一个角落”，蒋军伤亡“很重”。② 22 日下午 5 时 15 分到 6 时 35 分，人民解放军福建沿海炮兵部队二度炮击大、小金门岛。据新华社福建前线 9 月 23 日电，当炮击开始后，蒋军炮兵企图还击，但立即遭到我军威力巨大的大炮的压制，金门炮兵阵地被打成哑巴，小金门岛上的炮兵阵地更为狼狈，在我军炮击的一个多小时中，一弹也未敢还击。我军炮弹 95% 都命中了目标，严重摧毁蒋军阵地。③ 炮击金门不仅使台湾当局恐慌万状，而且还击毙了两名美军中校，引起了美国朝野一片喧嚣。

炮击金门的作战规模虽不大，但在国际上却引起了巨大的震动，被西方舆论称之为“台海危机”。那么，这场所谓“台海危机”是怎样发生的呢？有舆论认为是人民解放军 9 月 3 日炮击金门引起的。笔者以为，如从表面上看，的确是 9 月 3 日炮击金门引发了“台海危机”，但从深层分析，“台海危机”实质上是中美两国关系与国共两党斗争发展的必然产物。

第一，炮击金门是为了进一步制裁国民党军对大陆的军事骚扰与“政治反攻”。

如前所述，朝鲜战争期间，国民党当局不断派兵对大陆沿海进行骚扰。毛泽东与中央军委命令华东军区在做好剿匪工作的同时，“一切工作要以美国和蒋介石登陆进犯为假想的基础去作布置”。④

1951 年 1 月 13 日，毛泽东针对美国与台湾当局密谋对厦门、汕头大规模进犯以配合朝鲜作战的阴谋，电令陈毅“迅速研究对策”，同时增加厦门防守兵力，“务达击退进犯匪军，确保厦门之目的”。⑤ 华东和中南军区根据中央军委指示，按照“确保要点，诱敌深入，聚而歼之”的作战原则，立即调整了野战军的部署。同月 16 日，毛泽东再电陈毅：“同意你的第一步

---

① 《人民日报》，1954 年 9 月 5 日。
② 《人民日报》，1954 年 9 月 7 日。
③ 《人民日报》，1954 年 9 月 23 日。
④ 《建国以来毛泽东文稿》，第 1 册，第 670 页。
⑤ 《建国以来毛泽东文稿》，第 2 册，第 24 页。

和第二步计划。”电文要其“确保厦门和加强沿海防务”。[①] 同月 29 日，毛泽东三电陈毅，提出“大陆兵力，位于纵深地区，敌来应让其登陆然后相机歼灭之，不要到处防守，不要阻其登陆。”[②] 蒋介石看到人民解放军防范严密，只好放弃窜犯大陆的企图。其后，国民党军小股部队将主要目标以沿海地区转向内陆山区。他们从广东海南岛的琼东县，浙江的象山、乐清县和福建的惠安县，分成 6 股登陆内窜。人民解放军对内窜的国民党军采取迅速追击、就地歼灭的方针，派精干部队堵击、围剿、追歼，使 6 股国民党军除极少数从海上逃窜外，全部被歼。

蒋介石不甘心失败，遂于 1952 年起采取所谓“以大吃小，速进速退”的战术，以几倍、十几倍的优势兵力，在海空军的配合下，突袭大陆沿海岛屿。人民解放军在打退偷袭敌人进攻的同时，为进一步打击国民党军的气焰，遂于 1953 年 1 月几次炮击大小金门和大担、二担。2 月至 3 月间福建人民解放军守岛部队连续几次炮击金门岛。由于当时解放军炮兵不占优势，又没有制空权，故这种炮击只能是对其军事目标进行短促打击。尽管这种打击有限，但限制了国民党军的偷袭与窜扰活动。

朝鲜停战以后，人民解放军移重兵于浙、闽前线，准备进一步教训国民党军。蒋介石一方面害怕朝鲜停战会造成中美关系的缓和，另一方面派重兵偷袭福建与广东交接的东山岛，同时在美国庇护和支持下，日益猖獗地在台湾附近的公海上拦截各国商船。据统计，从 1950 年起至 1954 年 7 月，属于英国、丹麦、挪威、意大利、葡萄牙、荷兰、巴拿马、希腊、西德、波兰和苏联等国的船只，都在台湾附近海面受到国民党的海盗攻击。几年来，台湾国民党军共劫夺大陆及与中国大陆有贸易来住国家的商船达 70 艘之多，其中英国的商船就有 40 艘。[③] 1952 年 12 月 1 日，一艘英国商船遭到蒋舰攻击，船长竟被打死。1953 年 10 月 4 日和 1954 年 5 月 13 日，蒋舰先后两次截扣波兰的商船。国民党军此举已经破坏了中国同外国的正常贸易往来，造成了台湾海峡地区的紧张局势。同年 3 月 23 日，美制蒋机侵入大陆福建省

---

① 《建国以来毛泽东文稿》，第 2 册，第 34 页。
② 《建国以来毛泽东文稿》，第 2 册，第 87 页。
③ 《人民日报》，1954 年 7 月 16 日。

沿海和内地达13批16架次。对于国民党军的海盗行径，《人民日报》于1954年7月16日发表题为《不能容忍美蒋匪帮的侵略罪行和海盗罪行》的社论。7月23日，《人民日报》又发表了《一定要解放台湾》的社论。9月3日，人民解放军炮兵猛烈炮击金门，就是为了教训国民党对大陆沿海的骚扰与台湾附近公海拦截商船的海盗行为。

朝鲜战争结束后，蒋介石出于反共需要，还在志愿军战俘问题上大做文章。在朝鲜巨济岛战俘营，台湾特务与美国战俘管理人员在志愿军战俘额头上刺一个国民党党徽，在胳膊和胸上刺上“反共抗战”、“杀朱拔毛”等反动口号。对稍有不从者，轻则一顿毒打，重者剖心挖肝，活活折磨至死。与此同时，美、蒋联手破坏国际惯例，违反志愿军战俘意愿，企图将志愿军战俘强迫押解至台湾。9月26日，蒋介石指使台湾各界代表3000余人成立“中华民国各界援助反共义士委员会”，推反共中坚谷正纲为总主席，要求联合国军统帅部坚持“志愿”遣返原则。此一所谓“援助”实为强迫的工作，分为四个步骤进行：

（1）举行反对中共“暴行”大会；

（2）发起支援“反共义士”百万人签名运动；

（3）各界“援助反共义士委员会”举行大会，决定1954年1月23日为“反共义士自由日”；

（4）推黄国书、方治、钱思亮3人为代表，赴朝迎接“反共义士”归“国”。

1954年1月23日，14343名志愿军战俘被押解到台湾。台湾当局在台北市中山堂前广场举行所谓“自由日”庆祝大会，陈诚到会致词。蒋介石也就志愿军战俘被迫抵台发表声明称：“自由中国全体人民，在自由日普遍表现之热烈情绪，足以昭示我国对反对共党并接受民主生活之留韩义士欢迎之热诚及欣慰。”“我沦陷大陆上之同胞，如能获得同样之选择机会，其绝大多数，亦必一如我留韩反共义士，为其自由立即起而奋斗，实已不容置疑。”① 很显然，蒋介石此举是为了打击中共与新生的中华人民共和国。对此，金日成元帅与彭德怀将军就曾在1953年6月19日致函联合国军总司令

① 张其昀：《先总统蒋公全集》，第3册，第3381页。

克拉克，要求“立即全部追回被强迫扣留的战俘”。① 1954 年 1 月 29 日，中国外长周恩来发表声明，强硬抗议美方强迫扣留朝中战俘。声明宣称，美国政府破坏停战协定，将 21900 名朝中战俘分别押送到浦次和群山以及台湾的基隆，参加南朝鲜和台湾军队。中国政府对此提出“最强硬的抗议”，并要求追究美国扣留战俘的责任。② 除了抗议之外，中国共产党决定炮击金门，就是要打击国民党的反共嚣张气焰。

第二，炮击金门是为了警告美国不要插手台湾事务、干涉中国内政。

朝鲜战争爆发后，美国政府改变对台政策并入侵台湾海峡。为了确保美国在亚太地区利益与遏制共产主义在远东的发展，美国政府对新中国实行禁运与封锁，同时扶植曾被其遗弃的蒋介石集团，妄图利用台湾国民党“作为进攻中华人民共和国的工具”。③ 可以毫不夸张地说，蒋介石集团对大陆的军事骚扰、政治反攻、拦截商船，没有美国的支持与庇护是很难奏效的。朝鲜停战后，新中国国际地位有了明显的提高，世界各国要求改善同中国间的关系的呼声日益高涨，美国不仅没有反省孤立中国的错误与入侵台湾的罪行，反而害怕新中国国际地位的提高，变本加厉地扩大对新中国的侵略。

其一，进一步策划“两个中国”的阴谋活动。

美国国务卿杜勒斯在 1954 年 8 月人民解放军炮击金门前，就暗中策划“两个中国”的阴谋。杜勒斯在给美国总统艾森豪威尔的报告中称：他曾找了一个国际法专家研究修改联合国宪章的可能性，以图“把中国排除出安全理事会的常任理事国”。杜氏希冀此举将能出现“在联大接纳两个中国的可能性”。④ 同年 10 月，杜勒斯在一份递交给艾森豪威尔的秘密文件中建议：“我们对中国和台湾采取的政策，应当同我们正在德国和朝鲜奉行的政策属同一类型”，宣称他希望中国大陆与台湾之间的分裂状态长期继续下去。⑤

与此同时，杜勒斯与艾森豪威尔在多种场合既不承认新中国，也反对恢

---

① 《人民日报》，1953 年 6 月 21 日。
② 《人民日报》，1954 年 1 月 30 日。
③ 《人民日报》，1954 年 7 月 23 日。
④ 引自资中筠：《美台关系 40 年》，第 67 页。
⑤ 引自资中筠：《美台关系 40 年》，第 67 页。

复新中国在联大的代表权。早在1953年5月14日，艾森豪威尔在答记者问时反对承认新中国。同月28日，艾森豪威尔对记者称：他反对恢复中华人民共和国在联合国的代表权，“如果联合国接纳红色中国，我们将撤回对联合国的财政支持”。① 6月3日，美国国会秉承艾森豪威尔指示决议：“共产党中国政府不应被接纳为联合国会员国作为中国的代表。”② 杜勒斯在1953年7月28日答记者问时，也反对恢复新中国在联合国的代表权。1954年7月15日和7月29日，美国众、参两院分别重申反对恢复新中国在联合国的代表权。8月4日，艾森豪威尔再度宣称反对恢复红色中国在联合国的代表权。尽管美国决策者的政策充满了矛盾，但目的是一致的，都是为了分裂中国，破坏中国的完整与统一。美国的上述言行理所当然地受到了一切主持正义的国家和中国人民的强烈反对。

其二，美机、美舰不断侵犯我国领空、领海。

美国入侵朝鲜和台湾海峡后，不断对中国领空、领海进行侵犯。早在1950年8月27日，美国侵朝军用飞机侵入中国领空，沿鸭绿江右岸扫射我建筑物、车站、车辆及人民以致伤亡等事，情形极为严重。周恩来外长代表中国政府向美国的入侵行为表示严重抗议，要求美国政府“立即惩办美国空军此次侵入我国领空、杀伤我国人民及击毁我国车辆的挑衅和残暴罪行”；“负责赔偿中国方面所受的一切损失”。③ 同日，恩来还致电联大安理会主席马立克和秘书长赖依，要求制裁美国侵朝军队的军用飞机侵入中国领空的严重罪行。8月29日、9月22日，美国侵朝军用飞机又两度侵入中国东北上空，在中国政府的严重抗议下，美国驻联大副代表葛罗斯致联合国秘书长赖依函，承认美机侵犯中国领空事。④ 朝鲜停战后，美国不甘心在朝鲜战场上的失败，不断在台湾海峡制造紧张局势，推行其侵略政策。1954年6月1日，美国第7舰队的2艘航空母舰、1艘巡洋舰、6艘驱逐舰侵入我国浙江大陈岛海面，美国飞机在大陈岛附近盘旋的有49批134架次。6月23日，美国海军又在台湾附近公海对苏联商船“图阿普斯”号实行武装侵袭，

---

① 《中美关系资料汇编》，第2辑（上），第1166页。
② 《中美关系资料汇编》，第2辑（上），第1167页。
③ 《外交公报》，第1卷，第2期。
④ 《中美关系资料汇编》，第2辑（上），第183页。

并将该船及船员非法扣留。7 月 26 日，美国政府利用 7 月 23 日中国一架巡逻机在海南岛上空误击英国运输机的偶然事件，公然派遣 2 艘航空母舰及若干艘驱逐舰进入我国海南岛东部附近海面，从舰上起飞的战机向中国两架巡逻机予以攻击，并将其击落。这是对中国神圣的领空与领海的无理侵犯。对于美国这一暴行，中国副外长章汉夫向美国政府提出了最严重的抗议。7 月 28 日，《人民日报》发表题为《美帝国主义狂妄的侵略和挑衅》的社论。社论指出："美帝国主义者的这种疯狂行动，显然是美国好战集团顽固地奉行其扩大侵略我国政策的表现。美帝国主义敌视我国人民，侵占了我国的领土台湾，并企图利用台湾蒋介石残余匪帮作为对我国进行侵略冒险的工具。美帝国主义的这种狂妄横暴的做法，是造成亚洲紧张形势的根本原因之一。"

其三，组织东南亚、东北亚反共联盟。在朝鲜停战和印度支那和平恢复之后，美国政府不甘心其在亚洲的侵略政策的失败，进一步扩大侵略范围。首先，美国全力拼凑东南亚军事反共联盟。在杜勒斯看来，东南亚地区"具有重大的战略价值"。东南亚是横跨太平洋和南亚之间最直接和发展得最完善的航海路线和航空路线。它有着重要的海、空军基地。杜勒斯认为苏联与中国的目的是"要控制整个东南亚"。"如果共产党控制了东南亚，那就会给菲律宾、澳大利亚和新西兰——它们是和我们订有共同援助条约的——带来严重的威胁。整个西太平洋地区，包括所谓'海外岛屿链锁'，也会在战略上陷于危险境地。"① 1954 年 9 月 8 日，就在人民解放军炮击金门后的第 5 天，美国纠集英国、法国、菲律宾、新西兰、澳大利亚、泰国、巴基斯坦共 8 国在马尼拉签订了《东南亚集体防务条约》，组织了一个"以中华人民共和国为主要敌对目标的东南亚军事集团"。② 与此同时，美国政府还企图拼凑日本反动势力、李承晚集团和蒋介石集团组织所谓"东北亚防御联盟"。美国企图通过这一系列举措，以台湾为枢纽，"形成对中华人民共和国的包围，进行新的军事冒险"。③

① 《中美关系资料汇编》，第 2 辑（上），第 1669 页。

② 周恩来：《为控诉美国武装侵略中国领土台湾致九届联大电》，《人民日报》，1954 年 10 月 11 日。

③ 周恩来：《为控诉美国武装侵略中国领土台湾致九届联大电》，《人民日报》，1954 年 10 月 11 日。

上述事实说明，美国继续侵占台湾，庇护蒋介石集团，阻挠中国人民解放台湾的行为，“不仅是侵犯中国的主权和领土完整，干涉中国的内政，准备扩大对中国的侵略，并且是增加远东的战争威胁，紧张国际的局势”。① 为了维护中国的主权与领土完整，为了保卫国际的和平与安全，中国政府除了对美国的侵略行径提出强烈抗议之外，还希冀通过炮击金门以警告美国不许干涉中国内政，停止对中国的侵略。

以上两点说明台湾海峡紧张局势的根源决不是人民解放军“九三”炮击金门，而是美国与台湾国民党当局在台湾海峡造势的结果。

中国共产党炮击金门，进一步突出了台湾问题，除了教训国民党当局之外，更主要的是警告美国不要插手台湾事务，干涉中国内政。当然，此举也向世界表明，中国政府有能力解放台湾和坚持祖国统一的原则立场及坚决打破分裂中国图谋的决心。由此可见，突出强调“解放台湾”与炮击金门，并非立即实施大规模的渡海登陆作战，而主要是出于政治上的考虑。关于此点，连蒋介石都意识到了。蒋在 1954 年 11 月 30 日答美国记者问时称：中共炮击金门有时也配合一些“政治作用”，“例如当东南亚反共协约签订的时候，他们开始炮轰金门；当美国选举的前夕，他们开始空袭大陈”。“但是他们的主要目的，还是次第侵占外围岛屿，最后夺取台湾”。②

2. 第一次“台海危机”升级

“九三”炮击金门后，台湾当局对大陆实行报复主义，美国也在同台湾当局加紧缔结《共同防御条约》的同时，准备对中国大陆实施核打击，致使台湾海峡上空乌云翻滚，“台海危机”再度升级。

“台海危机”升级首先来自台湾国民党当局的报复主义。据新华社 9 月 7 日讯：国民党空军 6 日分 3 批 4 架次窜入福建省平潭、仙游、福州等地上空骚扰。7 日，国民党空军 F－47 型、PB－4Y 型、B－25 型飞机共两批 42 架次，袭击福建省厦门等地，投弹 50 余枚，炸死炸伤各 4 人，炸毁房屋 10 余间。人民解放军炮兵对国民党骚扰飞机予以猛烈射击，共击落蒋机 3 架，

---

① 周恩来：《为控诉美国武装侵略中国领土台湾致九届联大电》，《人民日报》，1954 年 10 月 11 日。

② 张其昀：《先总统蒋公全集》，第 3 册，第 3877 页。

击伤20余架。与此同时，国民党海军5艘军舰和金门岛国民党炮兵向厦门岛猛烈射击。人民解放军炮兵予以还击。

8日凌晨5时5分，国民党空军飞机32架窜扰至厦门岛附近海面上空，其中2架飞临厦门上空，被人民解放军守岛炮兵击落。同日上午8时20分，国民党空军出动F－47型战机72架窜扰厦门岛附近地区，其中6架窜入厦门岛上空进行轰炸、扫射。人民解放军守岛炮兵击落击伤各2架飞机。同日下午1时32分，国民党空军又出动飞机70架，分10批袭扰厦门附近地区，其中12架飞临厦门岛上空投弹、扫射。这三批国民党空军飞机共向厦门岛等地投炸弹104枚，炸死炸伤厦门岛等地区居民51人。

9日，国民党空军又两次飞临厦门岛上空投弹，被厦门守军炮兵击落击伤各一架。

10日，福建前线人民解放军炮兵部队向小金门上林西北国民党军一个榴弹炮连阵地猛烈轰击，击毁榴弹炮3门，击伤榴弹炮一门。同日下午人民解放军炮兵部队再度炮击小金门，全部摧毁了这个榴弹炮阵地。同日，人民解放军高射炮部队又击落击伤各一架窜入厦门上空投弹的国民党空军飞机。翌日，人民解放军炮兵部队又击落击伤国民党战机4架。12日，福建前线解放军又击落击伤国民党军飞机3架。

22日人民解放军福建前线部队再度重炮轰击金门后，又招致台湾国民党当局新一轮的报复。炮击金门的第二天，国民党空军出动飞机11批42架次袭扰厦门地区，投弹、扫射。同日，台湾当局又出动5批22架次飞机袭扰大登岛和漳浦等地，炸毁房屋数间，炸伤居民5人。与此同时，金门岛国民党守军向厦门石胃头、德高山、后厝、象山等地和大、小登岛进行炮击。人民解放军当即予以还击，摧毁金门岛国民党军一个炮兵连阵地。

据新华社10月22日讯：据福建地区初步统计：从9月1日至10月10日40天中，国民党空军飞机窜扰福建省沿海和内地共计523批1270架次。这些飞机在厦门、东山、海澄、漳浦、云霄、龙溪、晋江、南安、惠安等地沿海的村庄和海滩上空，投弹900枚，投下和放射八二炮弹和火箭炮弹48枚，扫射200多次。共炸死沿海居民32人，炸伤居民131人，毁损民房94座又8间，炸沉渔船和民船10只。盘踞在金门岛和大担岛上的国民党军，从9月1日到10月1日，先后向厦门、大、小登岛、浯屿、青屿等地发炮轰击29次，发射炮弹3800多发。从9月1日到30日，国民党军舰共14批26艘次窜入福建省内海，向厦门和海澄、晋江沿海地区打炮1200多发，劫去渔船9只，绑架渔民21人。美国军舰曾多次掩护国民党军舰进行抢劫。与此同时，国民党军还多次窜入浙江、广东等地区进行骚扰。守卫在广东沿海的人民解放军沉重打击了骚扰沿海地区的国民党军。从9月3日到10月13日40天中，共击落击伤国民党空军飞机B－25型、F－47型和PB－4Y型飞机62架，其中击落17架。福建前线人民解放军炮兵部队4次猛轰大、小金门岛的国民党军，共击沉国民党炮艇一艘，拖轮一艘、击伤驱逐舰2艘、炮艇和运输船数艘，击伤活动码头一个，消灭一个榴弹炮连，另外击毁大炮6门。

由此可见，由于国民党的疯狂报复，致使台湾海峡海、空炮战不断，危机进一步升级。面对国民党当局的疯狂报复，中共华东军区委员会在人民解放军教训与反击国民党军袭扰的同时，于9月15日发出指示，号召"全军做好解放台湾战斗准备"。[①] 9月30日，周恩来在国庆招待会上的讲话指出"美国的武装力量至今还在侵占我国的台湾，企图阻挠中国人民解放台湾"，并且利用蒋介石集团"用战争来威胁我国"。周恩来断言：美、蒋阴谋必然会"遭到失败"。"中国人民一定能够解放台湾，彻底完成全国的统一。"[②] 10月1日，国防部长彭德怀发布命令，要求人民解放军全体指战员"一定要把台湾从美国帝国主义和蒋介石卖国集团的统治下解放出来，不达目的，决不休止"。[③] 鉴于美、台正在炮制《共同防御条约》，华东军区遵照中央军委的命令，决心攻占上、下大陈和一江山岛以打击美、台协防阴谋。华东军区成立了浙东前线指挥部，由张爱萍任司令员兼政委，具体部署作战计划。经多方研究，最后确定战役分两个阶段进行，并制定了南面对披山岛佯攻，北面攻占一江山岛，最后以主力攻占上、下大陈岛的方案。12月9日，华东军区将该计划上报中央军委，毛泽东审阅后批准了这一计划，但提出"因美军正在浙东海面作大演习，攻击一江山时机目前是否适宜，请加考

① 《人民日报》，1954年9月17日。
② 《人民日报》，1954年10月1日。
③ 《人民日报》，1954年10月2日。

虑”。① 华东军区浙东前线指挥部决定：1954 年 12 月 18 日至 1955 年 1 月 10 日为战役准备阶段。然后，视情况于 1955 年 1 月中下旬发起登陆作战。②

在人民解放军的强大军事、政治反击下，蒋介石不甘示弱，在“九三”炮击金门后，不断叫嚣“反攻大陆”。

10 月 7 日，蒋介石在接见美联社记者慕沙时宣称：“国军将来在大陆作战，可毋需他国军队参战；国军所需要者，仅军械与装配而已。”③

10 月 10 日，蒋介石发表“国庆”文告，要求台湾全体军民“赶紧要从战斗中动员起来，加紧推进我们反攻战斗的动员，完成我们反攻战斗的准备，来承担我们复国救民的责任”。④

11 月 12 日，蒋介石在《国父建党革命 60 周年纪念词》中称，深信“反共必胜，抗俄必成”。⑤ 11 月 30 日，蒋介石在接见美国记者史东时称：“不论金门、大陈或其他各处，如遭受袭击，我们为战略所要求，将随时随地对大陆予以反击。”⑥ 又称：“我们单独反攻大陆，无论从民心士气讲，都是确有把握的。”“美国只要能予以后勤技术支援，助我反攻就够了。”⑦

蒋介石不断宣称“反攻大陆”的目的，一是企图阻止中国人民解放军进军金、马与台、澎；二是为部下打气；三是将美国拴在他的“反攻”战车上，以确保台、澎、金、马的安全。然而，不管蒋介石怎样恫吓与叫嚣“反攻大陆”，人民解放军夺取一江山岛与大陈岛的战略目标仍按原计划进行。

1955 年 1 月 12 日，浙东前线司令员张爱萍下决心预定 18 日向一江山岛发起登陆进攻。一江山岛位于浙江台州湾椒岛口海面，由南北两岛组成，面积 1.7 平方公里，距大陆 13 海里，距大陈岛 7.5 海里，是防守大陈岛的前哨据点。岛上共有守军 1100 余人，构筑了坚固的防御工事与较强的火力配置。18 日凌晨 4 时，人民解放军陆、海、空三军协同开始登陆作战，经过

① 《建国以来毛泽东文稿》，第 4 册，第 627 页，中央文献出版社，1993 年版。
② 《海军史》，第 125 页。
③ 张其昀：《先总统蒋公全集》，第 3 册，第 3874 页。
④ 张其昀：《先总统蒋公全集》，第 3 册，第 3393 页。
⑤ 张其昀：《先总统蒋公全集》，第 3 册，第 3393 页。
⑥ 张其昀：《先总统蒋公全集》，第 3 册，第 3877 页。
⑦ 张其昀：《先总统蒋公全集》，第 3 册，第 3877 页。

仅十几个小时的战斗，就全歼守敌，顺利夺取了一江山岛。

人民解放军攻占一江山岛后，只用105发榴弹炮即可控制大陈全岛，就连飞机也要在下大陈海湾降落，以免遭击落。在这种情况下，尽管蒋介石仍不断宣称誓死保卫金、马，但胸无良策，只好接受美国军方的建议，同意撤兵大陈。

蒋介石首先命令“国防部”等部门拟定撤退大阵军民的“金刚计划”。其后又令二级上将、“国防部总政治部”主任蒋经国具体负责执行此一计划。

1955年2月2日，蒋经国飞抵大陈岛，开始执行撤退大陈的“金刚计划”。经过蒋经国的反复动员与专员沈之岳发布的大陈岛将有“最激烈的战斗”的布告，岛上1.4万多民众被迫告别家园与军队相继撤离。蒋经国当时的心情与其父一样，十分沉痛，他对随行人员说：“我们反共复国，是一件大事，为了百年大计，一时的忍痛是不能避免的。”① 12日，蒋经国撤退大陈之前，最后一次在大陈岛升起青天白日旗。当时参加升旗的有“海军副司令”黎玉玺、美军顾问杨帝泽、沈之岳和《中央日报》记者刘毅夫等人。蒋经国升旗后告诉在场的每一个人：“不要难过，不要失望，我们一定会打回来的！”②

蒋介石曾多次发誓带领子弟兵打回来，但他死了，他的“宏伟计划”成了一场春梦。蒋经国也多次发誓，他要继承其父遗愿打回来。可惜，蒋经国也于1988年1月病逝，父子二人的上述誓言也就成了历史的笑柄。

大陈撤退，为蒋介石宣称“反攻大陆”蒙上了一层阴影。尽管蒋介石偕夫人宋美龄赴金门视察，安慰由大陈岛“转进”的子弟兵，还宣称誓死保卫金、马，但仍不能改变台岛民众“反攻无望”的心理。蒋介石随即发表《为大陈撤退告海内外军民书》，宣称大陈岛“孤悬于台湾基地250海里之外，以今日军事形势而言，其对我反攻基地之台湾防卫上，实已失去了战略价值”。决定将大陈岛驻军调防金门、马祖等地，认为此为集中兵力，增强整个反共复国军事部署的重要措施，是“适应新的战略”的需要。“要保

① 刘毅夫：《大陈列岛军民完整撤退来台补记》，载台湾《传记文学》，第189－190期。

② 钟声：《蒋总统经国先生》，第140页。

证我反攻复国战争的胜利，首先必须巩固台湾、澎湖及屏障台、澎之金门、马祖等外围岛屿为第一要务，自不能以一岛一屿之得失，只争一时之短长，而置根本大计于不顾。”①

蒋介石强调撤退大陈是因这里已失去屏障台湾的战略价值。试问，如果没有人民解放军夺下一江山岛，没有美国出于自身利益考虑要求台湾撤兵大陈，蒋介石还会这样说吗？把部队撤至金、马，硬说是“反攻”军事部署的“重要措施”，是“适应新战略”的需要，显系又在欺骗民众，鼓吹他的“反攻”战略。撤退海南、舟山，国民党军是因没有美国人撑腰，台湾的老百姓也许还相信蒋介石的谎言。然而刚刚同美国签订了《共同防御条约》，有美国人做后台仍不能阻止与避免撤退，恐怕不要说“反攻”，可能连自身的安全都难以保证，那还有谁能相信蒋介石的上述言论呢？造成“台海危机”升级不仅仅是台湾国民党当局，更重要的是美国政府对华的错误政策与举措。

“九三”炮击金门虽然引起美国情报部门与政府当局的高度重视，但其反弹不像台湾当局那样强烈。炮击金门的第二天，美国中央情报局与其他情报机构会商后提交了一份特别情况报告，评估中国对外岛作战能力与意图，分析了美国采取行动的影响和中国攻占沿海岛屿的后果。情报部门估计：中国集结在上海到广东一线的兵力足以在几天内攻克沿海岛屿。但攻克金门需要 15 万兵力和付出巨大的代价。至今未采取行动的原因在于美国介入台湾海峡使形势变得复杂。情报部门判断中国可能会较早地发动对沿海岛屿的进攻，因为中国希望在美国可能正式对外岛承担责任之前采取行动；中国想利用外岛的进攻来引起美国与其盟国之间的分歧和矛盾；中国把夺取外岛作为夺取台湾的准备。报告推测，中国可能增加试探性行动，观察美国的反应和意图，一步步夺取外岛。如果中国夺取外岛，将提高威望，美国则遭受一些损失。报告还认为，美国承担对外岛义务，会引起英国、印度的反对，引起日本的担心，只有南朝鲜、泰国和菲律宾会高兴。②

9 月 8 日和 12 日，美国决策部门认真分析了台湾海峡的局势，并提出

---

① 张其昀：《先总统蒋公全集》，第 3 册，第 3397 页。

② 资中筠：《美台关系 40 年》，第 124 – 125 页。

了应对的方针。在讨论应对方针时，会议出现了明显的分歧：驻台外交官蓝金等人认为应采取秘密行动协助国民党保卫金、马等岛屿。① 雷德福在海、空军参谋长的支持下，建议动用海军力量帮助国民党守住金、马等岛屿，同时出动空军对中国大陆进行空袭。② 这是雷德福在不到6个月的时间里，第三次建议对中国采取侵略行动，包括投掷原子弹。李奇微则反对动用军事力量介入这场冲突。艾森豪威尔反对了雷德福的建议，他认为："如果我们进攻中国，我们将无法限制我们的军事行动，就像在朝鲜一样。""如果我们打一场全面战争，合乎逻辑的敌人将是苏联，而不是中国，我们将必须在那儿打击。"③ 10月，雷德福不顾艾森豪威尔在9月间的训斥，仍认为如果中国进犯，美国将狠狠地打击中国大陆。艾森豪威尔告诉他不要这样想。"美国与蒋介石没有签订过条约；未经国会批准，总统不能把美国投入对中国（和或许对俄国）的战争，特别是为了像金门和马祖那样微不足道的小岛的命运。"艾氏告诉雷德福："如果中国进攻福摩萨（指台湾），第7舰队应采取守势，同时他将立即召开国会。'在国会考虑这一问题期间'将不援引大规模报复理论，不对中国大陆进行报复。"④ 11月份，以雷德福为首的参谋长联席会议第五次建议干涉亚洲，甚至建议对中国使用原子弹⑤（第一次是在4月奠边府局势危急的时候；第二次是在5月奠边府陷落的前夕；第三次是在6月下旬，当法国说中国空军即将参加印度支那冲突时；第四次是在9月中国开始炮击金门、马祖时）。此一建议再度被艾森豪威尔搁置一边。

艾森豪威尔何以五次拒绝打击中国大陆的行动呢？众所周知的事实是：艾森豪威尔虽然在支持台湾当局反共、阻挠中国统一方面比杜鲁门走得更远，但他不愿朝鲜停战后再度大动干戈。他一方面坚持"不让台湾落入共产党手中"，另一方面又担心蒋介石利用同美国签约将美拖入一场新的内战。当然，艾森豪威尔同杜鲁门一样，都企图制造"两个中国"。由此可

---

① 《蓝金回忆录》，第206页，上海人民出版社，1975年版。

② 斯蒂芬·安布罗斯：《艾森豪威尔传》（下卷），第216页，中国社会科学出版社，1989年版。

③ 斯蒂芬·安布罗斯：《艾森豪威尔传》第216页。

④ 斯蒂芬·安布罗斯：《艾森豪威尔传》，第216页。

⑤ 斯蒂芬·安布罗斯：《艾森豪威尔传》，第233页。

见，美国对华政策充满了矛盾色彩。同时也能解释美、台当局对“九三”炮击金门的不同态度。美国人一直在鼓吹台、澎“国际地位未定论”，分裂中国。然而建立“独立的台湾”必须要求台湾当局放弃他们所控制的沿海岛屿，因为在美国眼中，金、马等沿海岛屿与台、澎的“国际地位”是不同的，中国沿海岛屿从来没有割让给日本。如果美国卷入一场因争夺沿海岛屿而发生的冲突，就会被世界舆论谴责为干涉中国内政。当然，艾森豪威尔还认为中国大陆沿海岛屿对台湾自身防卫可有可无，如果放弃这些小岛，反会给其分裂中国的计划扫清障碍，故而拒绝对中国大陆实施军事打击的计划。

当人民解放军夺取一江山岛后，艾森豪威尔改变了上述态度，采取两个步骤作为对策：一是在台湾海峡采取战争边缘政策，二是在联合国鼓吹“停火”说。

美国人是最大的实用主义者，他们在台湾海峡的方针是：保卫台湾，避免战争。这是一种战争边缘政策。所谓战争边缘，用杜勒斯的话讲，是指为和平而冒风险走入战争边缘，但又不卷入战争的行为。按照军事学的观点，战争边缘行为要求明确划出战争边缘线。按照艾森豪威尔的本意，边缘线应划在大陆沿海岛屿与台、澎之间，但由于金、马对蒋介石集团的极端重要性，迫使美国不得不把线划在大陆与金、马之间。其结果，一方面增加了美国与中国交战的危险性，另一方面会招致国际社会的反对。因此，艾森豪威尔一面在台湾海峡采取战争边缘行为，另一方面又在联合国积极谋求在台湾海峡实现停火，以摆脱上述的两难境地。

1 月 19 日，艾森豪威尔同杜勒斯与雷德福进行磋商，确定三条方针：(1)“鼓励国民党放弃大陈和除金门以外的其他沿海岛屿；”(2)“美国提供海空掩护以利于有秩序的撤退；”(3)“鉴于中国共产党人的侵略行为和他们宣称的夺取台湾的意图，当前美国应表明协助国民党保卫金门岛。在目前情况下，金门被视为对于保卫福摩萨和佩斯卡多尔是重要的，在联合国为中止中国共产党人在福摩萨海峡的侵略活动而采取行动之前美国将坚持这一决定。”① 同日，艾森豪威尔在答记者问时宣称：他愿意看到“联合国进行

① 引自资中筠：《美台关系 40 年》，第 130 页。

斡旋，以谋求一项协议，来停止中国沿海的战斗”。同时他又宣称大陈等沿海岛屿不是保卫台湾“所必需的”，而只是有“观察哨的价值”。①

1月24日，艾森豪威尔向国会提出所谓“关于台湾海峡的发展局势”的特别咨文，公然宣称中共采取了一系列的“政治和军事挑衅行动”，具有“侵略目的”，宣称“台海危机”是“由于中国共产党的选择而造成的”，因此必须对中共采取“适当的军事行动”。他提请国会授权总统“在必要时使用美国的武装部队来保证台湾和澎湖列岛的安全”，同时仍宣称由联合国寻求所谓“停火”。②

1月25日与28日，美国国会参众两院通过决议：“授权美国总统，在他认为对确保和保护台湾和澎湖列岛不受武装进攻的具体目标是必要的时候，使用美国武装部队，这项权力包括确保和保护该地区中现在在友好国家手中的有关阵地和领土，以及包括采取他认为在确保台湾和澎湖列岛的防御方面是必要的或适宜的其他措施。”③

上述事实表明：第一，美、台在中国沿海岛屿的防守问题上存在着明显的分歧。蒋介石始终认为中国沿海岛屿是台湾的门户，是“一座反共的堡垒”，如果中国沿海岛屿失守，台湾的“提防亦将崩溃”。④ 因此必须固守金、马等沿海岛屿。美国人从战争边缘政策出发，既想利用台湾国民党当局以遏制共产主义在远东的发展，又怕被蒋拖入中国内战，故把中国沿海岛屿说成是只有“观察哨的价值”，对保卫台、澎安全没有多少实际价值，即使在一江山岛被人民解放军占领后，美国并未从根本上改变这一立场，只是出于维持国民党在台统治的考虑，才不得不宣称“在目前情况下”保卫金、马是必要的，但“不存在一项永久的义务去防卫任何沿海岛屿”。⑤ 因此艾森豪威尔除派军舰保卫金、马之外，还逼蒋介石从大陈岛撤退。由此可以看出，美国协防金、马，也只是权宜之计，是换取蒋介石集团从大陈岛撤退，

---

① 《中美关系资料汇编》第2辑（下册），第2148页。

② 《中美关系资料汇编》第2辑（下卷），第2152页。

③ 《中美关系资料汇编》第2辑（下册），第2157页。

④ 王蓝：《蒋总统与中国》，第195，台北：黎明文化事业公司，1975年版。

⑤ 艾森豪威尔1955年1月30日在国家安全会议上的讲话，引自资中筠《美台关系40年》，第132页。

以避免同中共军队直接作战。第二，美国鼓吹“停火说”的目的有二：一是阻止人民解放军进攻金门，二是迫使蒋介石集团减少金、马驻军，甚至撤出金、马。美国此举的实质是：分离台湾，制造“两个中国”。为了摆脱困境，艾森豪威尔决定把台湾海峡的冲突提交联合国安理会，以便获得一项维持台湾现状的停火决议案。

早在1954年9月29日杜勒斯会见英国外交大臣艾登和新西兰高级官员时，就让新西兰在联合国提出这个问题。艾登从“沿海岛屿是中国的一部分”和“台湾从来不是中国的一部分”的立场出发，追随美国宣称解决“台海危机”的第一步“是在这个地区停火”。① 在美国和英国的策动下，新西兰驻联合国代表芒罗于1955年1月28日向安理会提出要求，讨论台湾海峡紧张局势问题，提议要“使中国海岸附近的一些岛屿上的战斗停止下来”。芒罗还宣称：如果台湾海峡地区不能实现“停火”，可能“危及国际和平与安全的维持”。②

新西兰“停火说”提出后，不仅为世界舆论所瞩目，各国纷纷发表自己的主张，还引起了台湾海峡两岸的强烈反弹。

首先是美国驻联大代表洛奇于1月28日当天宣称：“我们同意新西兰政府的看法，期望安理会遵照新西兰政府的要求早日采取有效行动。”③ 英国外交部发表声明称：“联合王国女王政府完全支持新西兰建议”。④ 加拿大外长皮尔逊于1月28日发表广播演说：“敦促国民党军队从一切中国沿海岛撤到澎湖和台湾的基础上实行停火”。⑤ 同日，苏联外交部长莫洛托夫接见英国驻苏大使海特尔时称：台湾是中国领土的“一个不可分割的部分”，因美国要将台湾“从中国手中夺去”，从而“加剧了远东的国际紧张局势”。1月30日，苏联驻联大代表索波列夫致安理会主席信函称：“美利坚合众国干涉中国内政以及美国最近在台湾地区扩大对中华人民共和国的侵略行为，加剧了远东的紧张局势和加深了新战争的威胁。”信函要求安理会“有责任

① 《中美关系资料汇编》，第2辑（下册），第2159页。
② 《中美关系资料汇编》，第2辑（下册），第2163－2164页。
③ 《中美关系资料汇编》，第2辑（卜册），第2165页。
④ 《中美关系资料汇编》，第2辑（下册），第2165页。
⑤ 《中美关系资料汇编》，第2辑（下册），第2167页。

立即采取步骤，以制止美国对中华人民共和国的侵略行为和美国对中国的干涉”。[1] 信后附苏联提案《美利坚合众国在中国的台湾和其他岛屿地区对中华人民共和国的侵略行为》。1 月 31 日，安理会通过决议，把新西兰“停火案”与苏联制止美国侵略中国案两案均列入议程，先讨论新西兰提案，后讨论苏联提案，并决定邀请中华人民共和国代表参加讨论新西兰提案。

对于美国分裂中国的阴谋与策动新西兰制造“停火说”，台湾当局出于固有的民族主义立场，多次予以抨击，始终坚持“一个中国”。

早在 1947 年美国制造分离台湾的阴谋时，台湾省主席魏道明就曾奉蒋介石之命，以强烈措词驳斥分裂台湾的企图，迫使美国驻台湾总领事克伦茨匆忙举行记者会予以避谣。对于 1949 年中期美国制造的种种分离中国的方案，蒋介石当时均予以坚决抵制。据蒋经国日记记载：“英美恐我不能固守台湾，为共军夺取而入于俄国势力范围，使其南太平洋岛防线发生缺口，亟谋由我交还美国管理。”蒋认为“对美应有坚决表示，余必死守台湾，确保领土，尽我国民天职，决不能交归盟国”。[2] 1949 年 6 月 20 日，蒋介石再度向美国及麦克阿瑟表明对“联合国托管”说与各种分离台湾方案的态度与立场：“台湾移归盟国或联合国暂管之拟议，实际为中国政府无法援受之办法，因为此种办法，违反中国国民心理，尤以中正本人自开罗会议争回台、澎一贯努力与立场，根本相反。”[3]

当美国远东事务助理国务卿罗伯逊带着美国“沿海岛屿停火”计划抵达台北交给蒋介石时，蒋警告说：如果他本人同意新西兰的“停火”建议，将无法在岛内对自己的行为作出解释；允许安理会讨论这一建议，还会导致联合国讨论中国的代表权问题。后来，蒋作了妥协，提出尽快缔结台、美《共同防御条约》，而且缔约时间应在新西兰提出议案之前，才能减轻其所造成的伤害。台、美《共同防御条约》虽然签了字，但“停火”在台湾当局看来，实等于要其放弃“反攻”，为“两个中国”的合法化铺平道路，这对于台湾当局的打击远比丢失沿海若干岛屿要严重得多。为此，台湾当局开

① 《中国关系资料汇编》，第 2 辑（下册），第 2175 页。

② 《蒋总统经国先生言论著述汇编》，第 2 辑，第 628 页。

③ 《蒋总统经国先生言论著述汇编》，第 2 辑，第 629 页。

始强烈谴责美国的行为。

2月5日，台湾当局驻联大“代表”蒋廷黻在纽约谴责“停火”和“两个中国”的谬论。[①] 2月8日，蒋介石在台北讲述国际形势时，宣称大陆与台湾均是中国的领土，“决不容许任何人割裂”。他指责在外岛“停火”是“别有阴谋”，鼓吹“两个中国”“荒谬绝伦”。[②] 蒋还大骂英国等国“不守正义”、“不讲公理”、“乘人之危”的“自私自利者”。同月14日，蒋介石为大陈撤退举行答记者问时再度抨击“停火”与“两个中国”主张，宣称联合国须先“对侵略者施行制裁，非与之商谈停火”同时宣称确保金、马，“中华民族不久终归于一统”。[③] 3月3日，蒋介石在中国国民党七届五中全会的讲话中，进一步抨击“停火说”与“两个中国”的谬论，并提出恪守的三项方针：（1）“自大陆撤退以后，其他外围岛屿绝对不再撤退一步。”“即使美国不来协防金、马各岛，我们也要抱定决心，独立作战到底。”（2）“‘两个中国’的荒谬说法，我们要绝对予以打消。”（3）“我们目前当然仍要继续支持联合国，坚决反对任何秘密形式的外交活动，并决不与共匪同席，辩论任何国际问题。”[④] 蒋介石称今后国际间发生任何恶劣形势，都要坚持这三项方针。

3月18日，蒋介石对英国《泰晤士报》记者哈果夫称：“联合国做停火之安排”，就是要牺牲台湾的外岛，“对侵略者低头”。此一建议是“荒谬的”、“不可想象的”。[⑤] 此间，前美国总统候选人史蒂文生和《纽约时报》采访主任小沙兹伯格均发文要求蒋介石放弃金门、马祖。3月19日，小沙兹伯格专程抵台访问蒋介石，蒋对他称：“金、马乃是‘中华民国’的生命线，放弃金、马，即等于放弃反共抗俄整个事业。”“不论美国协防与否，我们自己将不顾一切牺牲予以确保。”[⑥] 3月23日、25日，蒋介石在接见美国报人塞尔资伯格时，再度强调“在任何情势下，都将不从外岛撤退，我

---

① 陈志奇：《美国对华政策30年》，第116页，台湾《中华日报》社，1981年版。
② 张其昀：《先总统蒋公全集》，第3册，第4215页。
③ 张其昀：《先总统蒋公全集》，第3册，第3882页。
④ 张其昀：《先总统蒋公全集》，第2册，第2453页。
⑤ 张其昀：《先总统蒋公全集》，第3册，第3883页。
⑥ 张其昀：《先总统蒋公全集》，第3册，第2473页。

们将不对任何的压力屈服”，决心“保卫金门、马祖，战至最后一人”。①

对于美国的战争讹诈与分裂中国的“停火”阴谋，中国共产党则坚持坚定的原则性与政策的灵活性，即在政治上取攻势，不接受“停火”安排，在军事上取守势，采谨慎的态度。首先从政治上看，中华人民共和国的原则立场是非常坚定的。关于此点，可以从下列事实中得到说明：1955 年 1 月 24 日，周恩来代表中国政府就美国在联合国提出在中国沿海停火一事发表声明指出：“美国政府在中国人民最近胜利地解放了一江山岛之后，就一面加紧军事行动进行战争挑衅，另一方面策动通过联合国进行所谓停火的诡计，来干涉中国人民解放台湾。”“解放台湾是中国的主权和内政，绝不容他人干涉。”美国军队必须从台湾和台湾海峡撤走。②

1 月 28 日，新西兰在美英策划下抛出“停火案”的当天，就受到中华人民共和国政府的强烈抨击。周恩来接见英国驻中国代办杜威廉，就其转告英国将在联大安理会上支持新西兰“停火”事驳斥说：中国人民解放自己的领土，从来没有引起紧张局势。中国在台湾问题上的立场是：联合国或者任何外国都无权干涉中国人民解放沿海岛屿、台湾和澎湖列岛。如果新西兰政府的提案是属于干涉中国的内政，中国政府坚决反对。③ 同日，毛泽东在接见芬兰驻华大使时也发表谈话称：“我们有两条：第一，我们不要战争；第二，如果有人来侵略我们，我们就予以坚决回击。”“美国的原子讹诈，吓不倒中国人民。”④ 翌日，《人民日报》发表社论：《坚决反对美国的战争挑衅》。1 月 31 日，周恩来在国务院会议上强调：美国想用恐怖吓倒我们，但是吓不倒我们。⑤

2 月 3 日，周恩来致电联合国秘书长哈马舍尔德并转安理会主席贝朗德：中国政府坚决反对干涉中国内政、掩盖美国对中国的侵略行为的新西兰建议。宣布只有在为了讨论苏联的提案并在安理会驱逐蒋介石集团代表的情

---

① 张其昀：《先总统蒋公全集》，第 3 册，第 3883 页。

② 《人民日报》，1955 年 1 月 25 日。

③ 《周恩来年谱》（1949－1976），上卷，第 444 页。

④ 《毛泽东选集》，第 5 卷，第 136 页。

⑤ 《周恩来年谱》（1949－1976），上卷，第 445 页。

况下，中国政府才能同意派代表参加安全理事会的讨论。① 同日，周恩来向出席全国计划工作会议等专业会议代表作《动员和团结全国人民完成国家过渡时期总任务和反对国内外敌人的斗争》的报告中，分析了国际形势和台湾地区的局势，阐明了中国政府对台湾问题的立场、方针、策略和对斗争前景的估计。周指出，我们的原则立场是“不解放台湾，决不罢休”。我们的策略是：决不能答应沿海岛屿停火，防止将台湾与沿海岛屿分开；决不能无条件到联合国去，防止在联合国造成两个中国合法化的形势；决不能同意允许什么台湾“中立化”或“托管”的办法。②

2 月 5 日，周恩来接见瑞典大使魏斯特朗时称：新西兰提案“包含一个阴谋”，即“把属于中国内政的事情，把任何外国或联合国都无权干涉的中国内政的事情，放在国际舞台上。这就要造成两个中国，要割裂中国的领土”。③

上述事实说明：中国政府领导人的宣示一是警告美国停止对中国的核讹诈与武装干涉，中国政府对台湾问题的原则立场不会改变；二是通过揭露美国与新西兰“停火说”的阴谋来争取同情中国的国家的进一步支持；三是告诉联合国，中国在原则问题上决不会妥协。在表明中国政府的原则立场基础上，中国政府在军事上采取了非常谨慎的态度，特别是对美国机、舰活动，以免引起中美间的直接冲突。

早在“九三”炮击金门之前，粟裕就舟山群岛海面发现美舰队与飞机向中央请示处理意见，毛泽东批示：“不要先向美军开炮，只取守势，尽量避免冲突。”④ 人民解放军攻占一江山岛后，由于美国的强烈反对，中央军委决定暂缓攻击大陈。⑤ 2 月 2 日，毛泽东致电国防部长彭德怀，提出在国民党军从大陈撤退时，“无论有无美（舰）均不向港口及靠近港口一带射击”。⑥ 当由美国护航的国民党军队从大陈撤退时，人民解放军遵照毛泽东

---

① 《人民日报》，1955 年 2 月 4 日。
② 《周恩来年谱》（1949－1976），上卷，第 446 页。
③ 《周恩来年谱》（1949－1976），上卷，第 448 页。
④ 《建国以来毛泽东文稿》，第 4 册，第 495 页。
⑤ 《三军挥戈战东海》，第 2 页。
⑥ 《建国以来毛泽东文稿》，第 5 册，第 23 页。

与中央军委指示，没有追击和射击，而是让其安全撤走。大陈撤退后，杜勒斯再度掀起反共声浪。杜氏于1955年3月3日赴台湾与蒋介石会谈，认为中共“在台湾海峡中的活动是针对台湾和澎湖列岛的”。① 杜氏返美后与艾森豪威尔商讨协防金、马问题，艾森豪威尔也认为：“如果我们不积极干预，中国国民党人有无能力保卫台湾？或者说，如果他们没有这种能力，我们不用原子弹去同他们合作又有多大效果?”② 他认为：“西太平洋的所有非共产主义国家却紧张地注视着我们下一步的行动。我担心如果我们试图迫使蒋作进一步撤退”，亚洲各国会认为应及早同中共达成“最有利的协议”。由于形势紧急，他决定“拉蒋介石一把”。他还认为：“把国民党安置在中国的一旁，始终威胁着要进攻大陆，是具有重要意义的，因为这样便拖住了中国军队。”③ 3月15日，杜勒斯在得到艾森豪威尔批准后宣布，如果台湾海峡发生战争，美国准备使用战术核武器。④ 3月16日，艾森豪威尔在记者招待会上也将这一考虑公之于众。⑤ 此举致使世界局势顿呈紧张状态。为了避免同美国直接作战，在达到了教训国民党军和警告美国不要干涉中国内政、分裂中国的目的之后，决定停止进攻金门、马祖，并适时地采取了缓和“台海危机”的措施，最终使“台海危机”化解，为推进两岸关系作出了贡献。

3. 中国共产党倡议国共和谈与和平解放台湾

美国在台湾问题上的错误立场，以及核讹诈和战争叫嚣，使远东局势特别是台湾海峡局势处于极端紧张状态。中国共产党出于缓和远东紧张局势的考虑，于50年代中期，将武力解放台湾政策调整为政治与军事并重，以政治为主解决的政策，即和平解放台湾。

早在1950年初，毛泽东就有用和平方式解决台湾问题的想法。当年3月11日，毛泽东致电张治中，称张正在从事的争取和平解放台湾的工作

① 《中美关系资料汇辑》，第2辑，（下册），第2244页。
② 《艾森豪威尔日记》，第390页，新华出版社，1987年4月版。
③ 斯蒂芬·安布罗斯：《艾森豪威尔传》，第243页。
④ 斯蒂芬·安布罗斯：《艾森豪威尔传》，第243页。
⑤ 斯蒂芬·安布罗斯：《艾森豪威尔传》，第243页。

“极为重要，尚希刻意经营，借收成效”。① 毛泽东原力主武力解放台湾，为什么又赞同用和平方式解决台湾问题呢？据笔者研究，这在当时是出于策略考虑，他的主观意图仍是用武力解放台湾，和平方式只是对用武力解决政策的一种配合，如同解放战争时期对国民党军以武力消灭为主，同时配以和平方式，以减轻或避免损失。解放台湾政策的真正转变则是在 1955 年万隆会议之后。

“台海危机”发生后，为打破美国的战争叫嚣与分裂中国的图谋，周恩来于 1954 年 12 月 5 日，会见缅甸总理吴努时指出：“我们是不受战争威胁的。”② 同时提出争取“和平解放台湾”，但“和平解放台湾的前提条件一定要肯定台湾是中国的”。③ 同月 10 日，周恩来致信毛泽东，指出台、美《共同防御条约》的签订进一步加强了美国对中国领土台湾的侵占和中国内政的干涉，加大了战争危险性。“如果美国政府愿意缓和紧张局势，从台湾、澎湖和台湾海峡撤走它的一切武装力量，停止干涉中国内政，那么，台湾就有和平解放的可能。”④ 1955 年 2 月 3 日，周恩来在一次报告中宣称“不解放台湾，决不罢休”的同时，特别强调“只要美军撤退，台湾可以和平解放”。“我们要提出这样的响亮口号。这个口号什么时候公开提出，要看形势的发展。就是谈判和平解放，也要有力量才能实现”。⑤ 3 月 10 日，周恩来致信毛泽东，商谈前国民党要员从香港返回大陆及发表卫立煌《告台湾袍泽朋友书》事，称：“以在卫入境后即在广州发表较妥。”因为等卫到北京并要在修改后再发表，那就需要一段时间，作用不如现在大。”⑥ 13 日，毛泽东批示：《告台湾袍泽朋友书》“一字不改，照原文待卫到广州时即行发表为好。在广州发表时，即送香港登报”。“同时由新华社发来北京，播发北京及全国登报并发口语广播，译成外文发表。”⑦ 3 月 15 日，卫立煌抵达广州，17 日，《人民日报》与香港《文汇报》全文刊载了《告台湾袍

① 《建国以来毛泽东文稿》，第 1 册，第 271 页。
② 《周恩来年谱》（1949－1976），上卷，第 429 页。
③ 《周恩来年谱》（1949－1976），上卷，第 428 页。
④ 《周恩来年谱》（1949－1976），上卷，第 430 页。
⑤ 《周恩来年谱》（1949－1976），上卷，第 446 页。
⑥ 《周恩来年谱》（1949－1976），上卷，第 457 页。
⑦ 《建国以来毛泽东文稿》，第 5 册，第 49 页。

泽朋友书》。卫立惶在文中抨击美国侵占台湾与蒋介石“反攻”必败，解放台湾必成，呼呈袍泽、朋友“效忠革命”、“为人民尽力”，“以赎前愆”。

上述事实说明，中国共产党对台政策正在逐渐发生变化，由武力解放转变为和平解放，强调和平解放的同时，始终未承诺放弃使用武力，而是以武力解放为和平解放的后盾。当美国在3月份再度鼓噪对中国实施核打击时，中国共产党决定借万隆会议之机，公开宣布同美国改善关系，同时宣布和平解放台湾的方案。关于此点可以在童小鹏回忆录《风雨40年》中得到说明：“1955年4月，周恩来率中国政府才赴印度尼西亚参加万隆会议，行前，毛泽东和中共中央确定：‘可相机提出在美国撤退台湾和台湾海峡的武装力量的前提下和平解放台湾的可能’。”

4月15日，周恩来出席万隆会议途中抵缅甸，在同缅甸总理吴努会谈中称：“中国同蒋介石集团之间的战争是内战的继续，过去没有现在也不允许外来干涉。如果美军撤退，我们是可能用和平的方式解放台湾。”① 23日，周恩来在缅甸等8国代表团团长会议上，阐释中国政府在台湾问题上的立场和意见。当有人问到台湾和平解放后是否可以委任蒋介石为将军时，周回答说：“完全可以。”随后，周恩来发表声明称：“中国人民不要同美国打仗。中国政府愿意同美国政府坐下来谈判，讨论和缓远东紧张局势的问题，特别是和缓台湾地区的紧张局势问题”。② 4月25日，周恩来接见美国《民族》周刊记者时称：“台湾地区的紧张局势是美国的干涉造成的。”“为了和缓台湾地区的紧张局势，中国提议，中国和美国应该坐下来谈，解决这个问题。”③ 美国在4月23日当天就注意到了周恩来的声明，并就此声明发表公报称“美国一向欢迎替世界带来和平的任何努力”，但要中国政府拿出实施和平步骤的善意表现。④ 4月26日，杜勒斯对记者发表谈话，愿意同中国政府对话，但他再度大谈“停火”问题。⑤ 周恩来于5月9日接见英国驻中国代办维廉时称：“我们注意杜勒斯最近关于中美谈判的声明中所说‘可以没

① 《周恩来年谱》（1949－1976），上卷，第463页。
② 《中美关系资料汇编》，第2辑（下册），第2251页。
③ 《中美关系资料汇编》，第2辑（下册），第2253页。
④ 《中美关系资料汇编》，第2辑（下册），第2251页。
⑤ 《中美关系资料汇编》，第2辑（下册），第2254－2256页。

有蒋介石参加’这一点，但杜勒斯说中美坐下来谈的题目是停火问题，这是文不对题。”“中美谈判的题目是缓和台湾地区的紧张局势。”① 尽管中美关于谈判内容有着明显的分歧，但双方均同意坐下来通过谈判方式解决“台海危机”问题，从而使剑拔弩张的军事对峙局面有所缓和，为进一步化解“台海危机”打下了基础。

当美中关系有所缓和之际，中共中央认为公开提出和平解放台湾的时机成熟了。1955 年 5 月 13 日，周恩来在全国人大常委会第十五次会议的讲话中指出：“中国人民解放台湾有两种可能的方式，即战争的方式和和平的方式，中国人民愿意在可能的条件下，争取用和平的方式解放台湾。”② 同年 7 月 30 日，周恩来在人大一届二次会议的讲话中代表中国政府宣布：“中国政府愿意和台湾地方的负责当局协商和平解放台湾的具体步骤。”③ 与此同时，从 1955 年夏季起，人民解放军停止了对国民党军的主动攻击，只是在遭到袭扰时才予以还击。周恩来的两次公开讲话标志着中国共产党对台政策发生了重大转变，即由武力解放为主过渡到和平解放为主。

中国共产党之所以在 50 年代中期对台政策作重大调整，主要是出于以下考虑：

第一，基于缓和台湾海峡紧张局势，避免与美国军队直接作战的考虑。鉴于朝鲜战争已使中国经济建设遭受了巨大的损失，如果由于“台海危机”再度导致中美之战，将会在更大范围内干扰中国经济的发展。因此，毛泽东审时度势，决定停攻金、马，避免同美国直接冲突，力图通过同美对话以缓和远东紧张局势，特别是台海紧张局势。关于此点，可从“台海危机”发生后，特别是人民解放军夺取一江山岛后周恩来和毛泽东的讲话中得到说明。1955 年 2 月 5 日，周恩来在接见瑞典驻华大使魏斯特朗时称：“国际上一切为和缓并消除远东紧张局势，包括台湾地区的紧张局势的真正努力，中国总是给予支持的。”④ 翌日，周恩来接见印度驻中国大使赖嘉文时称：缓

---

① 《周恩来年谱》(1949－1976)，上卷，第 477 页。
② 《中美关系资料汇编》，第 2 辑（下册），第 2266 页。
③ 《周恩来年谱》(1949－1976)，上卷，第 493 页。
④ 《周恩来年谱》(1949－1976)，上卷，第 447 页。

和远东紧张局势的关键在美国“要打，我们不怕；要和缓，那就得坐下来谈。”① 4月5日，周恩来在中共中央政治局会议上提出：“我们主张通过国际协商和缓国际紧张局势，包括台湾地区的紧张局势在内。”② 同年7月30日，周恩来在全国人大一届二次会议的报告中称：“本着和缓国际紧张局势和协商解决国际争端的原则，中国政府曾经采取一系列的步骤来和缓中国同美国之间的紧张局势。”③ 同年11月5日，周恩来接见印度新任驻华大使拉·库·尼赫鲁时称：我们的方针就是“争取局势和缓下来，和美国和平共处”。④ 毛泽东也强调：“国际紧张局势的和缓，持久和平可能性的出现，则符合一切不愿意战争的人民和国家的利益。”⑤ 1959年10月5日，毛泽东在谈到解决台湾问题的方式时，强调不一定非得用武力方式，指出我们准备同蒋介石谈判。1960年5月22日，毛泽东主持中共中央政治局常委会议，研究对台问题。毛泽东认为：台湾宁可放在蒋氏父子手中，不可落到美国人手中；对蒋介石我们可以等待，解放台湾的任务不一定要我们这一代完成，可以留交下一代人去办；现在要蒋过来也有困难，逐步地创造些条件，一旦时机成熟就好办了。⑥

同美国政府谈判，中心问题是台湾问题。在1955年8月1日于日内瓦举行的中美级大使会谈中，美国提出：“除防御外，将不在台湾地区使用武力。”⑦ 对于美方的建议，中国政府的原则立场是：“和平解决中美之间的争端而不使用武力；中美间在国际关系中不使用武力问题，绝不能同中国用和平的或武力的方式解放台湾的内政问题混为一谈；中国政府虽一再声明愿在可能条件下和平解放台湾，但台湾问题是中国的内政问题，决不能成为中美会谈的议题。”⑧

---

① 《周恩来年谱》(1949－1976)，上卷，第448页。

② 《周恩来年谱》(1949－1976)，上卷，第461页。

③ 《周恩来年谱》(1949－1976)，上卷，第592页。

④ 《周恩来年谱》(1949－1976)，上卷，第515页。

⑤ 《建国以来毛泽东文稿》，第6册，第140页。

⑥ 中共中央党校、中共中央台办：《台湾问题读本》，第48页，中共中央文献出版社，2001年版。

⑦ 《中美关系资料汇编》，第2辑（下册），第2310页。

⑧ 《人民日报》，1956年1月29日。

会议因美国缺乏诚意没有取得积极成果，但它使中美之间有了一条通过谈判解决问题的外交接触渠道，使得因美国的战争威胁而造成的中美间的极度紧张关系得到一定程度的缓解。

第二，基于国内主要矛盾的变化。随着生产资料私有制的社会主义改造的基本完成，国内主要矛盾发生了根本性的变化，即由工人阶级同资产阶级的矛盾转化为人民对经济文化迅速发展的需要同当前经济文化不能满足人民需要的状况之间的矛盾。这一变化决定了尽管国共两党仍然处于严重对抗状态，但是如何肃清台湾国民党残余要服从国内主要矛盾的需要。

第三，基于对国民党现状的考虑。尽管国共两党当时还处于敌对状态，但在坚持“一个中国”，反对“两个中国”的基本原则上，始终具有共识。美国制造“两个中国”的阴谋，遭到海峡两岸国共两党的共同反对，因此在维护祖国统一这个双方可以共同接受的前提下，求同存异，以和平方式解决台湾问题，就逐渐具备了可能性。正如周恩来所说：“现在，和平解放台湾的可能性正在增长，除了国际形势趋向缓和与新中国强大之外，“就是在那些从大陆上跑台湾去的国民党军政人员当中，也有越来越多的人看到，只有实现祖国的和平统一，才是他们的唯一出路”。①

毛泽东、周恩来等中共领导人关于用和平方式解决台湾的口号一经提出，立即受到海内外舆论的好评。“民革”中央主席李济深呼呈台湾军政人员应“走和平解放台湾的道路，为实现伟大祖国的完全统一而立功”。②1956年2月29日，“民革”三大还发表了《告台湾军政人员书》，欢迎他们早日归来。

中共倡议和平解放台湾与中美会谈，使台湾海峡的紧张局势迅速得到了缓解。

上述事实说明：中国共产党将武力解放台湾政策调整为用和平方式解放台湾，不仅顺应了世界局势的发展，也符合海峡两岸的现状，因而得到世界舆论的肯定。既然中国共产党主张用和平方式解决台湾问题，那为什么没有放弃“武力解放”这一口号呢？据笔者研究，原因主要有三条：

---

① 《周恩来选集》，下卷，第200页，人民出版社，1984年版。

② 《光明日报》，1956年3月6日。

第一，考虑到美国政府虽在同中国进行政治谈判，但从其自身在亚太地区的利益考虑，它还将不断插手台湾事务，制造“两个中国”的阴谋，对此，中国人民“是绝对不容许其实现的”。因此，对于美国的政治企图与战争讹诈政策，必须以武力作后盾，必要时不惜与美国一战。

第二，考虑到蒋介石还没有放弃武力“反攻大陆”的政策。毛泽东指出：“在台湾国民党没有同我们举行和平谈判并且获得合理解决以前，内战依然存在。”① 既然蒋介石不愿放弃“反攻大陆”的口号，当然只好“谈谈打打，打打谈谈”。②

第三，毛泽东根据多年的政治斗争经验认为：政治斗争是以军事实力作为坚强后盾的，如果没有军事实力做后盾，和平谈判是很难成功的。解放战争时期国共两党举行的重庆谈判与北平谈判，进一步说明军事实力在谈判中的极端重要性。

基于上述三点考虑，毛泽东虽然主张用和平方式解决台湾问题，但始终不作“放弃使用武力”的承诺。正是由于这一正确的抉择，才使美国企图将台湾从中国分离出去的阴谋始终不能得逞。

中国共产党提出“和平解放台湾”后，中共中央领导人在多次阐明和平解放台湾政策的同时，进一步强调国共第三次合作，并采取一些措施，以推进国共和谈进程。

1955 年 12 月 23 日，周恩来在会见香港大学英籍教授谈及台湾问题时称：“我们可以同蒋介石谈判和平解放台湾问题。我和蒋介石是老朋友，合作过两次。20 年前我还放了他一次，不是我一个人放的。”“既然合作过两次，当然还可以合作第三次啰！”③

1956 年 1 月 25 日，毛泽东在第六次最高国务会议上提出：“台湾那里还有一堆人，他们如果是站在爱国主义立场，如果愿意来，不管个别的也好，部分的也好，集体的也好，我们都要欢迎他们，为我们的共同目标奋斗。”毛泽东还宣布：“国共已经合作了两次，我们还准备进行第三次合

---

① 《建国以来毛泽东文稿》，第 7 册，第 454 页。

② 《建国以来毛泽东文稿》，第 7 册，第 459 页。

③ 《周恩来年谱》（1949 - 1976），上卷，第 530 页。

作。”① 根据毛泽东的指示精神，周恩来于1月30日在政协二届二次会议上正式宣布了对台湾的方针、政策：“凡是愿意回到大陆省亲会友的，都可以回到大陆上来。凡是愿意到大陆参观学习的，也都可以到大陆上来。凡是愿意走和平解放台湾道路的，不管任何人，也不管他们过去犯过多大罪过，中国人民都将宽大对待，不咎既往。”同时号召：“台湾同胞和一切从大陆跑到台湾的人民，站到爱国主义旗帜下来，同祖国人民一起，为争取和平解放台湾，为实现祖国的完全统一而奋斗。”② 2月4日，《人民日报》发表题为《为和平解放而奋斗》的社论，重申周恩来在政协二届二次会议上发出的为争取和平解放台湾而奋斗的号召。7日，全国政协二届二次会议通过决议，阐明中国人民积极争取用和平方式解放台湾的原则立场，号召一切从大陆跑到台湾的国民党人员同祖国人民一起为和平解放台湾而努力。

4月，毛泽东针对国民党军政人员对大陆政策存在的疑虑表示：“和为贵……爱国一家，爱国不分先后，以诚相见，来去自由。”③ 6月28日，周恩来在全国人大一届三次会议上代表政府正式表示：“我们愿意同台湾当局协商和平解放台湾的具体步骤和条件，并且希望台湾当局在他们认为适当的时机，派遣代表到北京或其他适当的地点，同我们开始这种商谈。”“我们对于一切爱国的人们，不论他们参加爱国行列的先后，也不论他们过去犯了多大罪过，都本着‘爱国一家’的原则，采取既往不咎的态度，欢迎他们为和平解放台湾建立功勋，并且还将按照他们立功大小，给予应得的奖励和适当的安置。”④ 毛泽东在审阅了周恩来的这个发言时批到：“此件很好。”⑤

中国共产党在公开场合宣布新的对台政策的同时，还通过多种渠道向台湾国民党当局传递和平解放台湾的信息与邀请。

首先是与国共两党高层均有私谊的无党派人士章士钊，在周恩来提出和平解放台湾后主动提出去香港找关系，做蒋介石的工作，以促成第三次国共合作。毛泽东、周恩来批准了章士钊的请求，并给蒋介石写了一封信，请章

---

① 童小鹏：《风雨40年》，第273页。
② 《周恩来年谱》（1949－1976），上卷，第543页。
③ 陈崇龙、谢俊：《海峡两岸关系大事记》，中共党史出版社，1993年版。
④ 《周恩来年谱》（1949－1976），上卷，第589页。
⑤ 《周恩来年谱》（1949－1976），上卷，第589页。

转交。信中对国共第三次合作提出了一些原则性的做法：

第一，除了外交统一中央外，其他台湾人事安排，军政大权，由蒋介石管理；

第二，如台湾经济建设资金不足，中央政府可以拨款予以补助；

第三，台湾社会改革从缓，待条件成熟，亦遵重蒋介石意见和台湾各界人民代表协商；

第四，国共双方要保证不做破坏对方之事，以利两党重新合作。①

信中还说："奉化之墓庐依然，溪口之花草无恙。"欢迎蒋介石在祖国统一后回故乡看看。章士钊在周恩来安排下于1956年春赴港，找到派驻香港负责国民党文宣工作、主持《香港时报》的许孝炎，同他谈了第三次国共合作之事，并将中共中央致蒋介石的亲笔信委托许转交。后许至台北，将信交蒋，蒋不置可否。

1956年3月16日，周恩来接见李济深前卫士长、英人马坤说："如果你这次或者以后到了台湾，请你向蒋介石或你的其他朋友转达几句话：'蒋介石是我们的老朋友，他认识毛主席，也认识我。我们同他合作过两次'。"周提出可以同蒋再度和谈，还说："蒋介石还在台湾，枪也在他手里，他可以保住。主要的是使台湾归还祖国，成为祖国的一个组成部分。这是一件好事，如果他做了这件事，他就可以取得中国人民的谅解和尊重。"②

5月13日，周恩来接见并宴请曾任李宗仁秘书、国民党中央副秘书长程思远和宋子文秘书郭增恺。在谈话中，周说："只要大家以民族和祖国的利益为重，国共两党仍然可以重新携手团结起来，争取第三次合作，实现祖国的完全统一。"他还说："我们希望台湾全部过来。台湾当局如要了解大陆情况，尽可以派人来考察，我们将提供一切帮助。""国民党军政负责人来大陆探亲、访友、观光，我们将给予各种方便和协助，并保证来去自由，允许保留自己意见。"③ 7月13日、16日、19日，周恩来三次接见原国民党中央通讯社记者曹聚仁。曹是浙江人，蒋经国的老部下，与蒋交谊甚厚。

① 程思远：《中国国民党百年风云录》（中），第1899页，延边大学出版社，1994年版。
② 《周恩来年谱》（1949－1976），上卷，第559页。
③ 《周恩来年谱》（1949－1976），上卷，第577页。

1956年7月1日，他携妻、子以新加坡工商考察团身份抵京访问。北京之行的目的如曹氏回忆所说："我这回访问北京，乃是站在人民的立场，以记者的客观地位，一本正经的工作。我们的背后，有着千百万海外华侨，急待知道大陆中国的社会动态，急欲明瞭大陆中国的政治进展，我们自请为他们做真实的报道。"① 曹氏赴京之际，正是北京公开首倡和平解放台湾之时，因此港澳报纸猜测他此行与国共和谈有关。应当说，曹氏回大陆时不一定带有特殊使命，但在周恩来接见他后，则肩负起了为两党和谈穿针引线的神圣工作。周对曹说：国共两党合作"有过两次，第一次合作有国民革命军北伐的成功，第二次合作有北伐的胜利，这都是事实，为什么不可以第三次合作呢?"提出国共两党要"彼此商谈"。② 曹聚仁问周在全国人大会议发言中谈到"和平解放台湾"的票面有多少实际价值，周答："和平解放台湾的实际价值和票面价值完全相符。"③ 陪同会见的邵力子对曹提出要求，请他为祖国统一多做些工作。曹欣然接受，并向周恩来提出想到台湾去说服蒋经国"易帜"。④ 同年8月14日，《南洋商报》刊载了曹聚仁文《颐和园一夕谈——周恩来会见记》。9月8日，印度尼西亚华侨主办的《生活周刊》又发表了曹文《周总理约曹聚仁在颐和园一夕谈》。曹的两文向世界特别是向台湾当局进一步传达了中共中央关于国共和谈的主张与构想。同年10月，曹聚仁再度赴京，受到毛泽东的接见，据曹的《北行小语》披露："毛泽东从蔑视蒋介石的角度转而走向容忍的态度。"曹氏认为："在党的仇恨情绪尚未完全消逝的今日，毛氏已经冷静下来，准备和自己的政敌握手，这是中国历史又一重大转变。"

上述事实表明：中国共产党人提出和平解放台湾，实行第三次国共合作的主张是真诚的、完全是出于缓和"台海危机"与实现祖国完全统一的考虑，是当时条件下能够为两岸两党所能接受的唯一可行的方案。第二，上述方案与做法表现出中国共产党人高举爱国主义大旗，富有创意，在不失原则的同时，又表现出高度的灵活。如果台湾国民党当局也以国家民族利益为

① 李伟：《曹聚仁传》，第345页，南京大学出版社，1933年版。

② 《周恩来年谱》（1949－1976），上卷，第598页。

③ 《周恩来年谱》（1949－1976），上卷，第598页。

④ 毛磊：《国共两党谈判通史》，第651页，兰州大学出版社，1996年版。

重，捐弃前嫌，求同存异，国共两党重开和谈，恐怕台湾在50年代中期就已经回到祖国的怀抱了。遗憾的是台湾国民党当局顽固坚持反共政策，拒绝和谈，致使50年代中期台湾归回的一次契机丧失了。

三、中国共产党和平解放台湾构想未能达成的原因

在中国革命史上，国共两党曾有过多次谈判，举其大者有第一次国共合作谈判、第二次国共合作谈判、重庆谈判、北平谈判。每次谈判合作的最终结果都以国民党撕毁、破坏、背弃协定而告终。与前几次谈判不同的是，这次国共和谈则因国民党当局拒绝和谈而未能达成。当然，在国民党退台之初，国民党也曾进行过和谈试探。

1. 李次白和宋宜山秘密访问大陆

早在1950年6月人民解放军准备攻台、台湾社会一片混乱之际，蒋介石一面宣称“反攻大陆”，一面派出李次白秘密前往大陆，试探国共和谈的可能性。①

李次白毕业于黄埔军校第6期，因其哥嫂均是中共党员，其妹嫁给陈毅胞兄陈孟熙，被怀疑是中共党员，遂脱离军、政界，在台北开了家“凯歌归”饭店。1950年初，李的两位老同学与蒋经国部下胡伟克光临“凯歌归”，告诉他：“目前党国的处境非常困难，……如在火山之颠。”“令妹是陈毅的大嫂子，这就是请你和共产党对话的资本。你如能出山，到大陆走一趟，就等于救了我们的性命。不，应该说是整个党国的命运。”② 李次白受命后又受到蒋经国接待，蒋对李称：“现在国共合作，我看希望不大。”“你和陈毅是至亲，我看可以深谈。最低限度，希望不进攻台湾。”③

5月下旬，李次白由台赴港，月底至大陆。李经陈孟熙引见同陈毅会面，对陈说：“台湾要给你谈国共合作的事，共走美国两党制民主的道路，

① 《肖劲光回忆录》，第26页。

② 程思远：《中国国民党百年风云录》（中），第1846页。

③ 程思远：《中国国民党百年风云录》（中），第1847页。

最低限度要求不进攻台湾。”陈则答：“国共合作的话题，现在先不提。现在提为时尚早，以后会有机会的。”陈毅之所以作此答复，是因为人民解放军攻打台湾在即，蒋介石难逃失败命运，故认为此时谈国共合作不适时机。李次白返台不久，朝鲜战争爆发，美国侵入台湾海峡，使蒋介石集团从杜鲁门手中意外地获得了一张人寿保险单，故而试探和谈自动终止。

1955 年至 1956 年中国共产党重开和谈的建议，也曾引起蒋介石的极大关注。他曾经与部下进行反复研究，遂于 1957 年初召见许孝炎。蒋对许称：“基于‘知己知彼，百战不殆’的原则，针对中共发动的和平统一攻势，决心派人到北平一行，实际了解中共的真实意图，至于人选，不拟自台湾派出，而自海外选择。”①

许深解蒋意，提出原“立法院长”童冠贤、“立法院秘书长”陈克文和“立法委员”宋宜山作为北上试探和谈的人选。经蒋抉择派宋宜山前往北京。蒋之所以选中宋，据海外资料分析：宋既是蒋介石的学生，又是原国民党中央候补委员，现任台湾“立法委员”，对蒋介石与国民党都比较忠诚。加之他是国民党战犯宋希濂的哥哥，宋希濂当时正关在北京功德林战犯管理所，他可以探亲名义赴京，不引起外人的注意。蒋选中宋还有一个原因是，宋是湖南人，时任中共中央统战部部长的李维汉也是湖南人，对话比较方便。

宋宜山 4 月抵京后，曾同周恩来与李维汉进行了会谈。李维汉代表中共中央向宋转达了下列几点：

（1）国共两党通过对等谈判，实现和平统一；

（2）统一后，台湾作为中国政府统辖下的自治区，实行高度自治；

（3）台湾的政务仍归蒋介石领导，中共不派人前往干预；

（4）国民党可派人到北京参加全国政务的领导，但外国军事力量一定要撤离台湾海峡。②

上述方案与中共中央关于和平解放台湾的讲话，表明可以采用“一国两制”解决台湾问题的思想已具雏形。

---

① 香港：《百姓》半月刊，1987 年 12 月 1 日。

② 童小鹏：《风雨 40 年》，第 274 页。

宋宜山在京期间，还参观了石景山钢铁厂，四季青农业生产合作社等地。宋于1957年5月返抵香港，曾写就1.5万字的报告，经许孝严转呈蒋介石。因宋对北京各种见闻颇有好感，在报告中有所流露，故蒋阅后不悦。蒋对许讲：请转告宋宜山不必再回台湾了，他“立法委员”的薪金可以按月汇给。至此，蒋介石最终关闭了国共和谈的大门。

2. 国民党蒋介石关闭了和谈大门

实事求是地讲，蒋介石派宋宜山赴大陆“实地考察”，只是想“了解一下中共的真实意图”，根本没有和谈的诚意。关于此点，可以从下列几点中得到说明：

第一，蒋介石不能接受中共所提出的条件。按照蒋介石的逻辑，“汉贼不能两立”，如果承认中共统治，是“决为中国历史所不许的”，是“空前的罪恶”。因此他宣称“决不放弃收复大陆”。① 与此同时，台湾国民党当局从6月1日至18日，不断派飞机袭扰大陆沿海地区，先后共计131批319架次。6月30日，台湾当局宣布继续对大陆沿海港口实施禁运封锁。8月4日，台湾当局“外交部长”叶公超宣称：“反攻大陆”是一贯的政策，绝不妥协。10月3日，蒋介石在国民党七届六中全会开幕式上致辞称：要坚定“反共信念”，完成“反攻准备”。② 11月12日，蒋介石在台湾纪念孙中山诞辰90周年会上称“要解除亚洲和世界的祸根，必须要由我们先来反攻大陆”，消灭“朱毛”着手。③ 1956年1月19日，金门国民党驻军炮击厦门地区村镇，再度引起隔海炮战。同月28日，蒋介石接见美国记者密勒与白斯时称：如果他不受外力阻挠，“现在能以反攻恢复大陆，消灭共党政权。”④ 3月15日，蒋介石对美国记者宾克雷称：国民党军“必将重返大陆”。⑤

第二，蒋介石错误地认为中共急于谈判的根本目的是要使台、美《共同防御条约》“失作用”，要挟美国“迫我退出金、马等外围岛屿”，并

① 张其昀：《先总统蒋公全集》，第3册，第3887页。
② 张其昀：《先总统蒋公全集》，第3册，第3406页。
③ 《中央日报》，1955年10月4日。
④ 张其昀：《先总统蒋公全集》，第3册，第3889页。
⑤ 张其昀：《先总统蒋公全集》，第3册，第3891页。

"唾手而得台、澎"。[①] 因此，蒋介石提出："坚持立场，固守金、马，确保我反攻基地。"[②] 翌年1月28日，蒋介石再度向美国记者重申："金门、马祖将予誓死坚守。"[③]

第三，蒋介石认为中共倡言和谈，是"30年来一贯的伎俩"，企图用和谈的方式"来达成他武力所不能达到的目的"。因此，蒋介石在1955年6月4日答美国记者称：对中共我"决不做任何方式的谈判，亦绝无任何影响可以促使我对中共的谈判"。[④] 1956年12月31日，蒋介石接见伊朗参议员马苏弟时称：吾人曾多次同中共谈判，已有太多的经验，"决不致再受共党最近和平攻势之欺骗。我政府决不考虑任何共党和平倡议"。[⑤]

蒋介石在主持的国民党八大上，更错误地认为中共发动"和平攻势"是什么"统战阴谋"，"改换了一个新花样"。其目的"就是要混乱国际间对我国反攻复国决心的认识，同时欺骗大陆的反共革命群众，使他们不再对我们的反攻，寄托其全部的希望"，进而夺取台、澎、金、马。[⑥] 在此认识基础上，国民党进一步宣称不与中共谈判，从而再度关闭了由中共开启的和谈大门。与此同时，台湾国民党当局不断"策进反攻大陆"，宣称台湾已经奠定了"反攻复国"的基础，"随时可以相机反攻"。[⑦] 在贯彻"军事进攻"的同时，更注重"心战"与"政战"工作的重要性，将"大陆政策"调整为："以政治为主，军事为辅。"[⑧]

国民党八大前后为什么在拒绝中共和谈倡议的同时，将"大陆政策"由"军事反攻"为主转为"政治反攻为主，军事为辅"呢？据笔者研究，主要原因有：

第一，国民党失掉了美国对"军事反攻"的支持。众所周知，国民党的"反攻大陆"始终是以美国在太平洋的武力为其后盾的，但在"台海危

---

① 张其昀：《先总统蒋公全集》，第2册，第2473页。
② 张其昀：《先总统蒋公全集》，第2册，第2474页。
③ 张其昀：《先总统蒋公全集》，第3册，第3889页。
④ 张其昀：《先总统蒋公全集》，第3册，第3886页。
⑤ 张其昀：《先总统蒋公全集》，第3册，第3509页。
⑥ 陈诚在国民党八大上的政治报告，载《革命文献》，第77辑，第182页。
⑦ 张其昀：《先总统蒋公全集》，第2册，第2522页。
⑧ 张其昀：《先总统蒋公全集》，第3册，第3991页。

机”发生后，美台之间在防守与撤离金门、马祖两岛屿问题上发生了激烈的争论。美国为了避免与中国人民解放军直接冲突，同时为了分割台湾与大陆的联系，逼迫国民党军队撤出金、马，制造“划峡而治”的分裂局面。美国的“撤退说”不为蒋介石所接受，并招致蒋的激烈反弹。进入60年代之后，随着台、美“蜜月”的结束与美国陷入越南战争不能自拔，美国对国民党所谓“反攻大陆”的神话已明显失去了支持的兴趣。美国对蒋的冷淡态度使蒋的“反攻”调门越唱越低，后来索性将“反攻大陆”改为“光复大陆”，即“恢复大陆人民之自由”。①

第二，蒋介石“军事反攻”大陆政策遭到破产。国民党退台以来，蒋介石不断派出的多股骚扰大陆的特务及武装偷袭均遭粉碎，海南、舟山、大陈诸岛撤退，均表明“军事反攻”难以奏效，遂使岛内产生“反攻无望论”。连蒋介石都不得不承认岛内党内外人士“投机取巧的心理”，成为“反共革命的致命伤”。加之大陆上的反共组织，“还没有强固基础，人民亦没有接应我们反攻的条件”。因此，“军事上虽已粗具反攻准备的力量，但并不能说反攻的行动，就越早越好。”② 在军事“反攻”无望的情形下，国民党当局认识到光靠军事手段无以完成“反攻”任务，因而提出“政治为主，军事为从”的“反攻”新战略，同时执行“建设台湾”以“策进反攻”，③ 开始将注意力放在台湾的经济建设与厚积反共实力上。

综上所述，在台海发生危机之际，中国共产党从国家与民族利益出发，首倡和平解放台湾。这一建议较为集中地反映了中共在两岸处于冷战对峙状态下解决台湾问题的基本立场和主张，符合两岸的客观实际和包括台湾同胞在内的全体中国人民的根本利益。中共的和平倡议和为实现和平解放台湾所作的真诚努力；虽被台湾蒋介石集团所无理拒绝，但却赢得了政治上的主动。国民党当局虽将军事“反攻”调整为“政治为主，军事为从”，但其极端的反共立场与美国不断插手台湾事务的现实，很难避免“台湾危机”的再度发生。

---

① 沈剑虹《使美8年纪要》，第238页，世界知识出版社，1983年版。

② 张其昀：《先总统蒋公全集》，第2册，第2525页。

③ 《革命文献》，第77辑，第142页。

第二章　第二次“台海危机”与“一纲四目”主张的提出

1958 年 8 月 23 日，中国人民解放军再度炮击金门，国共两党军队在台湾海峡发生了国民党退台以来规模最大的一次隔海炮空战。此次炮空战不仅牵动着大陆、台湾同美国关系的神经，而且令世界瞩目。那么，这场规模空前的炮空战是怎样发生的？中、美、台三方如何动作？它对海峡两岸关系及中美关系将产生什么影响？这是研究 50 年代末 60 年代初海峡两岸关系从武力解放向和平解决转变过程中必须首先搞清的问题。

一、第二次“台海危机”的发生及其原因

1. 中国共产党再度炮击金门的原因

1958 年 8 月 23 日，中国人民解放军炮击金门的行动，决不是偶然的，是中国共产党出于支援中东人民，警告美国不断插手台湾事务与惩罚国民党多方考虑的结果，是一项以军事手段达到政治、外交目的有力行动。具体说来，原因有四：

第一，炮击金门是为了支援中东人民的反帝斗争。照常理而言，无论如何也很难把“八二三”炮击金门与万里之遥发生的中东事件紧密相连，然而事实又的确如此。

众所周知，随着世界民族独立运动的高涨，阿拉伯地区人民的斗争风起云涌。1958 年 5 月，黎巴嫩人民掀起了反对本国亲美当局夏蒙的斗争，美国趁机对黎巴嫩事务进行野蛮的干涉。

同年 7 月 14 日，伊拉克人民进行民族革命，建立了伊拉克共和国，采取了反帝的立场。7 月 15 日，美国在“保卫黎巴嫩主权”的借口下，派遣

武装部队在贝鲁特附近登陆。17日，英国出兵约旦，并在地中海集结军队。美英两国干涉阿拉伯地区民族独立运动的战争冒险行为，不仅遭到了阿拉伯和世界人民的反对，而且也遭到中国人民的强烈遣责与抗议。7月16日，中国政府发表反对美国武装干涉黎巴嫩的声明，谴责美国的“侵略行为”，不仅“是对阿拉伯各国人民的狂妄挑衅”，而且“严重威胁着西亚和世界和平”。号召全世界爱好和平的国家和人民“必须坚决要求美军立即撤出黎巴嫩、制止美国的战争挑衅”。①

众所周知，毛泽东历来主张被压迫民族的民族解放运动同帝国主义的斗争是国际政治斗争的焦点。帝国主义国家借反共产主义之名来争夺地盘，“目前他们的争夺集中在中东这个具有重大战略意义的地区”。因此对于亚、非、拉地区的人民反帝斗争，对各国人民的革命斗争，“我们就是要支持”。② 毛泽东在7月18日布置东南沿海的军事斗争会议上指出：支援阿拉伯人民的反侵略斗争，不能仅限于道义上的支援，还要有实际行动的支援。毛泽东还指出：炮击金门“对美帝国主义则有牵制作用。”③ 当然，1958年春，人民解放军空军部队进入福建后，福州军区拟定了炮击封锁金门的作战方案，准备在适当时候，对金门实施大规模炮击封锁。中东事件的发生，被毛泽东认为这正是为采取军事行动提供的一个师出有名的绝佳时机，因此，中东事件就与炮击金门紧密联系起来，成为炮击金门的导火索。

第二，炮击金门有警告美国和摸美国协防台澎底牌的意图。第一次“台海危机”之后，尽管中美之间仍在谈判之中，但美国始终没有放弃插手台湾事务、干涉中国内政的立场。1956年，美国对台“经援”1.01亿美元，翌年又增加700万美元，同时将顾问团扩编至2500人。1957年3月1日，《人民日报》发表观察家评论：《美国加紧控制台湾的阴谋活动》。同年5月8日，美国向中国人民进行武力示威。美国驻台“大使馆”和台湾当局“外交部”就美国此举发表联合声明称：“采取这一行动完全是为了阻遏在必要时击退攻击的防御性目的。”④

---

① 《人民日报》，1958年7月17日

② 《毛泽东文集》，第7卷，第188页。

③ 《当代中国军队的军事工作》（上），第387页，中国社会科学出版社，1989年版。

④ 《中美关系资料汇编》，第2辑（下册），第2481页。

5 月 10 日，《人民日报》就此发表社论《绝不容忍美国的侵略行为》。11 日，中国外交部发表声明，就美国执意推行侵略中国、加剧远东局势的又一严重挑衅行为，表示极大愤慨并提出强烈抗议。① 10 月 29 日，中国代表在第 19 届国际红十字大会全体会议上，发言反对美国企图利用会议制造“两个中国”的阴谋，要求会议制止台湾国民党蒋介石集团分子以任何名义参加会议。11 月 2 日，《人民日报》发表题为《反对美国制造“两个中国”的阴谋》的社论，支持中国红十字代表团就美国企图利用第 19 届国际红十字大会制造“两个中国”的阴谋提出的强烈抗议。一周后，《人民日报》再发社论：《“两个中国”是永远不能实现的妄想》，重申中国政府在台湾问题上的一贯立场。美国对中国政府的抗议与谴责置若罔闻，反而不断叫嚣：中共倘进攻台湾海峡，必遭飞弹报复。当中东事件发生后，美国于 7 月 15 日宣布其远东地区陆海空军进入“特别戒备状态”。8 月 4 日，美军协防台湾司令部宣称：美国 F－101 型超级军刀战斗机调驻台湾。翌日，美国援助国民党空军第一批 F－100 型战斗机运抵台湾。8 月 8 日，美国海军参谋长伯克叫嚣说，美国海军正密切注视台湾地区局势，随时准备像在黎巴嫩那样的登陆。8 月 11 日，美国国务院又公布了《关于不承认中国的备忘录》，大肆攻击中华人民共和国的现行政策是进行“从事破坏全世界自由国家生活方式和在全世界建立共产主义统治的长期斗争”，制止中共的“进一步扩张”，不能够“只限于军事威慑力量”，而且拒绝“给予外交承认”。② 8 月 16 日，《人民日报》发表评美国国务院不承认我国的备忘录——《美国侵略者的旧调可以休矣》，予以批驳。

鉴于美国仍不断插手台湾事务、干涉中国内政，加剧远东特别是台湾海峡紧张局势，也出于实现中国统一的考虑，毛泽东希冀通过有限的军事行动来警告美国，并摸清美国对新中国的战略意图，特别是美、台《共同防御条约》的底牌到底如何。关于此点，可从 9 月 13 日毛泽东致周恩来、黄克诚的信中得知：“华沙谈判，三四天或者一周以内，实行侦察战，不要和盘

① 《人民日报》，1957 年 5 月 12 日。

② 《中美关系资料汇编》，第 2 辑（下册），第 2569 页。

托出。”①

第三，炮击金门也有惩罚国民党军队骚扰大陆的因素在内。第一次“台海危机”结束之后，蒋介石不仅没有从金门、马祖等岛屿撤兵，反而加强经营两个岛屿。1956 年 6 月 27 日，台湾当局确定金门、马祖为战地政务区，到 1958 年夏，有 1/3 的国民党陆军兵力被部署在这两个岛屿上。

蒋介石为何不惜与美国人闹翻也要坚守金门、马祖呢？据台湾学者称：从地理位置上讲，台湾是一个丘陵起伏的岛屿，防御上缺乏纵深，因此，台湾的防御必须有效地控制台湾海峡。要控制台湾海峡，就必须首先控制海峡的前哨阵地——金门、马祖。只要控制住金门、马祖，中共绝不可能在毫无预备的情形下突袭台湾本岛。其实这种说法不过是蒋介石讲话的翻版而已。在第一次“台海危机”期间，蒋介石就曾多次宣称：“今日东南亚的金门，可比之如今日欧洲的西柏林及第二次世界大战期间的马尔达岛，这是一座反共的堡垒。”“如果金门失守，马祖亦势必难保，而台湾的堤防亦将崩溃。”②

正是由于金、马两岛地位的极端重要性，这个反距大陆几千米的弹丸之地，便成为国共两党争夺的焦点。与此同时，金、马国民党守军在第一次“台海危机”之后不断向福建地区发炮射击，并于 1957 年 11 月 28 日举行退台以来规模最大、以大陆为假想敌的“昆阳”军事演习，从而使海峡两岸已降温的军事对峙再度升级。

1958 年 2 月 22 日，海峡两岸国共两党海军在马祖岛附近爆发激烈海战。3 月 14 日，美国国务卿杜勒斯访问台北，与蒋介石共商加强美台合作问题。同时，美国在台军事顾问团特在金门设立了顾问组。经与美国顾问团协商，台湾当局于 7 月 17 日宣布其军队进入“特别戒备状态”。8 月 4 日，蒋介石在台北阳明山召开党政军联席会议，讨论金、马作战问题。翌日，台湾当局“国防部长”俞大往向美国提出三项要求：就外岛之立场发表声明；美国在台湾海峡进行武力示威；向台湾运交响尾蛇导弹。8 月 6 日，台湾“国防部”宣布：“台澎金马地区进入紧急备战状态。”③ 10 日，蒋介石派蒋

① 《建国以来毛泽东文稿》，第 7 册，第 416 页。

② 王蓝：《蒋总统与中国》，第 195 页。

③ 李松林主编：《中国国民党在台 40 年纪事》，第 89 页，解放军出版社，1990 年版。

经国亲赴金门会晤金门守军司令胡琏，将蒋介石指令告知胡琏：“总统预料共匪在最近期内将进犯金门，故应提早完成隧道工程，并将所有弹药藏于地下；从速加强炮兵阵地，多储粮食，注意饮水设备等。除金门本岛外，必须特别注意大二担及列屿之防御。”① 11 日，蒋介石赴马祖视察防务。20 日，蒋介石再赴金门视察，并发表训话说：“为国家复兴而忍耻受辱，已有 10 年之久，今日是打胜仗的最好机会。复仇雪耻在今朝，金门部队负有打一次胜仗的任务，决心与牺牲是打胜仗与成功的先决的条件。”②

台湾当局之所以这样做，是他们认为 7 月 31 日赫鲁晓夫访问北京时鼓动毛泽东“发动台湾海峡战争，阴谋登陆金门”。③ 这种判断与准备炮击金门的毛泽东思路可谓是风马牛不相及。毛泽东主张炮击金门，就是要惩罚袭扰大陆的国民党军。当炮击金门事件发生后，台湾当局宣称中共的最终目标就是要夺取台湾。周恩来在会见苏联驻华使馆参赞苏达利柯夫时指出：中国炮击金门、马祖“并不是就要用武力解放台湾，只是要惩罚国民党部队，阻止美国搞‘两个中国’。”④

第四，炮击金门也有借此事件加强对敌斗争、激发人民斗志的意图。毛泽东历来认为：以对敌斗争激发人民的革命热情，调动一切积极因素促进革命和建设。第二次“台海危机”间，他就曾说：“台湾的紧张局势究竟对谁有利些呢？比如对于我们国家，我们国家现在全体动员，如果说中东事件有三四千万人游行示威，开会，这一次大概搞个 3 亿人口，使他们得到教育锻炼。”由此可见：“帝国主义自己制造出来的紧张局势，结果反而对于反对帝国主义的我们几亿人口有利。”⑤ 周恩来也认为“紧张给我们带来好处，如干劲更大，工作更好，速度更快”。⑥ 上述事实说明：炮击金门的目的就是，通过有限的军事行动，用炮火与台、澎、金、马来保持“联系”，维持中国内战的态势，并利用美、蒋的矛盾，打击美蒋的嚣张气焰。打击美国企

① 《蒋总统经国先生言论著述汇编》，第 4 辑，第 741 页。
② 《蒋总统经国先生言论著述汇编》，第 4 辑，第 746 页。
③ 李云汉：中国国民党史述》，第四编，第 300 页，台北：近代中国出版社，1994 年版。
④ 《周恩来年谱》（1949 – 1976），中卷，第 166 页。
⑤ 《建国以来毛泽东文稿》，第 7 册，第 395 页。
⑥ 《周恩来年谱》（1949 – 1976），中卷，第 188 页。

图霸占台湾和分裂中国的阴谋，显然这是一场政治仗、外交仗。在这一场斗智斗勇的中美较量中，以毛泽东、周恩来为首的中国共产党表现出高超的政治智慧、斗争艺术与大无畏的勇气，在中美与海峡两岸关系史上写下了夺目与传奇的一页。

2. 炮击金门的决策及实施

炮击金门，是中共中央1958年北戴河会议时决定的，是由毛泽东坐镇北戴河直接指挥的。7月17日，就在美国入侵黎巴嫩的第三天，台湾当局宣布军队进入“特别戒备状态”的当天，国防部长彭德怀根据毛泽东的指示，向总参谋部传达了中央军委的决定：空军和地面炮兵立即开始行动；空军转场入闽越快越好；地面炮兵和海岸炮兵的任务是封锁金门及海上航运，利用一切时机打击国民党军的运输船只。[①] 7月18日晚，毛泽东召集中央军委副主席与海空军负责人，部署东南沿海的军事斗争任务。

毛泽东指示：以地面炮兵实施主要打击，准备两三个月；以两个空军师于炮击同时或稍后，转场南下，分别进驻汕头、连城。[②] 当晚，中央军委召开会议，彭德怀根据毛泽东指示具体部署了炮击金门的作战事宜。中央军委最后预定对金门、马祖实施大规模炮击的时间是7月25日。与此同时，毛泽东点将叶飞具体负责战役指挥。毛泽东之所以点将叶飞，是因为叶飞是三军之中唯一同金门国民党军有过多次较量的高级指挥官。他虽曾指挥了1949年10月攻打金门全军覆没之战，也曾在第一次“台海危机”间打了一个非常漂亮的反偷袭战；他受到过毛泽东的批评，也曾受到毛泽东的通令嘉奖。点将叶飞就是考虑他曾在金门吃过亏，一定会记取攻打金门失利的教训，不会重蹈失败的覆辙。叶飞作为福建省委书记与福州军区政委，在接到命令当夜，立即召集军区领导人及有关人员开会研究，决定集重兵分别打击金门、马祖之敌，参战部队定于7月24日晚全部进入射击位置。

18日当夜，空军根据中央军委指示决定：立即建立福州军区空军指挥机构，由志愿军空军司令员聂凤智具体负责指挥；使用战斗力较强、有作战经验的部队，力争打好第一仗；加强各机场的保障机构，从东北、华北、华

① 《当代中国军队的军事工作》，第387页。
② 《当代中国军队的军事工作》，第387页。

东地区各抽调一个场站，紧急调运必要的车辆装备和确立作战指导思想，大力开展政治动员。① 根据人民解放军总参谋部的部署，海军在封锁金门作战中的主要任务是：协同陆、空军，以海岸炮兵打击敌人的运输和战斗舰船，控制敌舰船停泊点和飞机场，压制敌远程炮兵阵地。水面舰艇则在海岸炮兵协同下相机袭击敌航行和停泊之舰艇，切断敌人海上交通线。海军航空兵配合空军作战，夺取福建沿海的制空权。②

7 月 19 日，人民解放军总参谋长粟裕召集海、空军、炮兵及总参谋部有关部门的领导人，研究炮击金门及海、空军入闽的具体部署问题。当日，空军司令部发出空军入闽作战令；海军司令部也向东海舰队下达预先号令，炮兵司令部驻华北的 3 个加农炮兵团做好入闽参战的准备。作战方针确定后，叶飞命令各部队向集结地开进。3 天之内奉令参战的陆、海、空三军全部到达预定位置，为 7 月 25 日炮击金门做好了各方面准备。正当炮击金门在即之时，毛泽东总是感觉 7 月 25 日不是炮击金门的最佳时机。经审慎考虑；毛泽东于 7 月 27 日给彭德怀、黄克诚写了一封信，信中称：“睡不着觉，想了一下。打金门停止若干天似较适宜。目前不打，看一看形势。彼方换防不打，不换防也不打。等彼方无理进攻，再行反攻。”③

毛泽东之所以推迟攻打金门的时间，一是认为 7 月下旬以来中东形势有所缓和，炮击金门的首要因素是支援中东人民与警告美国，在中东形势缓和的情形下，毛泽东反复推敲“政治挂帅”，认为推迟炮击金门更为有利。因此毛泽东说：“中东解决，要有时间，我们是有时间的，何必急呢?”“暂时不打，总有打之一日。”④ 二是认为“彼方如攻漳、汕、福州、杭州”，再行炮击为“最妙”。三是认为“一鼓作气，往往想得不周”。要运筹帷幄，制敌千里之外，就必须坚持“不打无把握之仗这个原则”。⑤

由于推迟了炮击时间，又进行了一个月的准备工作，完成了地面炮兵的集结和展开，炮兵对金门炮击的所有目标，都进行了现场交叉测量、观察，

---

① 《空军史》，第 164 – 165 页。

② 《海军史》，第 168 页。

③ 《建国以来毛泽东文稿》，第 7 册，第 326 页。

④ 《建国以来毛泽东文稿》，第 7 册，第 326 页。

⑤ 《建国以来毛泽东文稿》，第 7 册，第 326 页。

把目标都一一标准在地图上。与此同时，空军紧急转场任务最终完成。

众所周知：拉开“八二三”炮击金门帷幕的是7月下旬至8月中旬的马祖空战。要教训国民党蒋介石集团在金、马的军队，就必须拿到福建地区上空的制空权。从1950年始至1956年止，福建机场已全面峻工。但中共中央考虑到如果逼蒋介石太紧，很可能使蒋投美，故空军一直未入闽，海上制空权一直控制在台湾当局手中。随着台湾海峡形势趋紧与国际风云的变幻，毛泽东决定空军入闽协同地面部队作战。根据毛泽东指示，空军以逐步推进的方式转场入闽。7月27日，第一批转场部队顺利进驻连城、汕头。7月29日，蒋介石派遣4架F－84战斗机飞入闽粤边境南澳岛地区，遭到大陆空军4架米格－17拦截，击落蒋机2架，击伤一架，以3∶0获得全胜。首战告捷，此役揭开了福建上空争夺制空权的序幕。夺取制空权的斗争，既是军事问题，又是复杂的政治问题。因为当时不仅要对付拥有一支准备600多架飞机、战斗力较强的国民党空军部队，而且还要准备对付随时可能支援国民党的美国航空兵部队。为夺取制空权，人民空军采取了以下三项措施：一是进驻相当的部队，保持兵力优势；二是严格执行中央军委规定的不进入公海上空作战，不首先轰炸国民党占据的岛屿，美机不进入大陆领空就不主动对它攻击等作战政策；三是每次战斗认真对待，力求达到控制这一带地区制空权的目的。① 从7月29日至8月22日，人民空军共出动飞机255批1077架次，空战4次，共击落击伤国民党飞机9架（其中击落4架），自己被击落1架，四战四捷。至此，人民空军夺取了福建地区的制空权，为“八二三”炮战准备了有利条件。当陆、海、空三军一切准备就绪之后，毛泽东于8月20日电令炮击金门福建前线总指挥叶飞速至北戴河。21日下午3时，叶飞在毛泽东住处一一汇报了炮击金门的准备情况、炮兵的数量和部署，和实施突然猛袭的打法。汇报时，彭德怀、林彪与总参作战部长王尚荣均在座。

毛泽东一面听汇报，一面看地图。当叶汇报完后，毛突然问叶：“你用这么多的炮打，会不会把美国人打死呢？”当时美国在台顾问一直配备到国民党部队的营一级。叶飞立即答道：“那是打得到的啊！”毛泽东考虑了十

---

① 《空军史》，第166页。

几分钟后又问：“能不能避免不打美国人?”叶回答非常干脆：“主席，那无法避免!”① 毛泽东之所以有此一问，很显然，他是希冀通过炮击金门警告美国不要插手中国事务，又不希望引起同美国的直接冲突。经审慎考虑，毛泽东于8月22日宣布：“照你们的计划打。”② 同时要叶飞留在北戴河，前线具体由张翼翔、刘培善负责。

中央军委根据毛泽东指示最后确定：8月23日开始，对大、小金门岛实施一次大规模的炮击，着重打击指挥机关、炮兵阵地、雷达阵地和停泊在金门料罗湾码头的国民党舰艇。同时还确定先打3天，走出第一步，看看台湾当局的动态后，再决定下一步。③ 8月23日下午5时30分，随着毛泽东一声令下，人民解放军福建沿海炮兵阵地万炮齐发，约2小时即落弹5.75万发，火力的猛烈和密集“与攻击柏林的炮火差不多，甚至有过之而无不及，金门岛立即陷入火海之中”。据台湾“图防部新闻局”的刘毅夫追记：“下午5时30分，我金门太武山下的翠谷湖心亭中，餐会已散，胡司令官（指胡琏）陪着俞大维（台湾“国防部长”）在张湖公路的山下漫步回司令部，赵家骧、吉星文、章杰3位副司令官站在翠谷湖的对岸桥头上谈天。”“突然有嘶哮声，掠过太武山头，驰落翠谷湖，紧接着是山摇地动的不断爆炸声，整个翠谷烟雾迷漫，弹片横飞……在小桥上的3位副司令官，于第一群炮弹落地爆炸时，就都牺牲殉难了。”胡琏回到司令部，“他的第一个动作，就是要用电话指示炮兵指挥官下令金门炮兵全面还击反炮战，但是他懊悔极了，电话线已经被匪炮打断，他再拿起多处电话机，叫炮兵阵地，传达命令，糟，所有电话线都炸断了”。④ 另据报道：“副司令长官吉星文，从外面视察回来，全身暴露在炮火下，被密集弹片所重创，3天后不治身亡。”⑤

从上面记载看，蒋介石与金门防守核心，包括美军顾问团未料到“八二三”炮击金门的发生，因而金门处于一片混乱之中。直到20分钟之后，

① 《叶飞回忆录》，第654－655页。

② 《叶飞回忆录》，第655页。

③ 《当代中国军队的军事工作》，第394页。

④ 《金门古宁头、舟山登步岛之战史料》（初辑），第561－563页，台湾“国史馆”史料处，1979年印。

⑤ 李元平：《八二三炮战秘录》，第66页，台湾《中华日报》社，1974年印。

才开始自发的反击，但很快被人民解放军炮火压了下去。当日炮战，国民党方面承认中将以下官兵伤亡600余人。该岛的机场、弹药库、油库、炮兵阵地，均受到重创。8月24日，国共双方军队海、空、炮战不断。国防部长彭德怀奉毛泽东之命令，前线部队全面封锁金门岛。至9月初，金门海、空运输线完全被人民解放军切断，陷入弹尽粮绝的极端困境之中。

“台海危机”再度升级是由台湾当局与美国的强烈反弹引起的。“八二三”炮击金门首先震惊了台湾全岛。就在炮击当日，“外交部长”黄少谷宣称中共此次炮击行动早有预谋，是大规模进攻台湾的准备，呼吁各国充分注意。① 处在极度惊恐中的蒋介石对中共炮击金门行动的判断同样错误，认为中共“对金门的挑衅行为，实在就是进犯台湾的序幕”。其目的“第一，当然是占领台湾，企图以战争威胁美国退出台湾海峡，即清算美国在亚洲的威信及其势力。第二，是要闯入联合国，以夺取‘中华民国’的代表权。第三，是要取得五强之一的大国地位，羼入今后大国间的高层会议”。② 蒋介石从上述错误判断出发，命俞大维向“美军协防台湾司令部”司令史慕德提出两项要求：

（1）美军尽一切力量协助增强外岛的防御，美军协助加强外岛之运补能力；

（2）建议美方派海军顾问与“海军总司令”梁序昭协商金门运输问题。

8月27日和9月4日，蒋介石两次致函美国总统艾森豪威尔，提出五项要求：

（1）美、台联合显示武力以遏制中共；

（2）同意台湾轰炸中共海军空军基地和金门对岸的炮兵阵地；

（3）艾森豪威尔发表声明表示对金门的攻击即构成对台湾的攻击，美国将使用武力来反击这种行动；

（4）第7舰队对金、马运补提供护航；

（5）授权美军驻台司令有权不请求白宫直接采取必要的措施。③

---

① 《中央日报》，1958年8月24日。

② 张其昀：《先总统蒋公全集》，第3册，第3940页。

③ 林正义：《1958年台海危机期间美国对华政策》，第54－56页，台湾商务印书馆。

9月17日，蒋介石对《美国人报》记者呼吁，要求西方世界主要是美国“采取具体有效行动”，同时宣称国民党保卫台湾有绝对的信心和把握，相信美国不会妨碍国民党军队采取“有效的报复行动”。①

9月29日，蒋介石在招待海外记者时称：“今日金门战争，乃是很单纯的屏障台湾海峡的保卫战。”他称“金门保卫战”必将取得“胜利”。② 与此同时，蒋介石为死守金门不遗余力。在金门炮战期间，蒋介石偕夫人宋美龄亲临金门地下战壕巡视，令部下不惜一切代价“与阵地共存亡”，“不成功，便成仁”。蒋介石还令蒋经国与蒋方良冒着炮火5次登上金门慰问。可见蒋介石防守金门决心之大。然而从蒋介石的言论中，也可意识到如果没有美国“盟邦”的支援，蒋介石的确保金、马安全，就只能是一句空话。

“八二三“炮击金门还震惊了白宫的当权者们。就在炮战发生的当日，国务卿杜勒斯收到了中央情报局关于金门炮战的情报。杜勒斯认为中共炮击金门意在“设法夺取金门岛和马祖岛”，而这些岛屿同台湾的联系“变得更加紧密”。如果中共夺取金、马，就会构成“对这个地区的和平的威胁”。③同日，杜勒斯还起草了致副国务卿赫特和助理国务卿罗伯逊的备忘录。杜勒斯认为：

（1）如果大陆炮击造成局势危险，可能需要第三国，亦即美国进行干预；

（2）台湾对大陆的“反攻”活动，有利于国民党军士气，但对大局恐难有巨大的影响，因为要改变中共或东欧，决定的因素在于内部自然的力量，它比外部刺激更为有效；

（3）可能的话应把台湾局势交给安理会讨论。④

杜勒斯在得到“八二三“炮击金门的消息后，为什么会有如此激烈的反弹呢？据杜勒斯自己称：“假如金门失守，不管通过交战还是投降，那都将严重地影响福摩萨现政府的权威和军事力量。该岛将经受颠覆与军事行动，结果可能产生一个主张与共产党中国联合的政府；假如此种情况发生，

---

① 张其昀：《先总统蒋公全集》，第3册，第3941页。

② 张其昀：《先总统蒋公全集》，第3册，第3912页。

③ 《中美关系资料汇编》，第2辑（下册），第2678页。

④ 林正义：《1958年台海危机期间美国对华政策》，第72页。

将大大地破坏反共阵线，包括日本、大韩民国、泰国和越南；东南亚和其他政府，诸如印度尼西亚、马来亚、柬埔寨、老挝与缅甸，都将统统置于共产主义的影响之下；有着巨大工业潜力的日本将可能陷入中苏的轨道中，澳大利亚和新西兰将在战略上被孤立起来。”①

很显然，杜勒斯对中共炮击金门的意图不甚了解，同时把金门问题同美国在远东的利益结合在一起，就形成了上述看法。

8 月 24 日，美国国防部命令第 7 舰队和美国在东亚的其他海军部队采取“防御措施”。翌日，艾森豪威尔亲自主持会议，决定向台湾提供导弹和登陆艇，准备承担台湾防务，准备提供护航，做好对中国大陆目标实施核打击的准备。② 27 日，艾森豪威尔就中国沿海岛屿问题发表谈话，重申美国将不放弃它已经承担的以武力阻挠中国人民解放台湾的“责任”。③ 翌日，美国国务院根据艾森豪威尔的旨意发表声明，宣称美国不会把对沿海岛屿的进攻看成是“一种有限的军事行动”。④ 9 月 4 日，艾森豪威尔与杜勒斯会晤，进一步讨论中国沿海岛屿问题。杜勒斯从狂烈的反共立场出发，全力支持使用战术原子弹。当时艾森豪威尔“犹豫不决”。艾森豪威尔之所以“犹豫不决”，主要是出于两点顾虑：一是他认为如果美国使用原子武器攻击中共的机场，中共很可能用核武器攻击台湾来报复；二是他认为这次炮击金门肯定得到了“俄国人的支持”。⑤

由上可见，美国当局对炮击金门有两个明显的错误认识：一是认为炮击金门是解放台湾的前奏曲，如果金门、台湾不保，共产势力就将威胁日本、菲律宾等国，“因而使美国的根本利益受到严重的损失”。⑥ 二是仍认为中共炮击金门是得到了苏联人的支持，美国人不能姑息与妥协。实事求是地讲，中共炮击金门前夕，苏共中央第一书记赫鲁晓夫来华访问，因中苏间“长波电台”事件与苏联舰艇使用中国基地事，两国领导人会谈除中东问题取

---

① 《麦克米伦回忆录》，第 4 册，第 538 页，商务印书馆，1982 年版。

② 林正义：《1958 年台湾危机期间美国对华政策》，第 74 页。

③ 《中美关系资料汇编》，第 2 辑（下册），第 2679 页。

④ 《中美关系资料汇编》，第 2 辑（下册），第 2679 页。

⑤ 斯蒂芬·安布罗斯：《艾森豪威尔传》，下卷，第 506 页。

⑥ 斯蒂芬·安布罗斯：《艾森豪威尔传》，下卷，第 505 页。

得一致意见之外，其他问题并不融洽，因此毛泽东并未将炮击金门之事向赫鲁晓夫通报。炮击金门后，赫鲁晓夫很不放心，决定派外交部长葛罗米柯来华了解情况。9月5日，周恩来在接见苏联驻华使馆参赞苏达利柯夫时，一面表示欢迎葛罗米柯访华，一面谈了中国对台湾海峡形势的分析、美蒋矛盾以及中国的立场、策略和所采取的行动，同时声明“如果打出了乱子，中国自己承担后果，不拖苏联下水”。① 事实说明苏联人决没有介入中共炮击金门的行动。当然，苏联《真理报》发表文章支持中共炮击金门行动只是道义上的，并非实际介入。艾森豪威尔与杜勒斯从错误判断出发，提出了错误的对策。

杜勒斯在与总统会谈后发表声明称：“我们业已体察到确保金门和马祖与保卫台湾已日益相关。”他宣称要直接以武力介入金、马外岛，又称现在还未判定有此必要，如果总统“判断情势迫使必取此行动……将毫不犹豫作出这一决定”。② 9月7日，美国海军根据艾、杜指令开始为国民党军队向金门运送补给的船队提供护航（当时集结了6艘航空母舰，后又调来1艘，3艘巡洋舰，40艘驱逐舰，2个航空队的飞机，3800名海军陆战队。杜勒斯事后说：这是美国历史上最大的一次兵力集结，过去从没有在一个地点集结过这么多的兵力）。8日，美、蒋海军在台湾南部举行海滩登陆演习。美国对中国人民进行的战争挑衅，不仅使第二次“台海危机”达到了顶点，同时造成了对亚洲和世界和平的最严重的威胁。

二、中国共产党化解危机的努力与中美较量

1. 中国共产党化解危机的努力

美国与台湾当局在台海造势使台湾海峡局势顿呈紧张，“八二三”炮击金门加剧了美国对中国的战争讹诈与台湾当局在台海的报复主义，台海紧张局势不断升级，其程度大大超过了第一次“台海危机”。当中国共产党达到警告美国与惩罚国民党的目的时，还希冀通过全面封锁金、马进一步摸清

① 《周恩来年谱》（1949－1976年），中卷，第166页。

② 艾森豪威尔：《缔造和平：白宫岁月》（下），第331页，三联书店，1977年版。

美、台协防的真正底牌。

“八二三”炮击金门后，人民解放军随即对金门实施全面封锁。封锁金门之战分两个阶段进行。

第一阶段从8月23日起至10月5日止，其特点是以炮兵为主的陆海联合封锁。当大小金门及周围海面被人民解放军炮火全面封锁后，金门与台湾的海上交通全部被截断。众所周知，金门岛的国民党军的补给完全靠台湾从海上运输，以海军护航。人民解放军在封锁金门后，战斗重心放在攻打国民党军的海上运输船只上，致使金门海上运输线被截断，金门弹药、粮食、燃料消耗殆尽，守军不断向台湾当局发出告急电。蒋介石请求美舰护航，以恢复金门的海上补给线。艾森豪威尔一方面认为应“必须援助我们的盟友蒋介石”，另一方面又认为“应当千方百计地避免扩大战端，除非有绝对的必要”。① 很显然，艾森豪威尔奉行的仍是“战争边缘”政策。在这种矛盾心理支配下，美国决定为国民党运输舰护航。

9月7日上午，美、台14艘混编舰只向金门进逼，编队中有台湾运输舰2艘、作战舰5艘，美舰7艘，其中2艘巡洋舰、5艘驱逐舰。中午，台湾运输舰在金门料罗湾码头卸下货物。福建前线部队因不知如何处理美、台混合编组船队，故未开炮，同时将美舰护航情况及时上报中央军委。当时，中国政府外交部对于美舰“侵犯我国主权的行为”，提出“严正警告。”② 8日，美、台混编舰队再抵金门。叶飞事前请示毛泽东打不打。毛泽东回答：“照打不误。”叶问：“是不是连美舰一齐打?”毛答：“只打蒋舰，不打美舰。”如果美舰开火，我军不予还击。③ 当美、台混编舰队将抵金门时，中国外交部发言人再次提出“严重警告”，并称“这显然是蓄意挑衅的最危险行动”。④ 美、台混编舰队置若罔闻，仍抵金门料罗湾码头卸货。此时毛泽东下令开火，人民解放军万炮齐发。没想到解放军一开炮，美舰丢下台舰掉头东逃，暴露在解放军炮火下的4艘台舰遭到猛袭后，一舰中弹起火沉没，3舰中弹后脱逃。美国护航军舰的态度颇令叶飞等人感到意外，叶飞后来回

---

① 《艾森豪威尔回忆录》，第331页。

② 《中美关系资料汇编》，第2辑（下册），第2690页。

③ 《叶飞回忆录》，第659-660页。

④ 《人民日报》，1958年9月9日。

忆说：“当时我在厦门云顶岩前线指挥所里，还准备应付美舰开火呢，当从望远镜里看到美舰在我猛烈炮火之下溜走的情形，真感意外。”① 通过炮击美、台混编舰队，毛泽东初步摸到了美台协防的底牌。当9月11日美、台混编舰队再度驶近料罗湾时，人民解放军照打不误，美舰也是照跑不误。美舰临阵脱逃使毛泽东最终摸清了美、台协防的战略底牌。也如叶飞事后回忆：“事后我才明白，原来毛主席命令只打蒋舰，不准打美舰，并且规定如美舰向我开火，我军也不予还击，这一切都是在试探美帝国主义所谓美蒋共同防御条约的效力究竟有多大，美军在台湾海峡的介入究竟到了什么程度。经过这一次较量，就把美帝国主义的底金摸清楚了。”由此看来，“所谓美蒋共同防御条约也是有一定限度的，只要涉及美帝自身的利益，要冒和我军发生冲突的危险，它就不干了，就只顾自己，不顾别人了，如此而已”。“这对台湾海峡的形势已经非常清楚，蒋介石千方百计想拖美帝下水，而我们则力求避免同美帝发生直接冲突，美帝也极力避免同我发生直接冲突，这就是当时台湾海峡非常微妙的三方形势。”② 在摸清美、台协防底牌的基础上，毛泽东对整个国际形势与中美关系、台美关系作出了一些新的判断：

关于整个国际形势，毛泽东指出：世界总的趋势是“东风压倒西风”，整个形势对美国及帮凶不利。9月8日，毛泽东在第十五次最高国务会议上的讲话指出：“美帝国主义9年来侵占了我国领土台湾，不久以前又派遣它的武装部队侵占了黎巴嫩。美国在全世界许多国家建立了几百个军事基地。中国领土台湾、黎巴嫩以及所有美国在外国的军事基地，都是套在美帝国主义脖子上的绞索，不是别人而是美国人自己制造这种绞索，并把它套在自己的脖子上，而把绞索的另一端交给了中国人民、阿拉伯各国人民和全世界一切爱和平反侵略的人民。美国侵略者在这些地方停留得越久，套在它的头上的绞索就将越紧。”毛泽东还预言说：“美国垄断资本集团如果坚持推行它的侵略政策和战争政策，势必有一天要被全世界人民处以绞刑。其他美国帮凶也将是这样。”③

---

① 《叶飞回忆录》，第661－662页。

② 《叶飞回忆录》，第662－663页。

③ 《建国以来毛泽东文稿》，第7册，第406－407页。

关于中美关系，毛泽东认为：中美双方都怕战争，“双方都怕，但是他们比较怕我们多一点”，因此，中美间的“战争是打不起来的”。① 如果“帝国主义一定要打，那么我们就得准备一切”。我们的态度是：我们不要打，而且反对打；”“但是我们不怕打，要打就打。”②

关于台、美关系，毛泽东认为金门、马祖也是套在美国身上的绞索。由于美、台在金、马问题上的分歧使美国“形成了金、马的脱身政策”。如何脱身呢？“就是这11万（金、马国民党守军）走路。”③

基于上述判断，以毛泽东为首的中国共产党人为化解“台海危机”，采取了一些新的措施。

第一，发表关于领海的声明，为击破美台协防提供法律依据。9月4日，中国政府发表关于领海的声明，宣布“中华人民共和国的领海宽度为12海里”，此项规定适用于中华人民共和国的一切领土，包括、台、澎、金、马。声明还宣布：“一切外国飞机和军用船舶，未经中华人民共和国政府的许可，不得进入中国的领海和领海上空。”④ 中国政府关于领海的声明主要是针对美国的，早在8月20日周恩来同章汉夫、乔冠华等研究中国政府关于领海宽度的声明时，主要考虑到：美国在中国台湾海峡地区仍不断制造紧张局势，美国驱逐舰公然在中国沿海挑衅，已驶至离大陆12海里以内的地方。⑤ 众所周知，中国有万里海疆，由于清政府、北洋军阀政府与国民党政府腐败无能，始终没有提出过自己的领海界线。毛泽东和周恩来都希冀利用炮击金门的声势来划定领海界限，既达到保障中国合法权益，又击破美台协防的目的。尽管美国拒绝中国政府关于领海决定的声明，英国、日本等西方国家也表示了口头反对，但在行动上却注意到了这条领海线。此举表明，12海里领海线符合中国实际状况，对他国权益并无妨害，在事实上得到了世界各国的承认，是中国政治、经济、外交上的一个重大胜利。

第二，在抨击美国侵略行为的同时，提出恢复中美大使级会谈。9月6

---

① 《建国以来毛泽东文稿》，第7册，第385页。

② 《建国以来毛泽东文稿》，第7册，第390页。

③ 《建国以来毛泽东文稿》，第7册，第391页。

④ 《人民日报》，1958年9月5日。

⑤ 《周恩来年谱》（1949－1976），中卷，第163页。

日，周恩来代表中国政府发表《关于台湾海峡地区局势的声明》，严斥杜勒斯的战争挑衅，表示中国人民“决不能使美国的侵略行为合法化，更不能成为美国在台湾海峡地区扩大侵略范围的借口”。宣告中国人民解放台湾是“中国的内政”，“是中国人民的神圣不可侵犯的权利”。[①] 翌日，北京各界举行拥护政府声明，反对美国侵略示威游行大会。《人民日报》也于同日发表题为《6亿人民动员起来，粉碎美国侵略者的军事威胁和战争挑衅》。9月12日，《人民日报》又发表社论《真正的危险在于美国继续军事挑衅》。上述舆论形成了强大的反美声势，使美国对华政策也受到了一定的影响。周恩来在抨击美国侵略的同时，仍倡议“同美国政府坐下来谈判”，谋求台湾地区紧张局势的和缓和消除。[②] 9月8日，毛泽东在提出“绞索”政策的同时，重申了中国同美国通过谈判和平解决彼此争端的愿望，并对中美华沙大使谈判寄以希望。[③] 就在周恩来、毛泽东的声明发表后，美国迅速作出了反应。9月9日，杜勒斯在记者招待会上明确表示：我们准备根据周恩来先生作出的并且得到白宫声明欢迎的建议进行这种会议。[④] 9月11日晚，艾森豪威尔向全国发表广播电视讲话，一方面表示他准备根据美、台《共同防御条约》和台湾海峡决议案采取行动，同时他又称“除了诉诸武力以外，还有一条好得多的道路”，即“谈判的道路”，“这条道路是畅通的和准备好了的”。[⑤] 很显然，杜、艾声明是对周恩来、毛泽东倡议恢复中、美会谈的响应。9月15日，中美大使级会谈在中断了9个月之后重新开始，地点由日内瓦移至波兰华沙。

美国之所以同意恢复中美大使级会谈，除了他们不愿为金、马作出重大牺牲之外，还出于以下几个方面的考虑：

其一，防止中苏联手参战与第三次世界大战的发生。杜勒斯大9月5日致英国首相麦克米伦信中称：“如果国民党中国人不能自己对付这次封锁，那么美国将给予帮助。这可能会也可能不会导致中美直接的相互冲突。”

① 《人民日报》，1958年9月7日。
② 《人民日报》，1958年9月7日。
③ 《人民日报》，1958年9月9日。
④ 《中美关系资料汇编》，第2辑（下），第2716页。
⑤ 《中美关系资料汇编》，第2辑（下），第2733页。

“美国只能以袭击赤色中国的飞机场和大陆进行回击。为了取得成效，这种袭击可能使用核武器（千吨级）。这有可能导致俄国人参战。这样我们将处于第三次世界大战边缘。”杜勒斯的担心也不是凭空产生的，因为美国在台海的行径已经招致了苏联的警觉与反感、反弹。9月7日和9日，苏联领导人赫鲁晓夫两度致函艾森豪威尔，呼吁美国对在中国台湾及台湾海峡地区所采取的行动要慎重从事，“不要采取可能招致不可挽回的后果的步骤。”信中还称：远东经常保持极不正常的紧张状态，其根源是“美国政府的侵略政策、战争政策”。[①] 赫鲁晓夫还称，美国对中国的战争讹诈与威胁，既吓不倒中国人民，也吓不倒苏联和一切爱好和平的人民。如果美国敢使用原子武器对付中国，那么美国“就将立即遭到应有的、同类武器的袭击”。[②] 赫鲁晓夫要求美国军队从台湾及邻近地区撤出去，苏联将“完全站在中国政府、中国人民这一边。我们过去和将来一直都支持他们的政策”。苏联的警告，美国政府不能不认真考虑。

其二，为了平息国内的反对之声。从“八二三”炮击金门后，美国国务院每天收到几千封来信，绝大多数是直接批评政府政策的。底特律《自由日报》发表社论称：“我们十分怀疑，100个美国人中是否有一个愿意去台湾作战。”前国务卿艾奇逊指责艾森豪威尔的政府“正在晕头转向地”“听任自己卷入中国的战争中去”。他说，这场战争，美国“既没有朋友，又没有盟国”，美国政府已经“不理智地”陷入了“无望的境地”，“失去了对于局势的控制”。参议院外交委员会主席格伦在致艾森豪威尔的信中也提醒他说：“美国军事防卫金门，将不可能获致美国人民的支持。”

其三，争取他国的同情。美国在台湾海峡的军事冒险政策，在国际上非常孤立，除了南朝鲜李承晚集团和日本岸信介政府支持美国对台政策之外，没有一个国家支持和同情美国，就连英、法两国也不愿追随它。

就是在国内外极端孤立的情况下，杜勒斯与艾森豪威尔不得不做出同中国恢复谈判的决定。

第三，托曹聚仁向蒋介石转达中共建议，重开国共和谈。9月8日和9

① 《中美关系资料汇编》，第2辑（下册），第2694页。

② 《中美关系资料汇编》，第2辑（下册），第2778页。

月10日，周恩来两度会见来大陆采访的原国民党中央通讯社记者曹聚仁。周对曹说：“金门、马祖的蒋军有三条路可走，第一条是与岛共存亡；第二条是全师而还……第三条是美国逼蒋军撤退，这条路是很不光彩的。”① 周恩来要曹聚仁11日就返香港以最快办法转告台方：“为了宽大并给予蒋方面子，我们准备以7天的期限，准其在此间由蒋军舰只运送粮食、弹药和药品至金门、马祖。但前提条件是决不能由美国飞机和军舰护航，否则我们一定要向蒋军舰只开炮。”周还说：“内政问题应该自己来谈判解决。可以告诉台方，应该胆量大点。”“美国可以公开同我们谈，为什么国共两党不能再来一次公开谈判呢？”②

中国共产党为缓和“台海危机”的努力收到了一定的效果，不仅迫使美国同中国坐到谈判桌上来，并逼迫蒋介石撤退金、马，“台湾危机”得到缓解，而且迎得了全世界一切爱好和平的国家和人民的赞同与支持。中国共产党的新方针、新策略是“主动的、攻势的和有理的，高屋建瓴，势如破竹，是我们外交斗争的必需形态”。③

2. 揭露美国分裂中国新阴谋与国民党调整大陆政策

中美两国在华沙恢复谈判后，美国非但没有表现出和平解决中美之间的争端的任何诚意，相反却在继续干涉中国内政。首先美国在谈判中再度玩弄“停火”阴谋。9月18日，杜勒斯在联合国大会的演说中攻击中国共产党企图用武力夺取中国沿海的岛屿，说什么美国“希望很快实现停火”。④

众所周知，早在第一次“台海危机”时，美国就曾抛出“停火说”，那时美国鼓吹“停火”的目的是企图剥夺中国人民解放台湾的权利，而这次再度玩弄“停火”阴谋，意在阻挠中国人民收复金、马等岛屿。两次鼓吹“停火”的共同特点都是将中美之间的国际争端同中国人民解放台、澎、金、马的内政混淆起来，使美国侵略中国台湾合法化，使中国永远不能实现祖国的完全统一。

与此同时，美国继续在台湾海峡加紧军事部署，不断派出军舰和飞机侵

---

① 《周恩来年谱》（1949－1976），中卷，第168页。

② 《周恩来年谱》（1949－1976），中卷，第168页。

③ 毛泽东1958年9月18日致周恩来函，载《周恩来年谱》（1949－1976），中卷，第171页。

④ 《中美关系资料汇编》，第2辑（下册），第2767页。

入中国大陆的领海和领空。9 月 24 日，美国在台军事顾问团竟指使蒋介石集团空军使用“响尾蛇”导弹向中国空军攻击，企图以武力迫使中国共产党屈服。

面对美国再度抛出的“停火说”与新的战争挑衅，中国人民表现出大无畏的斗争勇气。早在杜勒斯抛出“停火说”的前一天，周恩来致电在外地的毛泽东，估计在中美会谈的第二次会议上美方会在“停火”问题上与我方纠缠，故要求中国会谈代表王炳南在会上提出要求美国从台、澎和台湾海峡撤出一切武装力量，停止向中国领海领空的一切军事挑衅和干涉中国内政，以和缓和消除目前台湾海峡紧张局势的反建议。①

9 月 18 日，周恩来再电毛泽东，针对美国的“停火”阴谋，提出要求美军从台湾、台湾海峡撤退的具体办法：

（1）准备一个驳斥杜勒斯联大演说的外长声明；

（2）声明发表后，动员各地报纸、各党派、各人民团体广泛响应；

（3）将我们的斗争策略分告苏联代办和刘晓（中国驻苏大使）转告赫鲁晓夫和葛罗米柯，以便苏联和兄弟国家配合我们行动；

（4）向外国朋友“解释美国所谓的停火阴谋，说明我国收复沿海岛屿的决心和解放台湾的权利，这些不容美国干涉”；

（5）将上述同样内容以外交备忘录形式递交社会主义国家、亚非和北欧国家政府，唤起它们注意。②

毛泽东认为所定办法“极好”，在同美国斗争中，争取了“主动”。③

9 月 20 日，中国外长陈毅发表声明，严厉驳斥杜勒斯的谬论说：“台湾海峡地区的紧张局势完全是美帝国主义对我国侵略造成的。消除台湾海峡地区的紧张局势的关键，不是什么‘停火’问题，而是美国军队撤出台湾地区的问题。中美之间没有打仗，根本谈不上什么‘停火’。至于中国人民同蒋介石集团之间的武装斗争，那是从中国人民解放战争以来就没有停止过，也从来没有造成国际紧张局势。中国人民为了解放自己的领土，不论用和平

① 《周恩来年谱》（1949－1976），中卷，第 170－171 页。

② 《周恩来年谱》（1949－1976），中卷，第 171 页。

③ 《周恩来年谱》（1949－1976），中卷，第 171 页。

方式还是用武装斗争方式，都是中国人民自己的事情。”① 陈毅还强调中国人民热爱和平，但不屈服于帝国主义的战争威胁，如果美国胆敢把战争强加在中国人民头上，中国人民将“不惜牺牲”，“为反抗侵略而战，为维护祖国的主权和领土完整而战，为保卫远东和世界的和平而战”。② 翌日，《人民日报》发表了题为《美国强盗滚出台湾去》的社论。

9月21日，周恩来在接见印度驻华大使帕塔萨拉蒂和柬埔寨访华经济代表团副团长乃瓦朗丹时，一再声称：“我们是压不倒、吓不倒的。美国一定要把战争加在我们头上，我们只能抵抗。”③

9月30日，周恩来在国庆招待会的讲话中，揭露美国“一贯利用和平谈判掩盖它扩大侵略的阴谋”。指出美国指使国民党空军用“响尾蛇”导弹向中国空军进攻，说明美国还在“扩大对我国的侵略”。周恩来强调：“现在的问题很清楚，消除台湾海峡地区的紧张局势和战争危险的关键，决不是美国所要弄的“停火”把戏，而是美国必须立即停止玩火，从台湾、澎湖和台湾海峡撤走它的一切武装力量。”④ 中国人民的严正立场使美国政府看到，迫使中国放弃对金、马使用武力是徒劳的，而要继续在中国沿海岛屿地区为国民党军队护航对美国来说有很大的风险。加之外国舆论的反对，美国当局想在台湾海峡问题上对中国让一步，即由“战争边缘”政策转为“脱身”政策，企图以撤退金、马换取中国不对台、澎使用武力以实现它搞“两个中国”的阴谋。同日，杜勒斯在记者招待会上公开表示：如果在台湾海峡地区获得“相当可靠的停火”，国民党军队继续驻在金门、马祖等岛屿就是“不明智的”，“也不是谨慎的”，而且是“相当愚蠢的”。美国“没有保卫沿海岛屿的任何法律义务。我们不想承担任何这种义务。”⑤ 10月1日，艾森豪威尔也改变了他过去的说法，宣称金、马两个岛屿对台湾而言“并不是极为重要的。”⑥ 由此可见，美国人之所以改变9月初对金、马的立

① 《人民日报》，1958年9月21日。
② 《人民日报》，1958年9月21日。
③ 《周恩来年谱》（1949-1976），中卷，第173页。
④ 《周恩来年谱》（1949-1976），中卷，第173页。
⑤ 《中美关系资料汇编》，第2辑（下册），第2816-2817页。
⑥ 《中美关系资料汇编》，第2辑（下册），第2829页。

场，企图迫使蒋介石集团撤退金、马，其根本目的是：第一步是先用撤退金、马国民党驻军，把大陆同台湾隔离开来，以便控制台湾当局，制造“两个中国”；第二步是按原计划踢开不听话的蒋介石，宣布联合国托管台湾，使台湾成为美国的殖民地与战略基地。

美国对台政策的变化首先引起了蒋介石集团的强烈反弹。蒋介石9月29日对美国记者发表谈话称，不赞成美国与中共在华沙举行的谈判，“不寄以任何希望”，认为华沙谈判不可能取得“各方面都愿接受的结果”。蒋反对美国提出的“停火说”，并称不撤退金、马，决心金、马“积极应战”。蒋甚至说：金、马战争已经到了“生死关头”，他将不“考虑盟邦的态度如何”，“而瞻前顾后”。① 与此同时，蒋还接见黄少谷、叶公超等人，宣称：美国与中共谈判是十分不明智，国民党决不接受任何与大陆的接触。“外交部”奉蒋介石令宣称：任何涉及金门、马祖中立化或非军事化的任何决议，台湾均视为有损其合法权益，不准备做任何退让。② 当杜勒斯9月30日谈话公之于众后，国民党中常会于10月1日举行3小时紧急磋商，研讨对策。当日，蒋介石对美联社记者发表谈话称：“假定杜勒斯先生真的说了那句话，那亦只是片面的声明，我国政府并无接受的义务。”台湾已明确表示“坚守金、马外岛的决心”。③ 10月6日，蒋介石在同英国记者谈话时称：华沙谈判应“立即停止”，“国军决不向共产党做丝毫退让”，“更不同意台海外岛非军事化，或甚至由外岛做象征性撤退的任何建议”。他的军队“决不放弃金门”，准备“独立作战”。④ 上述事实表明：美、蒋在金、马问题上的分歧已达顶点，极端愤怒的蒋介石不惜公开点名道姓批评他的“好朋友”杜勒斯，重申确保金、马的立场。

美、台在金、马问题上的分歧与争斗，促使中国共产党领导人重新考虑对沿海岛屿的政策。10月3日、4日，中共中央政治局常委召开会议，讨论杜勒斯9月30日谈话与美、蒋争执。周恩来发言指出：杜勒斯的谈话，表明美国想趁目前这个机会制造两个中国，要我们承担不用武力解放台湾的义

① 张其昀：《先总统蒋公全集》，第3册，第3942－3944页。
② 陈志奇：《美国对华政策30年》，第162页。
③ 张其昀：《先总统蒋公全集》，第3册，第3946页。
④ 张其昀：《先总统蒋公全集》，第3册，第3947页。

务。以此为条件，美国可能要台湾放弃所谓“反攻大陆”的计划，并从金门、马祖撤退。杜勒斯这个政策，一句话就是以金、马换台、澎，这同我们最近在华沙中美大使级会谈中侦察美方底牌的情况是一致的。① 刘少奇、邓小平都认为中美双方都在摸底，现在双方都比较了解对方的意图了。毛泽东在会上说：侦察任务已经完成，问题是下一步棋怎么走。可以设想让金、马留在蒋介石手里如何？这样做的好处是金、马离大陆很近，我们可以通过这里同国民党保持接触，什么时候需要就什么时候打炮，什么时候需要紧张一点就把绞索拉紧一点，什么时候需要缓和一下就把绞索放松一下，可以作为对付美国人的一个手段。② 与会者都同意毛泽东提出的设想，让蒋介石继续留在金、马，使美国当局背上这个包袱。周恩来还提出：中美会谈以继续下去为有利，可以拖住美国人，力求避免美方或其他西方国家把台湾海峡问题提到联合国去。③ 毛泽东最后说：“方针已定，还是‘打而不登，断而不死’，让蒋军留在金、马。可以采取‘打打停停’。”在宣传上，毛泽东力主大张旗鼓，坚持台湾问题是中国内政，向金、马打炮是中国内战的继续，任何外国和国际组织都不能干涉；美国在台湾驻军必须撤退；反对美国制造“两个中国”，反对美国霸占台湾合法化；我们和蒋介石通过谈判解决金、马以至台湾问题。④ 10 月 6 日，毛泽东根据中共中央政治局常委会议精神起草了《告台湾、澎湖、金门、马祖军民同胞书》，以国防部长彭德怀的名义发表。书中谓：“我们都是中国人，36 计，和为上计。”重申“台、澎、金、马是中国领土”，“不是美国人的领土”，“世界上只有一个中国，没有两个中国”，“美帝国主义是我们的共同敌人”。毛泽东、彭德怀“建议举行谈判，实行和平解决”，同时宣布从 10 月 6 日起停止炮击一周，以便台湾当局“充分地自由地输送供应品”，但“以没有美国人护航为条件”。⑤

10 月 13 日，毛泽东起草了以彭德怀名义给福建前线人民解放军的命令，宣布对金门炮击再停两周，“借以观察敌方动态”，并使金门军民同胞

① 《周恩来年谱》(1949 - 1976)，中卷，第 177 页。
② 《周恩来年谱》(1949 - 1976)，中卷，第 177 - 178 页。
③ 《周恩来年谱》(1949 - 1976)，中卷，第 178 页。
④ 《周恩来年谱》(1949 - 1976)，中卷，第 178 页。
⑤ 《人民日报》，1958 年 10 月 6 日。

得到充分补给，“以利他们固守”。毛泽东称“这是为对付美国人的”，“这是民族主义”。但在台湾国民党当局没有同我们举行和平谈判并且获得合理解决以前，“内战依然存在”。毛泽东还提出：“金门海域，美国人不得护航。如有护航，立即开炮。”① 同日，毛泽东、周恩来还约见了曹聚仁。毛泽东说：只要蒋氏父子能抵制美国，我们可以同他合作。我们赞成蒋保住金门、马祖的方针，如蒋介石撤退金门、马祖，大势已去，人心动摇，很可能垮。只要不同美国搞在一起，台、澎、金、马要整个回来，金、马部队不要起义。周恩来说：美国企图以金、马换台、澎，我们根本不同他谈。台湾抗美就是立功。希望台湾的小三角（指蒋介石、陈诚与蒋经国）团结起来，“最好是一个当总统，一个当行政院长，一个将来当副院长”。② 《人民日报》也于当日发表题为《休谈停火，走为上计》的社论，批驳了美国的“停火说”，并要其从台湾撤军。10 月 14 日，周恩来在接见安东诺夫时进一步阐述了中共对美、台的新方针：“我们的这一方针简单讲来就是要台湾、澎湖、金门，马祖仍留在蒋介石手里，不使之完全落到美国手里。清朝统治阶级的方针是‘宁予外人，不给家奴’，我们则是‘宁予家奴，不予外人’。我们把台、澎、金、马留在蒋介石手里那就总有一天会回来。”③

上述事实表明：第一，中共中央政治局常委会议与两个文告、命令“截然划清了国际和国内两类问题的界限，彻底粉碎了美国的停火阴谋，堵住了国际干涉的道路”。

第二，粉碎了美国企图“用金、马换台、澎的阴谋”，使美国策划“两个中国”的阴谋遭到彻底破产。

第三，扩大和加深了美蒋矛盾，并且利用蒋介石不肯撤出金、马，来拖住美国，宁使台、澎、金、马留在蒋介石手中一个时期，“决不能让美国拿去”。

第四，标志金门炮击进入了新的斗争阶段，即以政治斗争、外交斗争为主的阶段，打打谈谈，打打停停，半打半停。充分显示了中国共产党以民族

① 《人民日报》，1958 年 10 月 13 日。

② 《周恩来年谱》（1949－1976），中卷，第 181－182 页。

③ 《周恩来年谱》（1949－1976），中卷，第 182 页。

大义为重和高超的政治、外交与军事斗争艺术。

事实证明：中共中央新的沿海岛屿政策是正确的，它为保持两岸联系与反对美国分裂台湾的斗争起了十分突出的作用。

就在毛泽东的文告与命令发布后，美国人为了尽快从“台海危机”中脱身，立即发表声明：“美国在军事上暂时没有必要进行护航”，如果事实需要，“美国的护航活动将马上恢复到需要的程度”。① 美国的声明用了“没有必要”和“如果”的字眼，来开脱所谓台、美协防的“责任”。蒋介石对此宣称毛泽东的声明是“骗局”，是为了离间台、美“感情”，劝美国不要上当。“我们已经战胜了第一回合”，“宁愿冒继续炮击封锁的危险，亦决不愿意美国盟邦退出护航”。② 10 月 4 日，蒋介石对澳大利亚记者发表谈话称：“不撤退，不姑息，准备随时以更坚强的反击。”③ 由于蒋介石不愿放弃对金门、马祖的固有立场，导致美、蒋之间分歧日甚。在此情形下，艾森豪威尔决定派杜勒斯赴台见蒋，以协调台、美双边关系。就在杜勒斯赴台途经阿拉斯加之际，中国政府有意识地恢复了对金、马的炮击，2 小时内共发 1.1 万余发炮弹。恢复炮击金门的目的，就是警告美国不要插手台湾事务。杜勒斯在与蒋介石的 3 天会谈中，一再要求国民党减少外岛兵力并承诺不以武力打回大陆。杜氏还向蒋提交了供此次会谈正式发表的文件，文件仍要求台湾国民党当局：

（1）表示出愿意停火的意愿；

（2）再次强调不以武力打回大陆；

（3）避免空袭和飞临大陆；

（4）不以外岛来封锁厦门、福州，不使外岛成为进攻大陆的踏板；

（5）接受除把外岛交给共产党之外的任何解决办法；

（6）外岛兵力装备将变得更加机动化。④

尽管蒋介石既不愿意在停火前撤退金、马，更不愿放弃武力“反攻大陆”，但在美国强大压力下，被迫作出让步，美国也作了一定让步，同意在

① 《中美关系资料汇编》，第 2 辑，下，第 2845 页。

② 张其昀：《先总统蒋公全集》，第 3 册，第 3947 – 3948 页。

③ 张其昀：《先总统蒋公全集》，第 3 册，第 3950 页。

④ 林正义：《1958 年台海危机期间美国对华政策》，第 135 – 137 页。

草案中加上金、马与台、澎在防卫上“有密切的关联”，同时删去“‘中华民国’不发动战争在大陆重建主权及‘中华民国’不为攻击大陆的武装基地，它的基地早已在大陆及中国人民的内心”。① 蒋介石在接受上述观点时虽然有些勉强，但也无可奈何。在1959年的元旦文告中，蒋介石不得不放弃武力“反攻大陆”的口号，代之以“光复大陆”。其战略是：“始终是以政治为主，以军事为从，以主义为前锋，以武力为后盾，以大陆为本战场，以台湾为支战场。”②

因美国要求实现“永久停火”，与台湾当局拒绝和谈。中国共产党认为不能结束战争状态，遂于10月25日再度发布《告台湾同胞书》，宣布逢单日打炮，双日不打炮。此后打打停停、停停打打便成为中国战争史上的一种奇特斗争方式。这种形式上的炮战一直延续到70年末才告终止。

1958年8月至10月，中国政府在围绕炮击金门、马祖而进行的这一场军事和外交斗争中，以巧妙的对策主动而有力地表达了自己坚决反对美国企图在台湾海峡划线，制造“两个中国”的原则立场。在中国人民和世界人民的声讨中，美国被迫于1958年12月10日宣布自台湾地区撤出部分海空军。国共两党之间的斗争也由军事为主演变为政治为主、军事为从的状态。这一斗争胜利不仅使美国“战争边缘”政策再度破产，而且支援了阿拉伯各国人民的斗争，并为后来海峡两岸关系的进一步发展奠定了基础。

三、中国共产党“一纲四目”主张的提出及其内涵

自1958年金门炮战后至1978年中共十一届三中全会前的20年间，海峡两岸的国共两党在一个中国共识的基础上，形成了某种默契。中共对台政策与台湾国民党的“大陆政策”经过两次“台海危机”都作了相应的调整，海峡两岸由过去激烈的军事对峙，转变为政治对峙为主、军事对峙为辅的冷战对峙状态。

① 林正义：《1958年台海危机期间美国对华政策》，第135－137页。

② 张其昀：《先总统蒋公全集》，第3册，第3450页。

冷战对峙阶段，台湾国民党当局全力投入经济建设，企图求得稳步发展，以奠定“反攻复国”的基础。当然，一遇适当“时机”，国民党仍念念不忘被人称为“笑柄”的“反攻大陆”。就中共对台政策而言，“文化大革命”前，仍沿着和平解放台湾的轨迹向前发展，提出了“一纲四目”方针，并为实现祖国和平统一作了艰辛的努力。实事求是地讲，“一纲四目”方针的提出，是两岸国共两党之间政策调整的必然结果。

1. 中国国民党“经营台湾”主张的提出

50年代末60年代初，国民党在军事“反攻”无望的情形下，开始提出“建设台湾，策进反攻”的口号。1963年11月召开的国民党九大进而提出“经营台湾”与“建设台湾为三民主义的模范省”的方针。①

众所周知，把台湾建设成为“三民主义模范省”并非始自国民党九大。早在1950年8月，蒋介石在讲述《本党今后努力的方针》时指出：“今后建设台湾的工作，只要我们继续不懈的努力，……我相信台湾必能建设为三民主义的模范省，为收复大陆以后建国事业奠定坚实的基础。”② 从蒋介石的宣示看，建设台湾为“三民主义模范省”的目的有二：一是使台湾成为“光复大陆”后建设的蓝图；二是使台湾成为“反攻复国”的基地，以保证“反攻复国”的成功。

为了“建设三民主义模范省”，国民党在全岛推展“反共抗俄总动员运动”。由于蒋介石坚持“反共第一”、“军事第一”，当时台湾的建设工作并未收到明显的效果。后来，美、台关系进入“蜜月”时期，“美援”不断适时到达，才使台湾经济形势逐渐由动荡趋向稳定。其后国民党当局根据国际环境制定了“以稳定经济为先”，“农工均衡发展”，实施“进口替代”的战略，才使台湾经济得到了相当程度的发展。1958年炮击金门后，海峡两岸关系相对稳定，国民党当局遂将主要精力再度放到“建设三民主义模范省”上。这一政策变化的突出表现，在阳明山会议与国民党八届五中全会和国民党九大蒋介石的讲话中均有所反映。

1961年7月，时任“行政院长”的陈诚奉蒋介石之命，根据国民党八

① 《革命文献》，第69辑，第502页。

② 张其昀：《先总统蒋公全集》，第2册，第2049页。

届三中决议精神，主持召开了“以研究经济的发展，配合反攻军事，增强反攻力量为主旨”的阳明山第一次会议。此次会议主题如陈诚所说：“内容虽甚广泛，但其要旨亦可归纳为下列四点：（1）商讨反共复国大计，积极解救大陆同胞；（2）加速复兴基地的经济发展，增进人民生活，充实反共力量；（3）加强海内外的团结，一致为复国建国而努力；（4）交换对政府应兴革的意见，造成更多的成绩和更大的进步。”① 陈认为“建国”工作比“复国”工作更为艰巨，要完成“复国建国”工作，就必须首先“建设台湾”。如何建设台湾呢？蒋介石提出：“必须先经由现代化政治、现代化经济、现代化教育、现代化社会和现代化生活的建设，才能确实植基。”② 对于现代化经济，蒋介石提出：“现代经济的目的，与我们现代经济的前提，乃在于均富与安和。”“而实业计划与国民经济建设运动，又为实现此一功能和属性的正确途径。”“经济建设的起点和前途：由初期的以农业为重点的建设，促进农、工、商事业，并以促进国民经济建设，使人人能生活，人人享幸福……仍力求民生与国防之配合，以策进国家之富强。”“在生产方面，必须发展交通，……谋求国际合作，提高生产技术。”“在分配方面，要使粮食利润的分配很平均，劳资工商的关系很合理。”③

国民党九大召开时，蒋介石在开幕词中宣称：国民党今后在台湾的施政“除开军事奋斗之外，最重要者是社会建设、文化建设与心理建设”。根据蒋的旨意，国民党九大通过的政纲宣称：为贯彻“反共抗俄”的“国策”，要动员一切力量，团结海内外同胞，加速摧毁并消灭中共政权，完成“复国建国”大业。政纲强调，要完成“复国建国”大业，就必须加强台湾建设，总目标是“确立三民主义政治、经济、社会、教育各项制度，以为大陆重建之示范”。在政治上厉行法治，建立政务官责任制度，力求政治革新与进步，加强地方自治；在经济上策进台湾工业化，改善投资环境，厉行直接税制，贯彻都市平均地权政策、耕者有其田政策；在军事上充实三军战

① 李守孔：《国民革命史》第744页，台湾各界纪念“国父”百年诞辰筹备委员会，1965年11月印。

② 张其昀：《先总统蒋公全集》，第3册，第2775页。

③ 张其昀：《先总统蒋公全集》，第3册，第2775页。

力，发挥“总体力量”，适时实施“军事反攻”。①

上述事实表明蒋介石集团已经从50年代初期的“军事第一”、“反共第一”过渡到“反共复国”与“建设台湾”并重，更注重“建设台湾”，以偏安台岛。根据蒋介石的旨意与变化了的经济形势，台湾“行政院”在50年代发展经济的基础上，采取了比较正确的发展策略：即从发展内向型经济为主转向发展外向型经济为主，大力发展劳力密集型的出口加工工业，拓展对外贸易，以带动整个经济的发展。为发展外向型经济，台湾当局采取了下列措施：

其一，实行财经改革，搞局部自由化，逐步向市场经济转变。

其二，改善投资环境，开办加工出口区，开始大量引进外资。

其三，实施第三、四、五期四年计划。

上述诸项措施的实施，使台湾经济发生了根本性的变化。在经济结构上完成了从农业经济向工业经济的转变；内向型经济转变为外向型经济；重工业得到发展，纺织业、电子电器业发展尤为突出。总之，从60年代初至70年代初，台湾经济的综合年增长率为10.37%。其中农业年增长率为4.99%，工业年增长率高达19.6%。10年中有5年工业增长率超过20%。②经济增长率以2位数字的高速增长，持续之长不仅在亚洲地区少有，在世界范围内也不多见。就国民所得而言，1952年国民生产总额是新台币172.4亿元，到1978年增加到819亿元，增加了几乎5倍；平均个人所得从1952年的110美元增加到1978年的1904美元。③

台湾经济的迅速发展，也为蒋介石集团的极端反共与“反攻”注入了新的活力，故在冷战对峙的20年间，蒋介石与蒋经国仍不断叫嚣“反攻”、反共。特别是在大陆出现困难时期与“文化大革命”的动乱期间，这种“反攻”与反共叫嚣就没有中断过，致使海峡两岸关系一度进入极为紧张的阶段。

1958年金门炮战之后，台湾海峡平静了相当长一段时间。进入60年代

---

① 《革命文献》，第70辑，第416－417页。

② 何保山：《台湾的经济发展》，第138页，上海译文出版社，1981年版。

③ 贺允宜：《“中华民国”“建国”史纲》，第415页，台北：黎明文化事业出版公司，1984年版。

之后，蒋介石与台湾国民党当局又开始到处散布“反攻”言论。

1961年3月29日，蒋介石对台湾青年宣称：“面对当前反共斗争的新形势，真是报国救民千载一时的机会。”①

1962年元旦，蒋介石发表新年文告，在强调“反攻”时机的同时，提出了“革新”、“动员”、“战斗”的口号。何谓“革新”、“动员”、“战斗”呢？据蒋氏字典解释称：

“革新”包括“心理革新、工作革新、生活革新，而着重在心理建设的上面，要从精神思想、观念、生活，到实际行动，全面的、彻底的革新”。

“动员”乃是“精神动员和组织动员，要求发挥同志的潜力，以提振全党的活力，并加强组织，深入群众，依循国家动员的轨道，完成一切准备，以保证全民总动员的贯彻实施”。

“战斗”则是在于“发挥集中统一的战斗精神，结合全党为一个战斗体的组织，并以战斗纪律，保证党的政策、命令贯彻执行，使能在敌前、敌后、政治、经济……各个战场上，展开全面的战斗”。②

蒋介石还宣称：“以革新重启革命的契机；以动员集结反共的力量；”“以战斗争取反共革命的胜利。”③ 3月29日，蒋介石在《告青年书》中提出：“今日反共形势，我们已由掌握了复国之钥，进而要打开铁幕之门的时候了。”“青年子弟们必须确切准备”，响应“革新、动员、战斗”的号召。④ 1962年11月13日，国民党召开八届五中全会，会议决定三大任务，其中首要任务就是进行“反攻复国”的动员与准备。蒋介石对美国记者称：目前是进攻大陆的“最佳时机”。⑤“我可独立反攻。”“一旦我们开始反攻大陆，我们预期少则3年，最多5年内，完成我们底定全国的任务。”⑥ 当然，蒋介石没有忘记告诉记者：“美国应针对业经改变并正在继续改变之情况，重新检讨中、美两国之共同防御条约。”⑦ 听蒋介石的口气，好像“反

① 张其昀：《先总统蒋公全集》，第3册，第3485页。
② 张其昀：《先总统蒋公全集》，第3册，第2761页。
③ 张其昀：《先总统蒋公全集》，第3册，第3522页。
④ 张其昀：《先总统蒋公全集》，第3册，第3507页。
⑤ 张其昀：《先总统蒋公全集》，第3册，第3995页。
⑥ 张其昀：《先总统蒋公全集》，第3册，第3998页。
⑦ 张其昀：《先总统蒋公全集》，第3册，第3995页。

攻圣战”迫在眉睫，他立刻就能扭转乾坤了。蒋介石何以在1962年前后大肆鼓吹“反攻大陆”呢？

第一，是蒋介石错误估计了大陆的形势所致。蒋介石宣称中共“正处于公社失败，工业倒闭，俄援不继，灾荒饥饿，空前未有的毁灭恐怖的当口；亦就是天灾人祸，交相煎迫的当口”。[①] 蒋介石还认为“中共部队的效忠精神已愈来愈糟”；“大多数中国人民，热切盼望我反攻大陆，推翻匪伪政权”。蒋介石还宣称大陆民众对中共政权已到“不可忍受的程度”，加之国民党游击队分批进入内陆，“已在各地分别进行建立基地”。他认为：“应该反攻大陆的时候到了。”“如果我们没有利用共党目前的弱点”，就会“造成可怕的错误”。[②] 的确，大陆发生饥荒是事实，有些人有些怨气也能够使人理解。但决没有蒋介石所说的出现了“全民的反饥饿、反控制、反镇压的大潮大浪”，[③] 也没有军队不忠现象，更没有大多数中国人民热切盼望蒋介石“反攻大陆”的事实。有的只是中国人民在中国共产党的领导之下，同心同德，改正错误，战胜困难，推进国家经济建设，粉碎蒋介石集团的一切“反攻”、反共行动。

第二，蒋介石集团利用了中苏两党之间的意见分歧。蒋介石在答记者问时称：中共与苏共之间“争执激烈”，如果国民党“反攻大陆”，“苏俄将不会援助中共”。“中共与苏俄之间的分裂”，已为国民党“光复大陆造成一适当的机会”。[④] 从利用中苏两党矛盾的角度出发，蒋介石认为应立即展开“反攻”行动。

第三，企图在台湾造势，拖住美国。进入60年代后，台美间的“蜜月”关系结束了。当美国民主党人肯尼迪入主白宫后，虽然他仍然宣称坚持艾森豪威尔对华政策的三条原则（（1）承认台湾为中国的“合法政府”；（2）拒绝承认中华人民共和国；（3）拒绝中华人民共和国进入联合国），但在具体做法上表现出极大的灵活性，特别是在中国大陆沿海岛屿问题上，表现出明显差异。

---

① 张其昀：《先总统蒋公全集》，第3册，第2771页。
② 张其昀：《先总统蒋公全集》第3册，第4006页。
③ 张其昀：《先总统蒋公全集》第3册，第2768页。
④ 张其昀：《先总统蒋公全集》第3册，第4005页。

早在1960年4月，美国民主党政策委员会主席兼肯尼迪的外交顾问鲍尔斯在《外交季刊》上发表《重新考虑中国问题》的文章，主张美国应重新考虑同北京与台北的关系，并主张鼓动金门、马祖等沿海岛屿中立化。肯尼迪赞同鲍尔斯的主张，并称鲍尔斯说出了他所要说的话。当10月份总统大选展开之际，肯尼迪与尼克松在竞选总统辩论中，争论的焦点问题之一，就是中国沿海岛屿问题。肯尼迪宣称美国必须保卫台湾，但应划清防线。他从1954年以来就一直认为金门、马祖对于防守台湾并非必不可缺，美国的防线应仅仅划在台湾本岛周围。他甚至认为：为了防御金门、马祖，而被蒋拖入一场可能导致世界大战的战争是不明智的。

对于肯尼迪这一说法，蒋介石表示了强烈的不满。他于10月13日同美国记者谈话时不点名地批评了肯尼迪的观点，宣称“战至最后一人亦不放弃金、马外岛”。①

10月14日，蒋介石令“外交部”批驳肯尼迪的竞选辩论演说称：“一位负责任的美国政治领袖，尽管是在激烈的竞选期间，居然不负责任地，大慷他人之慨，而将另一个国家的领土随便处置了，实在是件不可思议的事情。而且这个国家，正好是他的盟邦，我们愿意确切地阐明我们的立场如下：在任何情形下，‘中华民国’决不会答应任何人的要求——包括肯尼迪参议员在内——而放弃他的任何一平方英寸领土。……如果认为这些岛屿没有军事价值的话，那也是同样荒谬。”② 同年10底，蒋介石再度视察金门，并在金门题写“经营战场”、“培养战力”等字，以显示进一步固守金门的决心。

肯尼迪上台后虽在对华政策上迈出一小步，但也令蒋介石忧心忡忡。他之所以在两次“台海危机”之后，再度燃起海峡战火，除了上述两个因素之外，其目的就是企图通过台海局势出现一定程度的紧张，牢牢拖住美国，同时借机试探一下美国对台“反攻大陆”的真实立场究竟如何？还可在政治上造成一定的声势，配合自身的经济发展，引起国际上的瞩目。

正是基于上述三个原因，蒋介石认为1962年至1963年是他“反攻大

---

① 张其昀：《先总统蒋公全集》，第3册，第3967页。

② 陈志奇：《美国对华政策30年》，第199－200页。

陆”的“决定年”、“胜利年”。① 他遂在新竹召集国民党军队将领会议，具体研讨“反攻”部署。为了切实“反攻”，蒋介石并非只说不练，他的具体措施与步骤是：

第一，征收“国防临时特别捐”，筹措反共经费。1962 年 4 月 27 日，台湾“立法院”根据蒋介石的旨意通过了《国防临时特别捐条例》。该条例规定，为完成“反攻圣战”，征税金额：各类货物税的 30%，娱乐税的 50%，筵席税的 50%，地价税的 40%，铁路、公路票价的 30%，电报、电话价的 30%。② 4 月 30 日，蒋介石明令公布此一条例。5 月 1 日起该条例生效。

时任“财政部长”的严家淦解释“国防临时特别捐”不增加企业负担，只从个人所得税中增加，以增筹国防经费，并不会引起通货膨胀。当日，“行政院长”陈诚也就开征“国防临时特别捐”发表谈话，希望各界支持当局政策，承受暂时负责，增进集体安全。③

尽管台湾各界人士对征收“国防临时特别捐”表示不满，并且根本不相信蒋介石的“反攻”神话，但都怕被扣上一顶红帽子吃官司，故被迫上交。据台报统计：从 1962 年 5 月 1 日开征至 1963 年 5 月 16 日“行政院”宣布停征“国防临时特别捐”，13 个月内共征收 6000 多万美元“国防临时特别捐”。台湾当局又狠狠敲了老百姓的一笔竹杠。

第二，设立“反攻”机构。全力进行“反攻”准备。1962 年初，台湾国民党当局成立了以蒋介石、陈诚为首的“最高 5 人小组”（又称“反攻行动委员会”）作为“反攻大陆”的决策机构。

1963 年 11 月，国民党召开第九次代表大会之际，蒋介石提议筹组“中华民国反共建国联盟”。基于上述认识，蒋介石向大会提交了《反共建国共同行动纲领案》，要求大会议决。该案的要点是：

（1）“‘中华民国反共建国联盟’以集中海内外意志与力量，提供反共建国大计，争取胜利为主旨；”

---

① 张其昀：《先总统蒋公全集》，第 3 册，第 4007 页。

② 张山克：《台湾问题大事记》，第 217 页，华文出版社，1988 年版。

③ 《中央日报》，1962 年 5 月 2 日。

（2）“‘中华民国反共建国联盟’为在现行宪政体制下之全民性结合；”

（3）“‘中华民国反共建国联盟’以个人为主体。由各民族、各党派、各社团、各侨团、各经济团体、各学术文化团体、各妇女及青年团体——特别是敌后组织，具有声望、成就与代表性之人士参加之。”

（4）“拟具反共建国共同行动纲领草案，融会各方意见，提出联盟会议，以为今后共同行动之准据；”

（5）“‘中华民国反共建国联盟’会议决议事项，其属于政府职权者，经由政府有关方面采择施行；”

（6）“责成九届中央委员会根据上项原则，研拟具体方案，付之实施，并望于最短期内达成此一任务。”①

蒋介石提交的议案无人敢违，自然为大会所通过，并决议“遵照总裁指示积极贯彻”。②

国民党九大后，台湾“行政院”于1964年4月30日成立“反共建国联盟”筹备委员会，由坚决反共的谷正纲挂头牌，其他成员均为蒋介石的准嫡系与忠臣：袁守谦、陶希圣、余井塘、张其昀、黄伯度、阮毅成。当时还煞有介事地下设秘书处于台北，辖议事、联络、新闻、总务4个组，进行各项筹备具体事项。与此同时，蒋介石、唐纵公开号召海内外人士参加“反共建国联盟”。然而海内外人士相信蒋介石“反攻”神话的越来越少，参加者寥寥无几。

在“反共建国联盟”的组建工作迟迟未获得实质性进展的情下，蒋介石乘大陆刚刚发动“文化大革命”之际，又提出建立“讨毛救国联合阵线”，以应对“反攻”新局面。蒋介石宣称：“一切反毛的力量，在三主义的思想与信仰之下联合起来。”③

1967年3月29日，蒋介石又向青年发出号召：“成立‘讨毛救国联合阵线’。”“联合所有反毛的、个人的、集体的势力和组织，……不论工、农、兵、学、商，不论种族、党派、成分，亦不论以往一切是非恩怨，只要

---

① 《革命文献》，第77辑，第216～217页。

② 《革命文献》，第77辑，第217页。

③ 张其昀：《先总统蒋公全集》，第3册，第2909－2910页。

其能实践‘不是敌人，就是同志’的信约，幡然改图，抗暴反毛的，就都是‘讨毛救国联合阵线’的盟友斗士!”①

蒋介石还要求大陆“反毛”力量组成“讨毛救国联军”，扩大“讨毛救国的青年运动”，并保持与台湾国民党的“密切联系”。②

上述宣示不过是蒋介石的梦呓而已，不仅大陆没有人响应，就连台湾的青年人也无人关注此一“反攻”机构。蒋介石不管这些，当“反共救国联盟”提议建立之际，他便开始了“反攻”的军事行动。

第三，派军队、特务突袭大陆。蒋介石集团在筹措“反攻”经费与建立“反攻”组织之前就下达了“征兵动员令”，提前开始下年度的“现役征集”。蒋介石还令各部门将台湾的各种轮船、渔船和车辆，纳入“船舶、车辆动员编组”。为了吸取在大陆失败的教训，蒋在“反攻”前不断对部下进行“反攻”的政治教育。此刻，北投的政工干校特别繁忙，临时开设战地政务班，为未来登上大陆培训党政干部；政工部门要求士兵明确“为谁而战”，要求官兵有献身精神，并在每一个大兵的鞋上和皮带上都刻有“光复大陆”字样。蒋介石还令从日本购进大量血浆，准备与中共决一死战。蒋介石不顾70多岁高龄，多次在阳明山和凤山等基地召开军事会议，询问此次“反攻大陆”有无确切的把握。“陆军总司令”罗列对“反攻大陆”缺乏信心，对胜利没有把握，故被蒋介石撤职，改由刘安祺担任。待一切准备就绪，蒋介石遂下令三军集结高雄附近基地，预备从高雄港登船出发。

当蒋介石鼓噪“反攻大陆”之际，中共中央于1962年2月提出“整军备战”。③ 为制止台湾蒋介石集团的冒险行动，周恩来令中国驻波兰大使王炳南立即中断休假返华沙。周恩来嘱王说：经中央认真研究，认为蒋介石“反攻大陆”决心很大，但还存在一些困难，关键要看美国的态度如何；要争取让美国来制止蒋介石“反攻大陆”的军事行动。王炳南返华沙后与美国驻波兰大使大伯特举行会谈。王一方面指责美国鼓动台湾国民党“反攻大陆”，另一方面正告美国称：国民党窜犯大陆之日，就是中国人民解放台

---

① 张其昀：《先总统蒋公全集》，第3册，第3639页。

② 张其昀：《先总统蒋公全集》，第3册，第3639页。

③ 《周恩来年谱》(1949－1976)，中卷，第481页。

湾之时。直到6月23日，美方才表示绝不会支持蒋介石进攻大陆。

中国政府一面通过中美华沙会谈以制止蒋介石集团的军事“反攻”行动，一面积极制订粉碎蒋介石“反攻大陆”军事行动的计划。6月2日，周恩来在谈形势问题时，根据国际形势与蒋介石准备“反攻大陆”，有可能发动局部战争的情况，进一步强调“整军备战”问题。6月10日，中共中央发出准备粉碎国民党军窜犯东南沿海地区的指示，要求全党全军和全国人民提高警惕，做好准备，决不让蒋介石的阴谋得逞。6月23日，新华社发表电讯，揭露国民党军队妄图窜犯大陆的阴谋，同时要求东南沿海各省及其纵深地区的军民，更要提高警惕，从各方面做好充分的准备，“以便随时迎击蒋匪帮的窜犯”。电讯还提出：“如果蒋匪帮胆敢在哪里冒险窜犯，就坚决、彻底、干净、全部地把它消灭在哪里。”① 由于美国态度消极与中国大陆严阵以待，蒋介石被迫放弃了冒险的军事行动，改由情报机构派遣特工人员偷袭大陆。

经蒋介石同意，台湾情报局局长叶翔之具体部署了代号为“海威”的派遣武装特务骚扰大陆沿海的情报作战，企图进行“游击活动”与“渗透工作”，建立组织，配合大陆的所谓“抗暴”运动，扰乱社会，颠覆人民政权。

时任台湾“情报局”督察室主任的谷正文在1990年承认，从1961年至1965年4年间，台湾共派出1800余名武装特工人员，最后生还的还不到1/3。②

在此前后，蒋介石不断派遣美制飞机飞赴大陆进行高空侦察。从北京传回的讯息是：蒋机不断被人民解放军空军部队、地面部队击落。美国对于蒋介石的空中侦察予以配合，也不断派机飞到大陆进行侦察与破坏活动。人民空军予以有力回击，先后击落美国若干架U-2型高空侦察机。

一次次“反攻”偷袭的失败，并未使蒋介石甘心。他为了重新鼓起国民党军官兵“反攻大陆”的勇气，又于1964年12月20日视察金门时，手书“毋忘在莒”四字，梦想2200年前的田单复齐故事重演。蒋介石为将这

---

① 《人民日报》，1962年6月23日。

② 台湾，《联合报》，1990年7月8日。

一运动推展至社会每一个角落，“掀起举国一致的心理革新，精神动员，人人走向战斗的新行动和新气象”，① 特明令公布了《毋忘在莒运动实施纲要》。尽管蒋介石到处演讲、动员，表面上搞得轰轰烈烈，实则无人真正响应。随着新中国原子弹爆炸成功与国力的不断增强，蒋介石本人不得不承认他的“反攻圣战”失败了。尽管蒋介石在他病逝的前一天还宣称“日日完成反攻复国”②，但他的“反攻”神话再也无人相信。

透视蒋介石的“反攻大陆”，他之所以在退台后的26年间始终念念不忘，其根本原因在于蒋介石极端的反共立场。蒋介石后半生倾全力投入的“反攻圣战”之所以遭到失败的下场，笔者以为有以下几点原因：

第一，蒋介石始终不能审时度势，尽弃前嫌，实施两党谈判方案，实现祖国统一。如果说在新中国建立之初，蒋介石出于不甘心失败的心理与一贯的反共立场，提出“反攻大陆”的口号还能引起退台国民党官兵的一点思乡兴趣。但在中共伸出兄弟之手，再图守反共、“反攻”立场，而不能审时度势、重开两党和谈，就大错特错了。加之他对大陆形势的错误判断，其“反攻”行动必然以失败而告终。

第二，海峡两岸军事、经济实力相差过于悬殊。大陆时期，蒋介石控制着全国政权，掌握着几百万军队，尚且不是中共的对手。退守台湾之后，弹丸之地，军事、经济实力严重不足，后虽经整顿，实力有所改观，但“反攻大陆”实属“以卵击石，自取灭亡”。③

第三，美国对蒋介石鼓吹的“反攻大陆”态度冷淡亦是其失败的重要原因之一。美国当局采取扶蒋与弃蒋始终是以其在亚太地区的利益得到保护为其根本原则的。并不是美国不希望蒋介石“反攻大陆”成功，而是根本不相信他能够“反攻”成功。同时鉴于新中国的强大，希冀从台湾海峡脱身，重新考虑对华政策，松动同中国大陆的关系。失掉了美国的支持，蒋介石的“反攻”只能是一句空话。正是在上述大背景下，中国共产党提出了“一纲四目”的方针。

---

① 张其昀.《先总统蒋公全集》，第3册，第2872页。

② 张其昀：《先总统蒋公全集》，第3册，第3845页。

③ 《人民日报》，1962年6月23日。

2. 中国共产党“一纲四目”方针的提出

1958年金门炮战后，中国共产党也将主要精力放在经济建设上，大办农业与大炼钢铁，提出15年内在主要工业产品上“超美赶英”。由于受“左”的思想的干扰，经济建设偏离了正常运行的轨道，中国社会主义建设受到严重挫折，加之天灾，大陆经济进入了困难时期。中国共产党及时修正错误，带领中国人民自力更生，艰苦奋斗，终于完成了国民经济的全面恢复与发展。

就在大陆进行全面建设社会主义之时，中国共产党仍不忘对台工作的开展。1959年2月，毛泽东出于统一祖国的考虑，在一次对省、市委书记的讲话中指出：对台湾“给他饭吃，可以给他一点兵，让他去搞特务，搞三民主义”。①

同月17日，毛泽东在会见摩洛哥共产党代表团时说：“现在我们又讲跟蒋介石合作，他说不干，我们说要。合作共同反美，他不干，我们说总有一天美国要整他，总有一天美国要承认我们，丢掉他。蒋介石懂得这一点。我们搞第三次合作，他通过秘密的间接的方法跟我们联系，公开不敢，怕美国，对我们不怕。”②

毛泽东的两个讲话表明中国共产党人在第二次“台海危机”之后，仍然坚持“和平解放台湾”，而且有了“一国两制”方针的雏形。同时表明中国共产党仍在为实现第三次国共合作而努力，以便尽快完成祖国统一。

为了尽快实现第三次国共合作，使台湾问题得以和平解决，中国共产党对台工作采取了以下措施：

其一，特赦国民党战争罪犯与武装特务人员，通过他们向台湾国民党传话。当新中国诞生10周年之际，中共中央主席毛泽东向全国人大常委会提交了关于特赦一批确实已经改恶从善的战犯、反革命罪犯和普通刑事罪犯的建议。全国人大常委会通过了毛泽东的建议。9月17日，中华人民共和国主席刘少奇发布了特赦令，决定特赦33名战犯，并于12月4日执行。33名战犯是：杜聿明、王耀武、曾扩情、郑延笈、宋希濂、杨伯涛、陈长捷、

① 童小鹏：《风雨40年》，第276页。

② 马齐彬：《国共两党关系史》，第1209页。

邱行湘、周振强、卢浚泉、赵金鹏、周震东、杜聚政、业杰强、唐曦、白玉昆、贺敏、孟昭楹、廖绀清、杨怀丰、曾仲麟、徐以智、甄肇麟、刘化南、罗祖良、李宝善、陈启銮、董世理、王中安、蔡射受、爱新觉罗·傅仪、郭文林、雄努敦都布。中国共产党此举受到海内外称赞，在社会上引起巨大的反响。

12月14日，周恩来接见首批特赦战犯溥仪、杜聿明等11人。周恩来希望杜聿明等人向台湾国民党传话：“你们当中与台湾有联系的人，可做点工作，慢慢做，不要急，个人写信靠得住些。”① 从1959年9月至1966年8年中，中国政府先后特赦6批战犯，其中国民党战犯263名。与此同时，中国政府还陆续释放1962年以来袭扰大陆被俘的美、蒋特务。到1975年，全部在押战犯均被释放。这些在押战犯与特务人员极少数去了美国与台湾，绝大多数留在大陆被安排工作，他们当中不少人利用同国民党的关系，为国共两党早日实现第三次合作作出了贡献。

其二，通过原国民党起义人员和与国民党有关系的人员，规劝台湾国民党当局走和平解放台湾的道路。1960年1月3日，周恩来与原国民党起义将领张治中、傅作义等共进午餐时谈到与台湾的来往问题，说：“写给陈诚的信，可说相信陈不会将台湾交给美国，水到渠成，要陈因势利导，和蒋氏父子团结一致美就难钻空子。信中要晓以大义，陈以利害，动以感情。我们寄予希望。将来他们必然回来。回来必有安排，这是必然性。”② 同年5月24日，周恩来为使蒋介石了解中共对台政策，接见张治中等民主人士，请张致信蒋介石，要求信一定要送到蒋氏父子手中，并说我们对台政策是：“台湾宁可放在蒋氏父子手里，不能落到美国人手中。”周恩来将毛泽东关于解决台湾问题的原则概括为“一纲四目”。所谓“一纲”即“台湾必须统一于中国”；“四目”即为台湾统一于祖国后的四项具体政策：

（1）台湾回归祖国后，除外交必须统一于中央外，所有军政大权、人事安排等悉委于蒋，陈诚、蒋经国亦悉由蒋意重用；

（2）所有军政及建设经费不足之数悉由中央拨付；

---

① 《周恩来年谱》（1949－1976），中卷，第273页。

② 《周恩来年谱》（1949－1976），中卷，第276页。

（3）台湾的社会改革可以从缓，必俟条件成熟并征得蒋之同意后进行；

（4）互约不派特务，不做破坏对方团结之举。①

这一方针较之1955－1956年提出的“和平解放台湾”的主张前进了一步，可以说是不叫“一国两制”的“一国两制”。

透视“一纲四目”的方针，它具有以下几个特点：

第一，一个中国。“一纲”就是坚持一个中国原则。从1949年中华人民共和国成立到1979年全国人大常委会发表《告台湾同胞书》之前，中共第一代领导集体始终认为“世界上只有一个中国”，“唯一能够代表中国人民的只有中华人民共和国政府”，“台湾是中国领土不可分割的一部分”，“中国人民一定要解放台湾”。关于此点，可从周恩来代表中国政府的多次讲话中得到说明。1949年11月15日，周恩来致信联合国秘书长赖依时指出：“中华人民共和国中央人民政府是代表中国全体人民的唯一合法政府。”② 1950年6月28日，周恩来针对美国总统杜鲁门入侵台湾海峡的声明指出：不管美国采取任何阻挠行动，“台湾属于中国的事实，永远不能改变”。③ 1956年6月28日，周恩来在一届全国人大三次会议上讲话中称：“台湾从来就是中国的一部分。”“世界上只有一个中国。唯一能代表中国人民的只有中华人民共和国政府。”④

由上可见，中共第一代领导集体关于“一个中国”的内涵包含三层含义：

一是“世界上只有一个中国，唯一能够代表中国人民的只有中华人民共和国政府”。这一点首先是针对国民党蒋介石的所谓“法统”，当然也有针对美国“一中一台”和“两个中国”分裂政策的意思。

二是“台湾是中国领土不可分割的一部分”，中国人民必须维护中国主权和领土的完整、反对外国干涉中国内政。这一点主要是针对美国的“联合国托管”说与分裂政策，也包括“台独”观点。

三是“中国人民一定要解放台湾”，表达了中国人民实现祖国统一的严

① 《周恩来年谱》（1949－1976），中卷，第321页。

② 《周恩来年谱》（1949－1976年），上卷，第11页，中央文献出版社，1997年版。

③ 《台湾问题文献资料选编》，第3页，人民出版社，1994年版。

④ 《台湾问题文献资料选编》，第90页。

正立场。

当然“解放台湾”既包括“武力解放”也包括“和平解放”，在当时情形下，主指后者。中国共产党之所以特别强调一个中国原则，不仅因为它是解决台湾问题的基础和前提，还在于国共两党均坚持一个中国原则。对于美国分裂台湾的政策，蒋介石总是明确地表示反对意见。应当承认当时中国共产党关于“一个中国”的定义是基于当时的国内外形势和认识水平。从当时的历史状况看，这一提法是正确的。

第二，和平谈判。从50年代中期第一次“台海危机”开始，中国共产党对台政策的立足点就是争取用和平谈判的方式解放台湾。毛泽东对中共八大政治报告稿的批语和修改中写到：“我们希望一切有爱国心的台湾军政人员，同意用和平谈判的方式，使台湾重新回到祖国的怀抱，而避免使用武力。”“如果不得以使用武力，那是在和平谈判丧失了可能性，或者是在和平谈判失败以后。”① 周恩来多次讲话均认为用和平方式会更好一点。特别是在1956年1月30日，周恩来代表中共中央在全国政协二届二次会议上，讲到对台方针时，除了重申准备在必要的时候用战争的方式来解放台湾外，明确强调要争取用和平的方式解放台湾。② 这是周恩来第一次在公开场合表达了中国共产党愿意同国民党进行第三次合作的真诚愿望。当然，由于当时的国际形势与两党对台湾问题认识的现状，所谓的“和平谈判”只是通过国共两党谈判用和平的方式“解放台湾”，而并非像后来邓小平构想的“一国两制”中的“和平谈判”方式解决台湾问题。

由于当时海峡两岸就是国共两党执政，所以毛泽东、周恩来多次强调通过两党合作解决争端。应当说邓小平主张国共两党谈判，与毛泽东、周恩来在此问题上的看法是一致的，只不过没有更明确提出第三次国共合作罢了。主张通过两党合作解决台湾问题，就为和平解决台湾问题奠定了坚实的基础。从今天的角度观察，当时的中国共产党对台政策是从大局出发的，能够审时度势，与时俱进。

第三，制度暂时不变。毛泽东在1956年10月同有关人士谈话时指出：

---

① 《建国以来毛泽东文稿》，第6册，第142－143页。

② 金冲及主编：《周恩来传》(3)，第1435页，中央文献出版社，1998年版。

如果台湾回归祖国，“一切可以照旧，台湾将来是要实行社会主义的，但何时进行民主改革和社会主义改造，则要取得蒋先生的同意后再做，现在可以实行三民主义，可以同大陆通商，但是不要派特务来大陆破坏，我们也不派‘红色特务’去破坏他们。谈好了可以定个协议公布”。① 1958 年 10 月 13 日，毛泽东在会见新加坡《南洋商报》撰稿人曹聚仁时说：“台湾如果回归祖国，照他们（指蒋介石等）自己的方式生活。水里的鱼都有地区性的，毛儿盖的鱼到别的地方就不行。美国不要蒋时，蒋可以来大陆，来了就是大贡献，就是美国的失败。蒋介石不要怕我们同美国一起整他。”他还说：“蒋同美国的连理枝解散，同大陆连起来，枝连起来，根还是他的，可以活下去，可以搞他的一套。”② 毛泽东两次强调统一后国民党蒋介石仍可以在台湾搞资本主义，台湾什么时候搞社会主义，让蒋介石自己去定。两岸制度在不变这一点上，与邓小平后来主张“两制并存”有明显的相同之处。不同之处在于邓小平明确提出了两岸实行两种不同的社会制度，实行长期共存，共同发展。毛泽东主张的是两岸早晚还是要实行一个社会制度，即社会主义制度。而邓小平强调港澳台 50 年后或者更长一些时间再实行社会主义，甚至大陆发展了，港澳台与大陆均没必要再去改变原有的社会制度。

第四，保存军队。关于统一后的台湾，毛泽东说军队“可以保存，我不压他裁兵”。③ 在“一纲四目”中强调“军政大权人事安排等悉由总裁与兄（指陈诚）全权处理”。1961 年 6 月 7 日，周恩来同徐冰、傅作义谈台湾前途与祖国统一时指出：“只要台湾当局一天守住台湾，不使他从中国分裂出去，那么我们就不改变目前对待他们的关系，希望他们不要过这条界。”④ 对于是否从金、马撤军，蒋介石和陈诚之间存在矛盾，因为两岛守军均为陈诚的部下，陈成为了保存实力，主张从金、马撤军。美国借此“拉陈抑蒋”。周恩来对此非常重视，曾对一位朋友说：陈诚有一些民族气节，看来不会被美国牵着鼻子走，“这点就是我们寄厚望于辞修的原因”。周恩来让这位朋友转达陈诚：“为了不使美国的阴谋得逞，台湾当局首先应该团结内

---

① 金冲及主编：《周恩来传》（3），第 1436 页。

② 金冲及主编：《周恩来传》（3），第 1437 页。

③ 金冲及主编：《周恩来传》（3），第 1437 页。

④ 《周恩来年谱》（1949－1976），中卷，第 414 页。

部，也就是蒋氏父子和陈诚的团结，因为只有他们几个在台湾还有些力量。只要他们团结起来，把军队抓在手里，美国就不敢轻举妄动。”①

第五，对台湾政要委以重任。1956 年 10 月 7 日，周恩来宴请曹聚仁时，曹聚仁问对蒋介石等如何安排？周说：“蒋介石当然不要做地方长官，将来总要在中央安排，台湾还是他们管，如辞修（陈诚）愿意做台湾地方长官，经国只好让一下做副的。其实辞修、经国都是想干些事的。辞修如愿到中央，职位当不在宜生（傅作义）之下。经国也可以到中央。”②

以上是笔者对“一纲四目”方针特点的初步看法。

“一纲四目”方针提出后，受到了海内外热烈的响应，但仍然被蒋介石加以拒绝。1961 年 6 月，毛泽东同外宾谈话时曾提到蒋介石拒绝“一纲四目”方针的情况：“我们现在还愿意和他（指蒋介石）讲和。我们又提出要跟他讲和，他不干。我们从来没有放弃和国民党讲和的口号，现在也未放弃。他是很怕的，我们就不怕。美国也很害怕，怕我们同国民党讲和”。③ 1962 年 11 月 11 日，周恩来再邀张治中、傅作义、屈武等人谈对台湾工作问题，希望他们写信给台湾当局，告诉他们不要轻举妄动。④ 1963 年 1 月 4 日，张治中发出经周恩来修改的致陈诚函。函中说：今日台湾问题之首要关键，在于促成国共第三次合作，使台湾回归祖国。只要台湾回归祖国，其他一切问题悉尊重台湾领导人意见妥善处理。信中要点就是毛泽东与周恩来要张治中给蒋氏父子写信的内容，即“一纲四目”。这封张治中致陈诚的信函是经周恩来修改后，曾送中共中央政治局常委传阅过的。⑤ 此间，屈武给于右任，张治中与傅作义给蒋经国，傅作义给张群分别写了内容大致相同的信函，传达了中共中央对台政策。

既使在蒋介石宣称“反攻大陆”之时，中共中央也没有放弃对台湾国民党特别是对蒋介石的争取。就在蒋介石提出“革新、动员、战斗”口号的当月，周恩来与邓颖超还接见了蒋介石前妻陈洁如，周说：蒋介石的一切

---

① 金冲及主编：《周恩来传》（3），第 1440 页。
② 《周恩来年谱》（1949 - 1976），中卷，第 623 页。
③ 马齐彬：《国共两党关系史》，第 1210 页。
④ 童小鹏：《风雨 40 年》，第 277 页。
⑤ 《周恩来年谱》（1949 - 1976），中卷，第 524 页。

罪恶只能由蒋个人负责。蒋现在还有那么一点点民族观念，他还是反对美国制造“两个中国”的。因此，我们对他仍寄予希望。①

其三，争取国民党要员返回祖国大陆，以资证明中国共产党不咎既往与和平解决台湾的诚意。早在1950年冬，毛泽东就邀国民政府前行政院长翁文灏回国。1951年3月，翁文灏回到北京，投身于社会主义建设事业，并为新中国地质事业作出了新的贡献。1955年，在周恩来的安排下，国民党东北“剿总”司令卫立煌回到祖国，成为毛泽东与周恩来的座上宾。卫还发表了《告台湾袍泽朋友书》，在海内外引起很大反响。1965年7月18日，前国民政府代总统李宗仁在周恩来的精心安排下飞抵广州。20日，李宗仁抵京，党和国家领导人、各民主党派代表负责人，无党派知名人士、国民党起义将领均到机场迎接。李宗仁在机场大厅宣读了本人声明：

“我本人尤为兴奋，毅然从海外回到国内，期望追随我国人民之后，参加社会主义建设，并欲对一切有关爱国反帝事业有所贡献。今后自誓有生之日，即是报效祖国之年。”

声明最后语重心长地说：“深冀我留台国民党军政同志凛于民族大义，也与我采取同一步伐，毅然回到祖国怀抱，团结抗美，一致对外，为完成国家最后统一作出有用的贡献。”②

当晚，周恩来在人民大会堂设宴欢迎李宗仁与夫人。

7月26日，毛泽东在中南海接见了李宗仁、郭德洁、程思远等。据程思远回忆：毛泽东一再表示：“你们回来了，很好。”毛还幽默地对李宗仁说：“德邻先生，你这一次归国，是误上贼船了。台湾当局口口声音叫我们做‘匪’，还叫祖国大陆做‘匪’区，你不是误上贼船是什么呢?”③ 程思远忙替李宗仁答道：“我们搭上这一条船，已登彼岸。”④ 当李宗仁说海外许多人渴望回到祖国来时，毛泽东插话说：“跑到海外的，凡是愿意回来，我们都欢迎，他们回来，我们都以礼相待。”⑤ 7月31日，刘少奇接见李宗仁

① 《周恩来年谱》(1949－1976)，中卷，第454页。

② 《人民日报》，1965年7月21日。

③ 程思远：《李宗仁先生晚年》，第192－193页，文史资料出版社，1985年版。

④ 程思远：《李宗仁先生晚年》，第192－193页。

⑤ 程思远：《李宗仁先生晚年》，第195页。

时说：“李先生的归来，为台湾国民党人指明了一条光明的途径。祖国的大门对台湾当局是敞开着的。”① 8月26日，李宗仁在北京举行中外记者招待会，指出台湾问题是中国内政，美国无权干涉。他结合自己回国后的体验，说明中共对国民党一贯政策是爱国一家、爱国不分先后以及来去自由。他希望国民党同仁和海外各方人士认清民族大义和大势所趋，不要一误再误，要毅然奋起，相率来归，为祖国最后统一作出贡献。② 3天后，中国外交部长陈毅在北京举行中外记者招待会，当记者问到国共合作时，陈毅指出：新中国就是以共产党为首的包括8个民主党派合作的局面，欢迎李宗仁参加这个合作，也欢迎蒋介石、蒋经国象李宗仁这样参加这个合作，欢迎台湾省和台湾的任何个人和集团回到祖国怀抱，参加这个合作。③

李宗仁回国在海外引起更大的震动。尽管在台湾的许多国民党军政人员没能投入祖国的怀抱，但他们绝大多数决不愿再充当蒋介石“反攻大陆”神话的祭品，他们的心是向往大陆的。当时被困居台北的于右任在他临逝世前就曾写下这样的诗句：

葬我于高山之上兮，
望我大陆；
大陆不可见兮，
只有痛哭！
葬我于高山之上兮，
望我故乡，
故乡不可见兮，
永不能忘！

从于右会老先生的悲哀呻吟中，看到了国民党高层军政人员的思乡之情。与此同时，国民党空军飞行员徐廷泽、黄天明等人纷纷驾机飞向祖国大陆的蓝天，投入人民的怀抱。事实表明，中共对台政策符合海峡两岸的实际状况，已经为越来越多的人所接受。

---

① 程思远：《李宗仁先生晚年》，第195页。
② 《人民日报》，1965年8月27日。
③ 《人民日报》，1965年8月30日。

其四，通过秘密渠道，同台湾国民党当局保持接触。“文革”前国共两党秘密接触的渠道主要有两条：一条是通过章士钊，一条是通过曹聚仁。童小鹏回忆：1960 年 7 月，章士钊到香港通过秘密渠道向台湾高层转达中共关于和谈的信息与条件。临行前，章与周恩来在北戴河会面，周对章说：“雷啸吟已回港，吴铸人可能来港（雷、吴均是为台湾当局了解情况的人），如谈时，可以将以下意思透露过去：蒋目前的关键问题是名和利。利的问题，只要把台湾归还祖国，国家是可以补助的。名的问题，当然不只在台湾，而在全国。荣誉职务很多，可以解决的，中共自有善处。既有台湾之实（权利），又有全国之名，不比只做台湾一个小头而且美国迟早要换掉更好吗？但蒋大概是要等到同美国的矛盾要爆发时才会选择的。美蒋的矛盾总是要爆发的。”章提到对台写信问题，周恩来说：“他们如果要求的话可以写，但要经交通送来商量。”① 1962 年和 1964 年，章士钊又曾两次赴港，通过朋友给台湾的于右任和胡适写信，为国共两党和谈进行多方面沟通。港台许多报纸称章士钊为中共的“和谈专使”。由于台湾当局反应冷淡，加之“文革”开始，章士钊沟通工作遂中断。

这一时期，蒋介石通过各种名义与各种关系派一些人到大陆，说要与中共高层接触。周恩来认为这是蒋介石的一种政治手腕，刺探我们的高级情报，来摸我们对台政策的底牌。童小鹏回忆：有一次台湾派来 4 个人，3 个到北京，1 个留香港。毛泽东和周恩来也会见了其中一些人。毛、周都说这些人带来了各种消息，真真假假，假假真真，一时也判断不清，我们要心中有数，以假当真，假戏真做，最后弄假成真。②

1965 年，担负向海峡两岸传递信息任务的曹聚仁到台北，受到蒋介石接见。曹、蒋 2 人就国共双方条件进行了磋商。曹聚仁后来在海外杂志上披露了当时国共双方同意的 6 项条件：

（1）蒋介石偕同旧部回到大陆，可以定居在浙江以外的任何一省区，仍任国民党总裁。北京建议拨出江西庐山地区为蒋介石居住与办公的汤沐邑。

---

① 童小鹏：《风雨 40 年》，第 276 页。

② 童小鹏：《风雨 40 年》第 277 页。

（2）蒋经国任台湾省长。台湾除交出外交与军事外，北京只坚持农业方面必须耕者有其田，其他政务，完全由台湾省政府全权处理，以20年为期，期满再行洽商。

（3）台湾不得接受美国任何军事援助；财政上有困难，由北京照美国支援数额照款补助。

（4）台湾海空军并入北京控制。陆军缩编为4个师，其中1个师驻在厦门、金门地区，3个师驻在台湾。

（5）厦门与金门合并为一个自由市，作为北京与台北间的缓冲与联络地区。该市市长由驻军师长兼任。此一师长由台北征求北京同意后任命，其资格应为陆军中将，政治上为北京所接受的。

（6）台湾现任文武百官，官阶、待遇照旧不变。人民生活保证只可提高，不准降低。①

从曹聚仁透露的6项条件看，总体与“一纲四目”方针是一致的，有些具体内容中共中央领导人不曾讲过，因而还有待于进一步证实。

综上所述，从1958年金门炮战后至“文革”前，中国共产党为了和平解决台湾问题，尽快实现祖国和平统一，无论是在政策上，还是在措施上，都比1955年至1957年时前进了一步。特别是“一纲四目”方针的提出，它既丰富和发展了1955年至1957年中国共产党关于“和平解放台湾”的政策与实践，又成为后来“一国两制，和平统一”方针的雏形。当然，将“一纲四目”方针与“一国两制”方针作一比较，既能看到它们之间一脉相承的联系与合乎逻辑的发展，又能看到它们之间还是有着质的区别。如果没有“文革”的发生，海峡两岸政治对峙就会进一步降低，祖国统一的进程就将大大加快。然而历史是不能假设的，“文革”的错误使中国共产党人真正认识到了“左”的危害。中共清除“左”的干扰，特别是清除“左”的思想对解决台湾问题的干扰，提出“和平统一，一国两制”的方针，又使祖国统一进程迈进了一步。

3.“文革”时期对台政策的反复

从1966年至1978年，中国处于“文革”时期与徘徊阶段，大陆对台工

① 《中外书摘》，1992年第2期。

作受到严重干扰，两岸关系处于隔绝状态。这一时期两岸关系的重要特征表现为政治对峙与激烈的外交斗争。

首先，这一时期中共对台政策出现了摇摆现象，舆论宣传又回到了“一定要解放台湾”的口号上，放松了争取用和平方式解决台湾问题的努力。关于此点可从下列事实中得到说明：

第一，重提“一定要解放台湾”的口号。众所周知，“一定要解放台湾”的口号是在海峡两岸处于严重军事、政治对峙和美国武装入侵台湾的情形下提出来的。为了化解“台湾危机”，中国共产党从坚持原则立场与策略灵活的角度出发，提出中美谈判与“和平解放台湾”的口号，使中共对台政策从武力解放台湾逐渐转变为以政治为主、军事为辅，从而缓解了“台海危机”，推进了中美关系与海峡两岸关系的发展。

“文革”发生后，中共对台政策受“左”的思想干扰。1966 年 6 月 27 日，《人民日报》发表题为《一定要把五星红旗插到台湾省》的社论，重提“中国人民一定要解放台湾”。《社论》之所以从和平解决台湾的立场退回到武力解放台湾的立场，主要出于两种考虑：一是毛泽东认为“文化大革命”是在社会主义条件下“一个阶级推翻一个阶级的革命”，是中国共产党“和国民党反动派长期斗争的继续”。[①] 从这种认识出发，很难使对台政策继续沿着和平解决台湾问题的轨道正常运行。

二是社论认为美国正在操纵包括蒋介石集团在内的一些国家组织新的侵略同盟，部署对中国、朝鲜人民民主共和国和越南的战争。针对美国的“战争的一手”，为“把美国侵略者从台湾省赶出去”，完成祖国统一的伟大事业，必须用革命战争反对反革命战争。

第二，中央对台工作部门受到冲击，对台工作领导与大陆爱国民主人士、党外朋友及在大陆的台胞、台属受到迫害。中央对台工作办公室被“四人帮”诬陷为“特务据点”；中共中央统战部被彻底砸碎；全国政协与民主党派机构相继停止办公。此间，中央对台工作领导罗瑞卿、杨尚昆首先被打倒，徐冰、孔原靠边站，罗青长也被造反派挂在孔原的“黑线”上。大批的民主人士与党外朋友被诬陷为“叛徒”、“叛徒嫌疑”、“特务”、“特

① 参见《关于建国以来党的若干历史问题的决议》。

嫌”、“国民党特务”等。相当一部分台胞、台属、原国民党军政人员、起义投诚人员统统被当做“牛鬼蛇神”、“国民党残余势力”进行扫荡。中国民主革命的先行者孙中山的夫人宋庆龄，其住宅也遭到骚扰。更有甚者，一些红卫兵小将为表现对蒋介石国民党的极端痛恨和极高的革命热情，不惜将蒋介石生母与前妻毛福梅的墓地破坏。上述状况都引起台湾当局的极大关注，从而使海峡两岸政治对峙状况有所加强。

鉴于中央对台工作遭到破坏与大批民主人士、党外朋友遭到冲击、迫害的现实，也为了减少国民党统治集团的疑虑，维护中国共产党的对台工作大局，一直主导对台工作的周恩来力挽狂澜，使对台工作在艰难中行进。周恩来一面利用手中的“权力”保护大批民主人士与党外朋友，一面要浙江省委将被红卫兵破坏了的蒋母墓与毛福梅墓修好，还将修复好后拍的照片托章士钊带到香港转给蒋介石。与此同时，他协助毛泽东在北京举行纪念孙中山诞辰100周年大会，并作了重要讲话。此后，周恩来利用国内外形势的变化，大力推进对台工作。

1971年5月21日，中共中央政治局开会讨论预定在6月中旬举行的中美预备性秘密会谈，使中国政府对美对台政策又有了新的进展。中共中央政治局认为：在中美关系以及与此相关的台湾问题上，中国应该采取的原则是：

（1）美国一切武装力量和专用军事设施，应规定期限从中国的台湾省和台湾海峡地区撤走，这是恢复中美两国关系的关键。

（2）台湾是中国领土，解放台湾是中国内政，不容外人干涉。要严防日本军国主义在台湾的活动。

（3）我力争和平解放台湾，对台工作要认真进行。

（4）坚决反对进行“两个中国”或“一中一台”的活动，如果美国欲与中国建交，必须承认中华人民共和国是代表中国的唯一合法政府。

（5）如因前三条尚未完全实现，中美便不建交，可在双方首都建立联络机构。

（6）我不主动提出联合国问题，如美方提出联合国问题，我可明确告以我绝不接受“两个中国”或“一中一台”的安排。

（7）我不主动提中美贸易问题，如美方提及此事，在美军从台湾撤走的原则确定后可进行商谈。①

同年6月21日，周恩来在会见美国新闻界人士时，根据5月21日中共中央政治局会议精神，进一步阐述了中国政府对台湾问题的立场。一方面，周恩来没有使用“一定要解放台湾”的口号，而是采用“台湾回归祖国”的提法；② 一方面强调“台湾人也是中国人”，“蒋介石也反对制造‘两个中国’和‘一中一台’”，承认国共两党在“一个中国”这一点上“有共同性”；再一方面，对台湾回归后的生活水平与生活方式提出了几点设想。周恩来说：“台湾回归祖国后，我们有可能在他们原来的基础上逐步提高他们的生活水平。”怎样提高呢？

（1）“不仅不增加税收，还减少税收，如同祖国各地一样；”

（2）“不需要讨债，祖国可以帮助他们建设；”

（3）“我们是低薪制，不收所得税。在台湾的人，他们原来有多少收入，还可以保持多少收入，但因为不收他们的所得税，生活就会更加改善；”

（4）“有些失业的人，从大陆上去的，生活很困难，可以回大陆，回到他们的家乡，我们不会歧视他们；”

（5）“如果台湾回归了祖国，在台湾的人对祖国作出了贡献，那么，祖国就应该给他们报酬。所以我们不仅不会报复，而且还会给他们奖励。”③

中共中央政治局会议所定对美对台原则与周恩来同外国记者的谈话表明：

第一，中共中央出于改善中美关系的考虑，在坚持反对“两个中国”、“一中一台”的前提条件下，不再坚持台湾问题不解决其他一切问题都不谈的立场。这一举措对于中美关系正常化起到了积极的作用。

第二，要改善中美关系，必须改善同台湾的关系，中共中央从强调“一定要解放台湾”的立场又开始转到“和平解放台湾”的立场。从后来的事实看，这一转变是被动的、临时性的，因为当时还处在“文革”时期这

---

① 引自杨亲华：《党在“文化大革命”时期的对台工作》，《党史研究资料》，1997年第2期。

② 《周恩来年谱》，下卷，第464页。

③ 杨亲华：《党在“文化大革命”时期的对台工作》，《党史研究资料》，1997年第2期。

种特殊环境之下，对台工作也不可能完全摆脱“左”的思想的影响。尽管如此，这一转变还是使对台工作朝着积极的方向发展。

第三，周恩来关于台湾回归后民众生活水平与生活方式的考虑，照顾到了台湾社会各方面利益，又与中共对台方针相吻合，还为邓小平“一国两制”构想的形成起到了奠基作用。这一考虑也表明中共对台政策又有了新的进展。

此后，周恩来指示在人民大会堂设立台湾厅，落实台胞、台属政策，举行纪念台湾“二二八”起义活动。与此同时，台湾民主同盟总部也在周恩来的直接关怀下开始恢复活动。另据章士钊女儿章含之回忆：1973 年春，毛泽东在一次接见外宾时对她说：希望“行老”（即章士钊）去香港促成国共和谈。章士钊不顾 92 岁高龄，给毛泽东写信说：“与其让我僵卧北京，不如到香港动一动。”周恩来到医院探望时说：我们对台政策不变，还可以在港做做对台工作。同年 5 月，章士钊乘专机赴港。① 这件事表明在中断了 8 年国共秘密接触之后，中共又开始向台湾当局发出和谈信号。此举在“文革”时期轰动了海内外。

正当对台工作取得一定进展之际，毛泽东出于坚持“文革”的理论与实践的考虑，根据不完全可靠的消息，于 1973 年 11 月 17 日同几个人谈话时称：讲台湾问题有两种可能性是错的，要打。② 此话一讲，翌年纪念台湾“二二八”事件时，基调又从“和平解放台湾”转变为“今天台湾海峡已经不是解放台湾的障碍了”。③ 1975 年纪念“二二八”事件时，重申“台湾一定要解放，祖国一定要统一”。④ 1976 年“两报一刊”（《人民日报》、《解放军报》、《红旗》杂志）元旦社论再度重复“我们一定要解放我国的神圣领土台湾省”。这种状况一直延续到中共十一届三中全会之前。随着三中全会的拨乱反正，中共对台政策也发生了根本性的转变。

4. 20 世纪 70 年代海峡两岸围绕国际舞台的斗争

尽管“文革”时期中共对台工作受到“左”的思潮的严重干扰，但在

---

① 章含之：《我与父亲章士钊》，载上海，《文汇月刊》，1988 年第 4 期。

② 杨亲华：《党在“文化大革命”时期的对台工作》，《党史研究资料》，1997 年第 2 期。

③ 《人民日报》，1974 年 3 月 1 日。

④ 《人民日报》，1975 年 3 月 1 日。

国际舞台上中国外交却步入了她的第二个辉煌时期。相反，台湾当局则陷入“外交”崩溃状态。

中国外交再度步入辉煌与台湾“外交”崩溃均与美国改变对华政策有关。如前所述，肯尼迪入主白宫后，美国对华政策虽未发生根本性的变化，但已表现出极大的灵活性。约翰逊继任美国总统后，与肯尼迪相比，对华政策又有了明显的改变。约翰逊之所以有如此进步，主要是基于国际局势与国内形势的变化所致。1964 年国际上发生了两个爆炸性的事件：一是中国第一颗原子弹试爆成功，使中国国际地位大大提高；二是法国同中国建交。美国国内受国际局势变化的影响，批判政府的对华政策。形势迫使美国政府扩展与中国大陆的关系，台、美关系逐渐变冷。

1964 年 1 月底，美国国务卿腊斯克在日本访问时宣称：美国忠于对“中华民国政府”的义务，但同时“期待着有一天”能同中国大陆恢复关系。同年 5 月 28 日，美国宣布从 1965 年 6 月 30 日起停止对台“经援”，改为贷款。1965 年 1 月 14 日，约翰逊在援外咨文中指出台湾自助有成，经济繁荣不需美援。1966 年 7 月，腊斯克抵台访问时，虽仍宣称：“我们承认‘中华民国’作为中国政府”，但“唯一”二字消失了。此时种种迹象表明：约翰逊政府已欲着手改善同中国大陆的关系。

对于江河日下的台、美关系，蒋介石心急如焚。他在 1964 年 4 月 5 日接见美联社记者时，向约翰逊提出警告：美国如果退出东南亚，世界局势将“不可思议”。① 同年 9 月 26 日，蒋介石接见美国记者戴维斯时宣称：“对共产党放松警觉必将造成悲剧。”② 1965 年 5 月 2 日，蒋介石在答美国记者时称：应在大陆中共未完成核子投射系统以前，将其“予以消灭”。③ 同年 8 月 2 日，蒋介石再度会见美国记者称：美国应当采取有效的步骤解救亚洲当前的危机，组成以美国为首的反共联盟；美国不能退出亚洲，应当注意中共的“阴谋”，主动摧毁中共的核装置。④ 对于蒋介石的警告与建议，约翰逊听之任之，我行我素，蒋介石也无可奈何。

---

① 张其昀：《先总统蒋公全集》，第 3 册，第 4012 页。
② 张其昀：《先总统蒋公全集》，第 3 册，第 4028 页。
③ 张其昀：《先总统蒋公全集》，第 3 册，第 4040 页。
④ 张其昀：《先总统蒋公全集》，第 3 册，第 4045 – 4047 页。

使中美关系发生重大转折的则是尼克松入主白宫之后。尼克松改变美国对华政策是以全球战略，特别是从对苏政策出发的。笔者认为当时他有三点考虑：

（1）对抗苏联要有实力。为对抗苏联，他主张开展“三角外交”，打开同中国大陆的关系，结束中美对抗，以便利用中苏矛盾，造成对苏施加压力和进行牵制的杠杆，诱使苏联对美国让步。

（2）出于结束越南战争的考虑。要结束越南战争，必须同中共政权取得谅解，否则很难从越南战场脱身。

（3）鉴于中国力量与影响的增长，中美对立的时间越长，美国付出的代价就越大，不利于美国稳定亚太地区的形势，更难集中力量对付主要对手苏联。

出任美国总统之前，尼克松在 1967 年美国《外交季刊》发表文章称：“从长远的观点而言，我们决不能让中国（中共）永远留在国际社会之外，让它在那里孕育它的幻想与仇恨，威胁它的邻邦。”① 1969 年就任美国总统后，尼克松于 1970 年 2 月向国会提交第一个外交政策报告中说：“从长远来说，如果没有拥有 7 亿多人民的国家出力，要建立稳定和持久的国际秩序是不易设想的。”② 同年 8 月，尼克松在联合国大会讲演时宣称愿与中共谈判。10 月，尼克松在接见美国《时代》周刊记者时称：“如果说我在死前有什么事情想做的话，那就是到中国去。如果我去不了，我要我的孩子们去。”③尼克松的上述演说，表明他力图在任内结束中美隔绝 20 多年的不正常状态。无论从历史、现实和个人角度来审视美国的对华政策，尼克松都感到了改变中美关系的极端重要性。就此点而论，尼克松不失为一个具有战略眼光的政治家。

与此同时，为改变美国同中国大陆的关系，尼克松采取了一连串的实际行动：

（1）美国国务院于 1969 年 7 月 21 日宣布：6 类美国人可以观光身份访

---

① 袁文靖：《战后美国历届政府对台湾安全之评估和承诺》，《美国月刊》，1990 年 2 月第 4 卷第 10 期。

② 《尼克松回忆录》（中册），第 229 – 230 页，商务印书馆，1979 年版。

③ 《尼克松回忆录》（中册），第 229 – 230 页。

问中国大陆，同时准许美国人购买非以商业为目的的大陆商品。

（2）准许美商海外分公司经由第三国和中国进行非战略性物资的贸易。

（3）美国反对提供一中队 F－4D 型飞机给台湾当局。同时，尼克松下令美国第 7 舰队停止巡逻台湾海峡。

（4）1970 年初，美国与中国恢复华沙会谈。

（5）秘密派遣基辛格赴中国大陆访问。

尼克松在实施新的对华政策的同时，已经考虑到中华人民共和国的席位问题和同台湾关系问题。他对基辛格说："在很机密的基础上，我想请你让你的助理人员起草一份研究材料，对我们在联合国接纳中国问题上将采取什么方针提出建议——不要告诉任何可能会泄密的人。我认为，我们没有足够的票数去阻挡。接纳的时间比我们预料的要来得快。""我们确实需要解决的问题是，我们怎样才能逐步造成一种形势，使我们既能保持对台湾的义务，而又不致遭到赞成接纳赤色中国的人的抨击。"①

对于尼克松的举措，蒋介石表示强烈不满。当美国第 7 舰队停止巡逻台湾海峡之后，台湾当局对此提出质问，美国则以"经济困难"答之，台湾方面指责这是"遁词"。对于中美华沙会谈，台湾当局也表示严重抗议。对于尼克松准备访问北京一事，蒋介石当时一无所知，直到 1971 年 7 月 15 日尼克松宣布其北京之行决定的前 20 分钟，台湾当局驻美国"大使"沈剑虹才从国务卿罗杰斯给他的电话中得知。沈剑虹与台湾国民党当局最初听到尼克松准备访问北京时的反应是："这件事实在令人震惊。""有几分钟时间我震惊得说不出话来。我简直不能相信方才听到的话是真的。"沈说："台北方面对这消息最初反应也是觉得难以置信。"② 7 月 16 日，台湾当局深知美、台关系"绝对不会与以前一样了"。在极端愤怒的情绪之下，蒋介石指使"外交部"次长杨西昆约见美国驻台湾"大使"马康卫，向他提出强烈抗议，并称尼克松的举动是"最不友好的行动"，必然会造成严重的后果。同时，蒋介石还指示沈剑虹向美国国务院提出严重抗议。

沈剑虹在拜会美国主管东亚和太平洋事务的助理国务卿格林时，向他转

---

① 《尼克松回忆录》，第 231 页。

② 沈剑虹：《使美 8 年纪要》，第 60～61 页，世界知识出版社，1983 年版。

述了台北方面是如何“愤怒、困惑和震惊”。格林答称：尼克松北京之行的目的在于缓和东南亚的紧张局势。同时宣称，许多国家人民对尼克松的行动，初步反应似都很良好，并称美国政府不会“牺牲任何友邦”。

在台湾，蒋介石主持国民党中常会，专门讨论尼克松访问中国大陆问题。蒋介石认为尼克松此行是迁就现实力量的平衡。促成越南战争结束，争取明年连任总统，实行制苏战略，以达到分化共产主义世界的目的。蒋还提出要斗志不斗气，不妥协，自强自立。

当1972年2月21日尼克松访问北京之际，正值台湾召开“国大”一届五次会议，会议对尼克松北京之行发表三项声明称：

1. 中共绝对无权代表大陆人民，对台湾一切权益，不能在国际间作任何承诺或协议；

2. 污蔑中共为非法集团，说尼克松总统如与之作任何谈判或协议，“中华民国国民与政府”，概不承认；

3. “中华民国”光复大陆拯救大陆同胞之“基本国策”，绝不改变；在任何情形与任何时间，与大陆断无谈判或妥协之可能。①

尼克松访华期间，中美双方会谈的焦点仍集中在台湾问题上，当尼克松与毛泽东会谈时，很自然地接触到蒋介石与台湾问题。毛泽东对尼克松说：我们共同的老朋友蒋委员会长可不喜欢这个（指中美会谈）。毛泽东还说：“他叫我们共匪，最近他有一个讲话，你看过没有？”尼克松反问了一句：“蒋介石称主席为匪，不知道主席叫他什么？”周恩来回答说：“我们一般叫他们蒋帮。”“总之，我们互相对骂。”

对于台湾问题，美国仍存在“两个中国”的观念。在周恩来与基辛格的会谈中，周恩来坚持：台湾历来就是中国的领土，台湾问题是中国的内政，不容外人干预；美国必须承认台湾是中国的一个省，必须撤走驻台美军，必须废除美、蒋《共同防御条约》。鉴于周恩来的严正立场，基辛格表示：美国承认台湾属于中国，希望台湾问题和平解决；美国不再与中国为敌，并随着中美关系的改善逐步减少驻台美军；美蒋《共同防御条约》历

① 台湾教育部门主编：《中华民国建国史》，第五编，第756页，台北：“国立编译馆”，1991年版。

史可以解决。[1] 尼克松虽重申了基辛格代表美国就台湾问题所作的承诺，但他仍然强调美国还不能承认中华人民共和国是唯一合法政府，还不能丢弃台湾。中国要保证只用和平方式解决台湾问题，美军才能撤出台湾。经双方磋商，中美《上海公报》是这样表达的："美国认识到：在台湾海峡两边的所有中国人都认为只有一个中国，台湾是中国的一部分。美国政府对这一立场不提出异议。"[2] 美国此一立场否定了多年来"台湾地位未定"说，同时，《上海公报》还提出中美关系应实现"正常化"。此点进一步指明了台、美关系的未来性质。

台湾当局最害怕的事情终于要发生了。蒋介石当时指使"行政院"就《上海公报》发表声明，称此公报协议无效，要台湾各界"庄敬自强"，对"反攻复国"应具有充分信心。同时，蒋介石电令沈剑虹会晤尼克松，当面澄清《上海公报》未提台美《共同防御条约》所引起的不安。尼克松对沈剑虹保证："美国决心遵守对'中华民国'的承诺。"这正是蒋介石所需要的。翌日，沈剑虹返台向蒋介石汇报会晤尼克松情形，蒋介石听后感慨地说：从此以后，我们要比以前更依靠自己。与中美关系开始走向正常化的同时，中华人民共和国在联大的代表权案也先于尼克松访问北京前的 1971 年 10 月 26 届联大上最终得以解决。

众所周知，中国代表权案始于 40 年代末。尽管苏联等国每年提出此案均被否决，但表决票数的差距，却是一次比一次接近。到 1961 年第 16 届联大时，美国对此问题提出议案：非经 2/3 多数赞成，不得改变代表权。

由于中国国际地位的不断提高，也由于国际上主持正义的国家与人民的不懈努力和中国所做的工作，1970 年第 25 届联合国大会对阿尔巴尼亚等国关于恢复中华人民共和国在联大一切合法权利的提案进行表决时，出现了 51∶49 票的过半数赞成的结果。

在这场马拉松式的中国代表权案中，美国的态度至关重要。尽管美国正在逐渐改善同中国大陆的关系，但从其自身利益出发，又反对驱逐台湾国民党蒋介石集团出联合国，于是美国代表提出所谓"双重代表权"案，即：

---

① 《周恩来年谱》（1949－1976），下卷，第 467－468 页。

② 《人民日报》，1972 年 2 月 28 日。

使中共获得联合国大会的会籍和安理会的席位，同时准许“中华民国”留在联合国。对此，中华人民共和国外交部于1971年8月17日发表声明，宣称这是“尼克松政府在联合国制造‘两个中国’阴谋的大暴露”，是“荒谬绝伦”，宣布中国人民和中国政府坚决反对“两个中国”、“一中一台”、“台湾地位未定”或其他类似情况。要求“必须把蒋介石集团从联合国及其一切机构中驱逐出去，中华人民共和国在联合国的一切合法权利必须完全恢复”。[①] 美国提案在联大进行表决时，以55票赞成，59票反对，15票弃权被否定。美国只好屈从联合国大会的自然发展，无力顾及蒋介石的责难。

蒋介石的确有先见之明，他已经预料到了自己的命运，遂于1971年6月15日发表了《我们国家的立场和国民的精神》的讲话，他说“在今年这一年中，将不知有多少的困难、危险和痛苦横在前面，要来考验我们，试炼我们，等着大家如何一一去冲破，一一去克服。”蒋介石再次要求国民党员和“国人”一定要“庄敬自强、处变不惊，慎谋能断”，要经得起考验，冲破难关。[②]“外交部长”周书楷奉蒋介石令率40多人的庞大代表团出席联大26届会议，并宣称：“为维护代表权，准备背水一战。”

10月25日，是蒋介石集团兵败退台后最难堪的一天。就在这一天，大会就中国代表权案进行最后表决，会议以76票赞成，35票反对，17票弃权，3票缺席通过了阿尔巴尼亚等国提案，恢复中华人民共和国在联合国的一切合法权利，并立即将台湾国民党当局的代表从联合国的一切机构中驱逐出去。当这一决定公之于众时，会议大厅里响起了热烈的欢呼声，有人甚至跳起舞来。记者形容说“会场充满了‘中国万岁’的兴奋的龙卷风。就连美国驻联大代表也不得不承认；任何人都不能回避这样一个事实，刚刚投票的结果实际上确实代表着大多数联合国会员国的看法。”

1971年10月29日，中国政府发表声明，宣称这是美国20多年来顽固坚持剥夺我国在联合国合法权利的政策和在联合国内制造“两个中国”阴谋的破产，是毛泽东革命外交的胜利，是全世界人民和一切主持正义的国家的胜利。声明还提出中国政府即将派出自己的代表参加联合国的工作，同世

---

① 《人民日报》，1971年8月21日。

② 张其昀：《先总统蒋公全集》，第3册，第3097页。

界人民一道“为维护国际和平、促进人类进步的事业而共同奋斗”。① 处于极端愤怒之中的蒋介石，于联大决议案通过后的第三天，发表了《为联合国通过非法决议告全国同胞书》，书中云：

“本届联合国大会，竟自毁宪章的宗旨与原则，置公理、正义于不顾，可耻的向邪恶低头，卑怯的向暴力屈膝，则当年我国所参与艰辛缔造的联合国，今天业已成为罪恶的渊薮。”“对于本届大会所通过此违反宪章规定的非法决议”，“决不承认其有任何效力”。“我们国家的命运不操在联合国，而操在我们自己手中。”我们“对于主权的行使，决不受任何外来的干扰；无论国际形势发生任何变化，我们将不惜任何牺牲，从事不屈不挠的奋斗，绝对不动摇、不妥协。”②

1975 年 3 月，宋美龄也附和其夫言论，发表了《不要说它，但我们要说》的文章，宣称：“联合国一批会员国，乃可以听任感情驱使……采取集体行动，再度嘲弄联合国。我们不得不承认，我们极为成功地敲响了这个国际和平组织的丧钟。”

从蒋介石、宋美龄的上述宣泄中，可以看到 26 届联大之举已使他们愤怒到了极点，因而对联合国极尽攻击、指责，同时安抚因驱蒋案所造成的动荡的民心。然而事情不仅仅仅如此，继联大驱蒋案之后，台湾当局遭到空前未有的“外交”危机，几乎一夜之间就有 20 多个国家同台湾当局断交，就连台湾最主要的“外交盟友”日本也于 1972 年 9 月同其断“交”，转而承认中华人民共和国。截止到 1973 年 2 月，仅有 29 个国家与地区同台湾当局保持“外交”关系。时任“外交部长”的周书楷深感有无“外”可“交”之兆。一向以“庄敬自强”、“处变不惊”的蒋介石，此刻也不得不承认，这是国民党“迁台以来的最大挫折”。与失落的蒋介石相反，他的老对手毛泽东兴奋异常。当外交部请示要不要去联合国时，毛泽东立即表态：马上组团去。毛泽东还称：这是非洲黑人兄弟把我们抬进去的，不去岂不脱离群众。毛泽东把恢复联大席位看作是中国 1971 年的两大胜利之一（另一胜利指林彪集团跨台）。毛泽东还亲自点了乔冠华的将，任命他做团长。毛泽东

① 《人民日报》，1971 年 10 月 30 日。

② 张其昀：《先总统蒋公全集》，第 3 册，第 3757－3758 页。

何以点乔冠华将呢？

乔冠华 1933 年毕业于清华大学文学院哲学系，后留学德国，回国后一直跟随周恩来从事外交工作。建国后，他几乎参加了新中国成立后的所有重大外交活动，如朝鲜停战谈判、日内瓦会议、亚非会议、中印边界谈判、中苏谈判、沟通中美关系等。乔时任外交部长，他学识渊博，通晓外文，善于辞令，口才出众，加之他是国际问题专家和彬彬有礼的外交家，毛泽东认为出使联合国非他莫属。乔冠华在联大上的第一篇发言稿，最后也是由毛泽东和周恩来审定认可的。

1971 年 11 月 9 日，乔冠华一行出使联合国，周恩来、叶剑英同在京政治局委员亲到机场送行。同月 15 日，乔冠华出现在联合国大会上，各国记者都将镜头对准了中国代表团。在全场 30 秒钟的掌声和欢呼声中，乔冠华登上了联合国讲台，代表中国作了十分庄重的发言：中国在联合国席位的恢复是第三世界的胜利，是美国和日本政策的失败，说明革命是不可抗拒的历史潮流。台湾是中国领土的一部分，中国一定要解放台湾。

发言之后，全场一片沸腾，掌声经久不息。此时，在联合国总部前院的旗列中，自北端起的第 23 根旗杆上，高高飘扬着鲜艳的五星红旗。

在海峡两岸正统与非正统的争论中，最后又以中国共产党的获胜而告终。

随着“文革”的结束与中共十一届三中全会的召开，“一国两制，和平统一”祖国构想的提出，海峡两岸炮击停止，冷战对峙状态也趋向缓和，海峡两岸关系进入了新的历史阶段。

第三章　中国共产党“一国两制”战略构想的提出与实践

邓小平“一国两制”的构想是依据马克思主义关于社会发展不平衡的原理，从社会主义初级阶段的客观实际出发，在科学分析中美关系、国际形势与港澳台实际状况的基础上提出来的。研究“一国两制”的战略构想，就不能不首先研究台湾问题。因为邓小平在设计“一国两制”构想时，首先考虑的是要解决台湾问题，只是由于台湾问题的极端复杂性，此一构想才没有在解决台湾问题上取得重大突破，而是首先在香港问题上进行了成功实践。尽管“一国两制”构想首先在香港问题上进行了成功实践，但是，为什么解决台湾问题能够成为邓小平“一国两制”构想的出发点呢？据笔者研究，这是由于台湾问题的本质与中国共产党解决台湾问题的一贯政策所决定的。

一、“一国两制”战略构想的提出

20 世纪 70 年代末，国际国内形势一系列重大的变化，为中国共产党和平解决台湾问题提供了新的历史机遇。从国际上看，继 1971 年 10 月联合国大会驱蒋、恢复中华人民共和国在联合国的合法席位之后，世界上许多国家纷纷与中国建交，承认中华人民共和国是中国的唯一合法政府。新中国的国际活动空间日趋广阔，为解决台湾问题创造了一个宽松的外部环境。尤其是中美两个大国之间的关系从 70 年代初开始已逐渐由敌对走向缓和。至 1978 年 12 月，双方终于在美国同台湾“断交、废约、撤军”的原则下正式建立了外交关系。中美建交使美国在法律上已不再视台湾是一个“国家”，而是承认它为中华人民共和国领土不可分割的一部分，从而为消除美国在台湾问题上的障碍提供了现实的可能性。从国内看，继 1976 年 10 月粉碎“四人帮”结束“文化大革命”十年动乱之后，中国共产党又于 1978 年 12 月召开十一届三中全会，重新确立了实事求是的思想路线，决定把党的工作重心转移到社会主义现代化建设上来。此举在客观上要求有一个长期稳定的和平环境，同时也为“一国两制”科学构想的提出与实践创造了条件。

1.《告台湾同胞书》发表

众所周知，海峡两岸关系的松动是从中国共产党改变对台政策开始的。① 1977 年邓小平复出后，为了使中国社会主义建设有一个宽松的外部环境，他反复筹划着如何解决祖国统一问题。1978 年 12 月召开的中国共产党十一届三中全会摆脱了“左”的影响，在国共两党与海峡两岸关系上采取了务实的做法。十一届三中全会公报谈及中美关系时指出：“随着中美关系正常化，我国神圣领土台湾回到祖国怀抱、实践统一大业的前景，已经进一步摆在我们的面前。”

1979 年 1 月 1 日，中美正式建交，消除了解决台湾问题的最大国际障碍。台美“断交”之后，台湾海峡两岸的斗争形势已由以中美之间斗争为主，转变为主要是中国内部之间的矛盾。为此，为了进一步贯彻中国共产党十一届三中全会公报精神，全国人大常委员于 1979 年 1 月 1 日发表了《告台湾同胞书》，郑重宣布台湾回归祖国、实现国家统一的大政方针，其要点是：

第一，指出两岸分离使“民族、国家和人民都受到了巨大损失”，要求尽快结束“这种令人痛心的局面”。同时指出台湾同祖国的分离是“人为的，是违反我们民族的利益和愿望的”，提出不应回避现在摆在我们大家面前的“统一祖国这样一个关系全民族前途的重大任务”。

第二，强调在解决台湾问题时，一定要考虑台湾的实际情况，“尊重台湾现状和台湾各界人士的意见，采取合情合理的政策和办法，不使台湾人民蒙受损失”。

第三，提出“我们寄希望于一千七百万台湾人民，也寄希望于台湾当局”，并肯定“台湾当局一贯坚持一个中国的立场，反对台湾独立，这就是

---

① 《三中全会以来重要文献选编》（上），第 3 页，人民出版社，1982 年版。

我们共同的立场，合作的基础”。

第四，明确提出“首先应当通过中华人民共和国政府和台湾当局之间的商谈结束这种军事对峙状态，以便为双方的任何一种范围的交往接触创造必要的前提和安全的环境”。

第五，提出“双方尽快实现通航通邮”，“发展贸易，互通有无，进行经济交流”（“三通”的最初提法）。①

《告台湾同胞书》提出了结束两岸分裂状态，实现祖国和平统一的设想和主张，表达了中国共产党和中国政府对台湾回归祖国的大政方针、基本立场和基本态度。值得注意的是，《告台湾同胞书》中没有再使用“解放台湾”的提法，而是强调指出：“一定要考虑现实情况，完成祖国统一的大业。”②《告台湾同胞书》的发表，标志着中国共产党对台政策的真正改变，并为“一国两制”科学构想的提出奠定了基础。

2. “一国两制、和平统一”科学构想的提出

“一国两制、和平统一”科学构想是中国共产党在新时期的对台政策，在其形成过程中，邓小平的贡献最大。

就在全国人大常委会《告台湾同胞书》发表的当日，邓小平在全国政协座谈会上的讲话中明确提出：“今天把台湾回归祖国、完成祖国统一的大业提到具体的日程上来了。”③ 国防部长徐向前也于当日命令福建前线部队：“从今日起停止对大金门、小金门、大担、二担等岛屿的炮击”。④ 至此，台湾海峡两岸结束了隔海炮战的局面，开始了祖国和平统一的新时期。

邓小平在考虑解决台湾问题时，是非常注意尊重台湾现实的。同年1月2日，邓小平在会见美国众议院访华团时指出：“我们尊重台湾的现实，我们允许包括美、日在内的各国同台湾继续保持民间贸易、商务、投资等关系，但中华民国的旗子总要降下来才行。我们不允许有什么‘两个中国’。”邓小平还指出：“统一祖国，这是全中国人民的夙愿。”但是，“我们不再用‘解放台湾’这个提法了，只要台湾回归祖国，我们将尊重那里的现实和现

① 《人民日报》，1979年1月1日。
② 《一个国家两种制度》，第1辑，第21页，中国文史出版社，1988年版。
③ 《人民日报》，1979年1月2日。
④ 《人民日报》，1979年1月1日。

行制度”。① 同年1月30日，邓小平在美中友协和全美华人协会奉行的招待会上的讲话中指出：“一定考虑台湾的现实，重视台湾人民的意见，实行台湾合理的政策。”② 同年10月18日和12月6日，邓小平分别会见日本朝日新闻社社长渡边诚毅和日本首相大平近方时指出：“我们提出台湾的社会制度不变，可以继续保持着资本主义生活方式，包括它的军队！③ 台湾与外国的民间关系不变，包括我国在台湾的投资、民间交往照旧。”台湾作为一个地方政府，可以拥有自己的防卫力量、军事力量。条件只有一条，那就是，台湾要做中国不可分的一部分。④

这是邓小平首次提出统一后台湾的社会制度问题。由此可见，中共和平解决台湾问题的方针由“和平解放”到“和平统一”，绝不仅仅是提法上的改变，而是遵循实事求是的思想路线，以中华民族的最高利益为出发点，在考虑到台湾现状和台湾人民切身利益的基础上所做出的重大战略调整。这一转变说明：中国共产党在新的历史时期，对台湾的社会制度及其在中华民族社会发展进程中的地位和作用，都有了新的认识和估计，并以此为基点提出了和平解决台湾问题的新对策。从这个意义上说，中国共产党在新时期关于“和平统一”大政方针的提出，是探索和平统一祖国道路上的一次历史性的飞跃。

在和平统一祖国的大政方针基础上，中国共产党自80年代开始又进一步提出了“一国两制”的科学构想，把和平解决台湾问题的政策上升到了理论高度。

1980年1月1日，邓小平在全国政协举行的新年茶话会上指出：在80年代中，要把台湾回归祖国，完成祖国统一大业始终放在重要日程上。《告台湾同胞书》宣告的大政方针不是权宜之计，非统战攻势，而是从民族利益出发，考虑现实条件。希望蒋经国能审时度势，打破顾虑，顺应历史潮流。⑤

---

① 《人民日报》，1979年1月3日。

② 《人民日报》，1979年1月31日。

③ 香港，《大公报》，1979年10月21日。

④ 《邓小平建设有中国特色社会主义的论述摘编》，第306页

⑤ 《人民日报》，1980年1月2日。

1981年9月30日，全国人大常委会委员长叶剑英向新华社记者发表谈话，代表中国政府提出关于台湾回归祖国，实行和平统一的9条方针，主要内容是："为尽早结束中华民族陷入分裂的不幸局面，我们建议举行中国共产党和中国国民党两党对等谈判，实行第三次合作；""国家统一后，台湾可作为特别行政区，享有高度的自治权，并可保留军队；""台湾现行社会、经济制度不变，生活方式不变；"台湾当局与各界代表人士可"参与国家管理"；两岸"互通音讯、亲人团聚，增进了解"；欢迎各界人士到大陆投资、定居，"保证妥善安排，不受歧视"。①

1982年1月11日，邓小平在接见海外朋友时，第一次把中共中央关于和平统一祖国的构想概括为"一国两制"。他说："九条"是以叶剑英委员长名义提出来的，实际上就是"一个国家，两种制度"。②

1983年6月26日，邓小平在会见美国新泽西州西东大学教授杨力宇时，详细谈到了大陆和台湾统一的6条设想："祖国统一后，台湾特别行政区可以有自己的独立性，可以实行同大陆不同的制度。司法独立，终审权不须到北京。台湾还可以有自己的军队，只是不能构成对大陆的威胁。大陆不派人驻台，不仅军队不去，行政人员也不去。台湾的党政军等系统，都由台湾自己来管。中央政府还要给台湾留出名额。"③

与此同时，中共中央总书记胡耀邦也十分关注祖国统一问题：他在1981年10月9日首都各界纪念辛亥革命70周年大会上的讲话中，提出"尽快结束台湾同祖国大陆分离"的局面，并愿以共产党负责人的身份，"邀请蒋经国先生、谢东闵先生、孙运璇先生、蒋彦士先生、高魁元先生、蒋纬国先生、林洋港先生，邀请宋美龄女士、严家淦先生、张群先生、何应钦先生、陈立夫先生、黄杰先生、张学良先生，以及其他各位先生……亲自来大陆和故乡看一看"。胡耀邦还说：国共两党在历史上有过两次合作，但都破裂了，责任不在中国共产党，我们不想算旧账，让过去的一切都过去吧。④

---

① 《人民日报》，1981年10月1日。

② 中共中央文献研究室、中央电视台：《邓小平》，第237页，中央文献出版社，1997年版。

③ 《邓小平文选》，第3卷，第30－31页，人民出版社，1993年版。

④ 《人民日报》，1981年10月10日。

胡耀邦还告诉蒋经国，不仅一再修葺中山陵，而且奉化茔墓修复一新，其他国民党高级官员的家属都得到了妥善的安置。

1982年7月24日，廖承志先生亲自致函蒋经国，信中与蒋经国重叙友情：“咫尺之隔，竟成海天之遥。南京匆匆一晤，瞬逾36载，往事历历在目。惟长年未通音问，此诚憾事。”廖承志迅即指出：“3年以来，我党一再倡议贵我两党举行谈判，同捐前嫌，共竟祖国统一大业。惟弟一再声言‘不接触、不谈判、不妥协’，余期期以为不可。”告诫他不要被外人“巧言令色”所惑，“当断不断，必受其乱”，劝其放弃所谓“投降”、“吃亏”、“上当”之说。他建议蒋经国“试为贵党计，如能依时顺势，负起历史责任，毅然和谈，达成国家统一，则两党长期共存，互相监督，共图振兴中华之大业”。信的最后针对蒋经国有“切望父灵能回到家园与先人同在”之语，提出蒋介石的灵柩在“统一之后，即当迁安故土，或奉化，或南京、或庐山，以了吾弟孝心”。①

上述事实表明：中共十一届三中全会以来，对台政策较之以前发生了根本性的变化：

第一，由“一定要解放台湾”转变为“和平统一，一国两制”。自新中国成立至中共十一届三中全会之前，中共一直使用“一定要解放台湾”的口号，三中全会后提出“和平统一，一国两制”的方针，这就在实际上不仅承认国民党统治台湾的现实，而且承诺在台湾与大陆和平统一后，同样尊重这一现实，与台湾当局长期合作。

第二，由“愿意同台湾当局协商和平解放”转变为建议举行两党、两岸“平等谈判，共同完成祖国统一大业”。按原来构想，以和平方式解决台湾问题后，要按大陆方式进行社会民主改革，最后在台湾实现社会主义制度，因此谈判对象是台湾地方当局。邓小平对此次平等谈判解释为：不是中央与地方谈判，“不是我吃掉你，也不是你吃掉我，我们希望国共两党共同完成民族统一”。

1995年1月31日，江泽民在《为促进祖国统一大业完成而继续奋斗》的讲话中，进一步提出：“在和平统一谈判的过程中，可以吸收两岸各党

① 《人民日报》，1982年7月25日。

派、团体有代表性的人士参加。”江泽民之所以改变国共谈判的说法，是因为随岛内形势发展，已出现70多个政党与若干政团，民进党大有夺权之势，国民党已不可能一手遮天。如仍以国民党为谈判对象，不仅不能反映岛内民意，而且不利于台湾未来的发展。将两党谈判改为两岸谈判，不仅符合海峡两岸关系的现状，而且具有前瞻性。至于谈判的名义，经过两岸共同协商，必将会找到“双方都认为合适的办法”。

第三，确立了以国家民族利益为最高原则解决两党和两岸关系问题。这就充分表现了中国共产党人以民族大义为重，主动捐弃两党前嫌，以尽快实现祖国统一的真诚愿望。

中共对台政策何以会发生如此深刻的变化呢？据笔者研究：

从主观上讲，是中国经济建设发展的需要。中共十一届三中全会总结了建国20多年的经验教训，提出将“工作重点转移到以经济建设为中心的社会主义现代化建设上来”，并重提实现“四个现代化”口号。1982年9月召开的中共十二大又提出在本世纪末实现工农业总产值翻两番的宏伟计划。要实现上述目标，就必须有一个安定的环境。要创造一个安定的和平环境，就必须将对台的武力政策改为和平解决，逐渐消除两岸的敌对情绪，共同携手为振兴中华而努力。

从客观上讲，是国民党自身形象与美国对华政策均有所变化。就国民党而言，自退守台湾以来，不断反省在大陆失败的原因与教训，并且苦心经营，使台湾经济进入起飞阶段。经济状况的改善与民众生活的提高，使国民党在民众心目中的形象有所改善。最重要之点还在于国民党始终坚持一个中国原则与反对“台独”及一切分裂活动。与此同时，美国对华政策的改变与美台“断交”也为和平解决台湾问题创造了有利的条件。

二、“一国两制”构想的科学内涵及理论基础

1. “一国两制”构想的科学内涵

“一国两制”构想萌芽于中共十一届三中全会前后，基本形成于1981年9月至1983年6月间，进一步系统化、理论化于1984年后。“一国两制”构想的基本内容，以及提出这一构想的背景条件、依据、前景、意义

等，在邓小平会见外国客人和港澳同胞的一系列谈话中和其他有关历史文献中得到精辟阐述。“一国两制”构想的基本原则，在中华人民共和国香港特别行政区基本法和澳门特别行政区基本法中得到具体体现。“一国两制”构想的伟大意义，已经为越来越多的海内外炎黄子孙和国际上有识之士所认识。

“一国两制”的前提是祖国统一，主体是社会主义，立足点是和平解决台湾、香港、澳门问题，其实施具有长期性、稳定性、合法性。这一构想坚持了一个中国的原则立场，坚持用和平方式解决台、港、澳问题，充分尊重历史和现实，尽可能照顾有关方面利益，符合中华民族的根本利益和祖国统一的历史潮流，有利于早日实现祖国统一大业，也有利于保持台、港、澳地区的繁荣稳定和继续发展，具有重大的历史意义和广泛的现实基础。

从一般意义上说，“一国两制”是指根据宪法的规定，在一个统一的国家内，实行两种不同的政治、经济和社会制度，谁也不吃掉谁，相互尊重，共同繁荣。作为有中国特色社会主义理论重要组成部分的“一国两制”构想，则有其特定的科学涵义。“具体说，就是在中华人民共和国内，十亿人口的大陆实行社会主义制度，香港、台湾实行资本主义制度。”① 大陆实行的社会主义制度和台湾、香港、澳门实行的资本主义制度，将在相当长的一段时间内和平共处，互不伤害，互不吃掉对方，互相沟通和交流，共同促进祖国的繁荣富强。“一国两制”构想具有以下四个基本点：

其一，一个中国。世界上只有一个中国，台湾是中国不可分割的一部分，这是举世公认的事实，也是和平解决台湾问题的前提。实行“一国两制”就是要坚持一个中国原则，“问题的核心是祖国统一”②。国家的领土主权是不可分割的，必须完全统一。中华人民共和国中央人民政府拥有国家主权，是唯一能够在国际上代表中国的合法政府。统一后的台湾、香港、澳门地区分别作为特别行政区，根据宪法和法律的规定，可以享有其他地区没有而为自己所特有的除国家主权以外的诸多自治权力，包括行政管理权、地方财政权、立法权、独立的司法权和终审权，以及很大的外事权，并可以统

① 《邓小平文选》，第3卷，第58页，人民出版社，1993年版。
② 《邓小平文选》，第3卷，第30页。

一国家的一个地区的名义，同其他国家和地区保持和发展双边经济关系、进行文化等方面的交往，参加各种民间及国际组织等。台湾特别行政区还可拥有自己的军队，但“条件是不能损害统一的国家的利益”①。统一是个大前提。这几个享有充分自治权的特别行政区必须是统一的中华人民共和国的组成部分，是中华人民共和国中央政府管辖之下的地方政府，不带有任何政治实体性质，不能行使国家主权，不能实行所谓的“完全自治”或“一国两府”。否则“就是‘两个中国’，而不是一个中国”②，就是走向分裂，而不是迈向统一。总之，“制度可以不同，但在国际上代表中国的，只能是中华人民共和国”③。

其二，两制并存。“在一个中国的前提下，大陆的社会主义制度和台湾的资本主义制度，实行长期共存，共同发展，谁也不吃掉谁。”④ 中央的这种考虑主要是基于照顾台湾的现状和台湾同胞的实际利益。这将是统一后的中国国家体制的一大特色和重要创造。当然，“一国两制”的主体是社会主义。在统一的国家内，社会主义制度和资本主义制度并存，但有主体与非主体之分。即：实行社会主义制度的大陆地区是中华人民共和国的主体部分，行使国家权力职能；继续实行资本主义制度的台湾、香港、澳门地区是中国的特别行政区，行使地方政府的权力职能。也就是说，“两制”中的社会主义是主体，资本主义是非主体。这不是任何人主观意志决定的，而是近现代中国历史发展的必然。一百多年来的实践证明，使中国摆脱半殖民地半封建社会的屈辱地位的不是其他什么主义，而是社会主义。只有社会主义才能救中国和发展中国。拥有13亿人口的大陆在长期奋斗中走上了社会主义道路，并正在卓有成效地进行现代化建设，社会主义制度理所当然地成为“一国两制”的主体。台湾、香港、澳门经济比较发达，但人口约占大陆人口的2%，面积约占大陆面积的3%，显然，无论它们怎样发展，也绝对不可能在全国经济中占主导地位，不可能改变中国的社会主义性质。它们现行的资本主义制度不可能成为“一国两制”的主体。总之，必须“确定整个国家

① 《邓小平文选》，第3卷，第30页。
② 《邓小平文选》，第3卷，第30页。
③ 《邓小平文选》，第3卷，第30页。
④ 国务院台办、新闻办：《台湾问题与中国的统一》，载《人民日报》，1993年8月31日。

的主体是社会主义”①，“是有中国特色的社会主义制度”②。正因为中国共产党坚持建设有中国特色的社会主义，“所以才制定‘一国两制’的政策，才可以允许两种制度存在”③，才有利于保持台湾、香港、澳门地区的繁荣稳定和实现祖国的和平统一。

其三，高度自治。“统一后，台湾将成为特别行政区。它不同于中国其他一般省区，享有高度的自治权。它拥有在台湾的行政管理权、立法权、独立的司法权和终审权；党、政、军、经、财等事宜都自行管理；可以同外国签订商务、文化等协定，享有一定的外事权；有自己的军队，大陆不派军队也不派行政人员驻台。特别行政区政府和台湾各界的代表人士还可以出任国家政权机构的领导职务，参与全国事务的管理。”④

实行两制并存、高度自治，并非是权宜之计，而是一个长期的战略方针。从这个意义上讲，“一国两制”的实施具有长期性、稳定性、合法性。在统一主权的社会主义中国，“允许一些特殊地区搞资本主义，不是搞一段时间，而是搞几十年、成百年”。⑤ 这是“一国两制”的不可或缺的一个方面。具体说，就是允许统一后的台湾、香港、澳门特别行政区继续实行资本主义制度，使其在50年以至更长的时间里与大陆实行的社会主义制度和平共处、互不伤害、互相促进、共同发展。这种做法并非突发奇想，而是与大陆实行的改革开放政策和三步走的经济发展战略相一致的。在50年以至更长的时间里，允许台湾、香港、澳门继续实行资本主义制度，不仅有利于保持这些地区的繁荣稳定，也将对大陆的社会主义现代化建设起有益的补充作用。50年以至更长时间里，中国实现了现代化，成为中等发达国家，台湾、香港、澳门在整个国家经济上的比重更小了，“一国两制”就更没有变的理由。“如果有什么要变，一定是变得更好”⑥，更有利于台湾、香港、澳门的发展，而不会损害这些地区人民的利益。这一原则已载入国家宪法和有关基

---

① 《邓小平文选》，第3卷，第219页。
② 《邓小平文选》，第3卷，第218页。
③ 《邓小平文选》，第3卷，第217页。
④ 国务院台办、新闻办：《台湾问题与中国的统一》，载《人民日报》，1993年8月31日。
⑤ 《邓小平文选》，第3卷，第219页。
⑥ 《邓小平文选》，第3卷，第73页。

本法，受到宪法和法律的保障，具有长期性、稳定性、合法性。因此，即使在实行不同制度的地区之间，或在中央人民政府和特别行政区政府之间出现了矛盾和纷争，也将在不损害国家和民族根本利益的前提下，通过法律程序来解决，而不是诉诸武力，以保证大陆地区和特别行政区的和平、稳定、繁荣和发展。

其四，和平谈判。“通过接触谈判，以和平方式实现国家统一，是全体中国人的共同心愿。两岸都是中国人，如果因为中国的主权和领土完整被分裂，兵戎相见，骨肉相残，对两岸的同胞都是极其不幸的。和平统一，有利于全民族的大团结，有利于台湾社会经济的稳定和发展，有利于全中国的振兴和富强。”①

“一国两制”构想的立足点是通过和平方式解决台湾、香港和澳门问题。“世界上一系列争端都面临着用和平方式解决还是用非和平方式来解决的问题。”② 台湾问题同香港问题、澳门问题的性质不同，却都同样存在一个用什么方式来解决的问题，是战争手段还是和平方式？“一国两制”构想的立足点正是在于通过有关方面的和平谈判，通过允许统一后的台湾、香港、澳门保持其原有政治、经济和社会制度，来求得台、港、澳问题的和平解决。“这样能向人民交待，局势可以稳定，并且是长期稳定，也不伤害哪一方”③。当然，这里强调用和平方式解决台湾、香港和澳门问题，与不承诺不采取非和平手段的解决方式并不相悖。实际上，不承诺不采取非和平手段的解决方式，正是为了更好地促进和平谈判的解决方式。其理由：一是涉及国家主权，不能对任何外国承诺不采取非和平手段的解决方式。二是避免自缚手脚，防止一旦发生不利于祖国统一的紧急情况时出现无能为力的被动局面。

以上四点是“一国两制、和平统一”战略构想的科学内涵。中共中央在制定这一战略构想的过程中，用“一国两制”的方式解决台湾问题不容任何外国势力插手。

---

① 国务院台办、新闻办：《台湾问题与中国的统一》，载《人民日报》，1993年8月31日。

② 《邓小平文选》，第3卷，第59页。

③ 《邓小平文选》，第3卷，第49页。

台湾自古就是中国不可分割的一部分，近几十年来同大陆的分离是人为的。尽快结束海峡两岸的分离状态，完成祖国统一大业，是包括台湾同胞在内的全中国人民的神圣职责。台湾问题与香港问题、澳门问题不同，不是恢复行使主权，而是实现和平统一问题，这是中国政府的一贯立场。用什么方式解决台湾问题，完全是中国内政，任何外来的干涉阴谋都是中国人民所坚决反对的，也是注定不能得逞的。中国政府坚持用和平方式解决台湾问题，但不能放弃用非和平的方式统一台湾，也决不向任何外国势力作不对台湾行使武力的承诺。总之，实现海峡两岸的和平统一需要两岸的执政党、其他党派、社会团体、各界人士和全体中国人的共同努力，“但万万不可让外国插手，那样只能意味着中国还未独立，后患无穷”。①

“一国两制”构想清晰地勾画出了和平统一祖国的最佳蓝图，开辟了积极稳妥地解决台、港、澳问题，实现祖国和平统一的可行途径。

2. “一国两制”构想的理论基础

“一国两制”构想，是以邓小平为代表的中国共产党人从现当代国际局势出发，从我国目前所处的社会主义初级阶段实际出发，从台湾、香港、澳门的历史和现状出发，创造性运用和发展了马克思主义而提出来的一种崭新的构想。它依据马克思主义的基本原理，又以独创性的内容丰富了马克思主义的理论宝库。

第一，“一国两制”构想是对唯物辩证法关于对立统一规律原理，以及历史唯物主义关于生产关系一定要适应生产力状况规律原理的运用和发挥。

大陆和台、港、澳地区实行的不同社会制度无疑是对立的，但在许多方面又具有同一性。具体表现为：在民族感情上，大陆人民同台、港、澳同胞虽然长期分离，却都渴望早日实现祖国统一，振兴中华；在政治上，国共两党虽然存在着严重分歧和争论，却都坚持一个中国的立场，赞成用和平方式统一祖国；在经济上，大陆与统一后的台、港、澳能够互助、互利、互补。正因为如此，国内两种本来互相对立的社会制度之间的矛盾，将不呈现外部对抗的形式，而能够和平共处于一个统一的祖国母体中，并且能够互助、互利，共同发展。不能否认，共处于统一的祖国母体中的两种不同社会制度是

① 《邓小平文选》，第3卷，第31页。

有矛盾和斗争的，但这种矛盾和斗争是在祖国统一、民族振兴这一共同利益之下存在的。这种由于存在两种制度差别而必然要产生的矛盾和斗争，只要处理得好，就不会扩大和激化，就不会发展到外部剧烈的对抗，以至破坏祖国统一。由于“一国两制”的实施有宪法和法律作保障，由于国家政权在一定条件下能起着阶段斗争“调停人”的作用，所以，实行两种不同社会制度的地区如果发生矛盾纷争，可以通过和平的法律的途径加以解决，也可以通过国家政权予以调解缓和。并且，由于“一国两制”是以互谅互让、互不吃掉对方为条件的，因而在客观上已经大大减少了两种制度发生剧烈的外部对抗形式的可能性，即使出现了矛盾，也比较容易得到解决。

生产关系一定要适应生产力状况是社会发展的基本规律。我们既要看到大陆现行的生产关系具有资本主义生产关系不可比拟的优越性，也要看到台、港、澳现行的资本主义生产关系在一定时期内还有其相对的稳定性，大体上还是适应其本地区生产力发展的，并且还有一定的潜力和余地。在这种情况下，在一定时期内保存台、港、澳地区的资本主义生产关系，仍然会对这些地区的生产力发展起积极作用。虽然生产力发展水平是决定生产关系性质和实行某种社会制度的根本因素，但由于客观事物是复杂的，事物的发展是不平衡的，因此，具体到一个国家在一定历史时期实行一种或多种生产关系、生产方式和社会制度，则不仅取决于生产力发展水平，还要取决于历史和现实的具体条件。我国是一个幅员辽阔的国家，由于历史和现实的社会原因，全国各地区之间的差别很大，加上处于新旧社会交替时期，社会主义与资本主义的两种生产关系、两种生产方式在较长时期内交叉和并存是一种客观事实，而两种生产关系的交叉和并存必然会影响或反映到政治、法律制度上来。“一国两制”在祖国统一的前提下，在以社会主义生产方式以及与之相适应的政治、法律制度为主体的情况下，允许国家中的个别地区保留历史上形成的资本主义生产方式以及与之相适应的政治法律制度，无疑对促进台、港、澳地区生产力发展，保持其繁荣稳定是有利的。此外，用“一国两制”的方式实现祖国和平统一，还可以避免战争破坏，从而更好地保持和发展台、港、澳已有的生产力。同时，对大陆更好地借鉴和吸收西方资本主义国家的先进科学技术和管理经验，促进大陆社会生产力的发展，也是有好处的。

第二，“一国两制”构想是以马克思主义国家学说为基础，并发展了这一理论。

“一国两制”的基本内容是：在一个中国的前提下，国家的主体坚持社会主义制度；香港、澳门、台湾是中华人民共和国不可分离的部分，它们作为特别行政区保持原有的资本主义制度长期不变。在国际上代表中国的，只能是中华人民共和国。这个基本内容说明，邓小平关于“一国两制”的构想，既坚持了马克思主义关于国家的学说，又是在新的形势下，对马克思主义国家学说的创造性发展。

其一，坚持国家主权的完整统一，找到了在中国现实条件下实现国家主权和完整统一的最佳模式。自国家产生以来，任何国家在任何时候，其存在的基本条件就是领土、居民和主权。国家主权的完整统一，是国家荣辱的象征，因而是国家的头等大事。对此，党中央和邓小平历来都是非常重视的。邓小平在1982年9月24日，会见英国首相撒切尔夫人时就首先表明了我们的原则立场。他指出：香港问题，首先是主权问题。“主权问题不是一个可以讨论的问题。”① 实行“一国两制”的前提是“一国”，即中华人民共和国。“一国两制”的实质，就是用政权相对独立的方式来解决我国主权统一问题，解决香港、澳门、台湾回归祖国的问题。中华人民共和国中央人民政府对香港、澳门、台湾拥有行使国家主权的权力。实行“一国两制”，在香港、澳门、台湾谁来行使“治权”呢？邓小平在谈到香港在中国恢复行使主权后实行“港人治港”时指出：“必须由以爱国者为主体的港人来治理香港。”这个谈话精神，当然也适用于回归祖国后的澳门和台湾。这种“治权”是不是“完全自治”呢？当然也不是。因为实行所谓“完全自治”，就不能保证国家主权的完整统一，有人就可能借此推行“两个中国”、“一国两府”、“一中一台”、“台湾独立”的图谋，就会损害包括台湾人民在内的全体中国人民的共同利益。因此，邓小平同志明确指出：“我们不赞成台湾‘完全自治’的提法。自治不能没有限度，既有限度就不能‘完全’。‘完全自治’就是‘两个中国’，而不是‘一个中国’。制度可以不同，但在国际

① 《邓小平文选》，第3卷，第12页。

上代表中国的只能是中华人民共和国。"① 上述内容说明，"一国两制"的构想，既体现了马克思主义关于国家主权的思想，又找到了在现实条件下中国实现主权完整统一的切实可行之路，代表了包括港、澳、台同胞在内的全体中国人民的共同利益。

其二，坚持国家主体社会主义不变，实行"两制"共存，有利于整个中华民族共同走向繁荣、富强。坚持国家主体社会主义不变，实行"两制"共存，是我们实行"一国两制"的现实根据和基础，是建设有中国特色社会主义的一个重要体现。这样做既符合全体中国人民的现实利益又符合全体中国人民的长远利益。中华人民共和国的主体或根本制度，就是社会主义的经济、政治制度。这是中国人民在长期的斗争中所做出的正确选择。在邓小平构想的"一国两制"中，国家的主体制度是社会主义制度，这是我们实行"一国两制"的前提和基础。只有坚持这一点，实行"一国两制"的结果，才能既有利于国家主体制度社会主义的发展，又有利于港、澳、台地区的稳定和繁荣，最终有利于整个中华民族的团结、繁荣和进步。对此，邓小平多次进行了明确而深刻的阐释。他说："我们对香港的政策长期不变，影响不了大陆的社会主义。中国的主体必须是社会主义，但允许国内某些区域实行资本主义制度，比如香港、台湾。"又说："主体地区是十亿人口，台湾近2000万，香港是550万，这就有十亿同2500万的关系问题。主体是很大的主体，社会主义是十亿人口的社会主义，这是个前提，没有这个前提不行。在这个前提下，可以允许自己的身边，在小地区和小范围实行资本主义。我们相信，在小范围内允许资本主义存在，更有利于发展社会主义。"由此可以看出：党中央和邓小平同志之所以能够提出"一国两制"的科学构想，是建立在人民对社会主义，对中国共产党的拥护的坚实基础上。坚持社会主义的主体不变，实行"一国两制"的结果，必将有利于我国主体社会主义的发展，又有利于香港、澳门和台湾的稳定和繁荣。最终有利于在坚持社会主义的前提下实现中华民族的统一、团结、繁荣和进步。

其三，"一国两制"的实施，必将有利于我国社会生产力的发展和社会的全面进步。马克思主义认为，判断一种国家制度及其实行的基本国策正确

① 《邓小平文选》，第3卷，第30页。

与否、进步与否，归根到底要看它是否有利于社会生产力的发展，是否有利于社会的全面进步。现实和今后的实践都将证明，实行“一国两制”确实是一项高瞻远瞩的正确决策。如果“一国两制”的构想能顺利实施，必将有利于我们更好地学习吸收、利用港、澳、台的先进技术和经验，来推动我国经济、政治、科学、技术、文化的发展，必将使中华民族成为雄居世界东方的统一的强大的伟大民族。祖国强大了，整个中华民族在诸多方面发展上，都走在世界各国的前列，哪一个热爱祖国的华夏儿女不感到由衷的喜悦和自豪呢?“一国两制”科学构想提出之后，能够获得华夏儿女广泛的赞同和支持，能够在香港、澳门顺利地得到实施，其最深厚的根源就在于，越来越多的华夏儿女都逐步认清了一个真理：“一国两制”是现实条件下实现祖国统一，团结起来共谋发展、共谋繁荣，走中国和世界历史发展必由之路的最佳模式。

总之，“一国两制”，坚持了国家的主权统一，找到了在现实条件下我国实现国家主权完整统一的最佳模式；“一国两制”，坚持了有利于社会生产力发展和社会全面进步的客观标准，最终有利于一个强大的社会主义中国雄居于世界东方。因此，我们说，邓小平“一国两制”的科学构想，是在新的历史条件下，从中国的实际出发，对马克思主义国家学说的一个创造性发展。

第三，继承和发展了毛泽东关于正确处理人民内部矛盾的学说。

邓小平“一国两制”的科学构想继承并发展了毛泽东关于正确处理人民内部矛盾的学说。毛泽东认为：“人民”这个概念在不同历史时期有着不同的内容，应该从国家和人民的根本利益出发正确处理人民内部矛盾以及用民主的方法正确解决人民内部矛盾。“一国两制”的科学构想，在理论上和实践上都发展了毛泽东关于正确处理人民内部矛盾的学说，特别是丰富了毛泽东关于人民“在不同历史时期有着不同的内容”这一重要思想。

毛泽东同志关于正确处理人民内部矛盾学说中的一个基本观点是：人民内部矛盾是在人民利益根本一致基础上的矛盾，人民的根本利益“在各个革命时期和社会主义建设时期有着不同的内容”。这一重要思想，正确地区分了矛盾的性质，并且把人民的根本利益同民族的根本利益有机地结合起来，尽可能地化消极因素为积极因素，为建设社会主义现代化服务。

由于种种原因，中国统一的任务至今尚未完成。完成祖国统一大业是中华民族的根本利益所在，是海内外炎黄子孙的共同心愿，是新中国成立以来历届领导人心中的宏愿。早在全国人大常委会《告台湾同胞书》中就提出："爱国一家"，"统一祖国人人有责"，"希望台湾当局以民族利益为重"的号召。在实现包括港、澳、台在内的祖国统一大业问题上，邓小平"一国两制"的科学构想正是从民族利益与人民的根本利益出发的，具有鲜明的人民性和民族性特征。邓小平多次谈到，完成祖国统一事业是海峡两岸人民的共同愿望，实现国家统一是民族的愿望，只有用"'一国两制'和平的方式实现统一，才能对各方都有利"①。可见，从人民的根本利益出发办事，既是邓小平的一贯思想，又是他"一国两制"构想的基本立脚点。正因如此，我们党又进一步提出，实现祖国统一之后，港澳台地区的现行社会经济制度不变，生活方式不变，同外国的经济、文化关系不变的"三不变"原则。这是从国家和民族的根本利益出发，既尊重事实，又考虑到各方面的利益，从而圆满地解决了港澳问题，并继续保持了香港回归后的繁荣和稳定。

我们知道，处理好香港问题，不仅涉及到香港自身的繁荣能否保持和发展，而且关系到内地经济能否继续走向繁荣，关系到世界经济发展的大格局。香港是中国的香港，也是世界的香港。我们采用"一国两制"的办法是英明的，这种具有中国特色的国家构成形式，符合包括香港同胞在内的全中国人民的当前利益和中华民族的长远利益，有利于维护国家的整体利益和港澳台地区的特殊利益，并为解决国际争端提供了光辉的范例。

为了切实维护中华民族的整体利益，邓小平"一国两制"的科学构想，完全是建立在独立自主、自尊、自强的民族精神上的，具有鲜明的民族性。邓小平强调，台湾问题是中国人与中国人之间的事情，坚决反对任何企图通过制造"两个中国"、"一中一台"的图谋和言行，反对任何外国势力插手台湾问题。② 他还指出，中国人有能力解决好自己的事，有能力管理自己的国家。"不要总以为只有外国人才能干得好，要相信我们中国人自己是能干好

① 《邓小平文选》，第3卷，第59页。
② 《邓小平文选》，第3卷，第31页。

的。”① 这充分表达了中国人民维护国家主权和领土完整不可动摇的坚定立场。

“一国两制”的构想还发展了毛泽东关于“从国家和人民的根本利益”出发，正确处理人民内部矛盾的思想。在正确处理人民内部矛盾学说中，毛泽东还提出一个重要原则，这就是采用不同的方法解决不同性质的矛盾的原则。在不同的历史时期，适时、科学地界定人民的范围，正确区分矛盾的性质，是解决矛盾的前提；用不同的方法解决不同性质的矛盾，才能正确处理社会存在的各种矛盾，以推动社会不断向前发展。毛泽东同志指出：“用不同方法解决不同的矛盾，这是马克思列宁主义必须遵循的一个原则。”② 关于解决人民内部矛盾的方法，毛泽东强调指出，一定要从团结的愿望出发，经过批评或斗争使矛盾得以解决，在新的基础上达到新的团结，即经过“团结——批评——团结”的过程；强调解决人民内部矛盾，要用民主的方法、说服教育的方法。这些重要思想，既是对我党历史经验的科学总结，又是被历史实践证明是正确的结论。例如，在社会主义实践中，毛泽东全面地考察了我国的政治、经济和文化思想领域中的具体矛盾，提出了一系列具体的方针政策。在国家经济生活中，采取兼顾国家、集体、个人三者利益的方针；在共产党与民主党派的关系上，实行“长期共存、互相监督”的方针；在科学文化工作中实行“双百”方针，等等。在中国这样一个人口众多，经济、文化发展不平衡且相对落后的国家里，无论是进行社会主义革命和社会主义建设，如果不能正确处理人民内部矛盾，社会主义现代化建设便不可能顺利进行。

在建设有中国特色社会主义的新时代，人民的范围和对象扩大了，人民内部矛盾也增加了新的内容。在这种情况下，如何妥善地处理这些矛盾，尤其是无产阶级与拥护祖国统一的资产阶级的矛盾，是关系到祖国统一、富强的重大问题。根据新情况、新问题，邓小平指出：“就香港来说，用社会主义方式去改变香港，就不是各方都接能受的。”同样，用“所谓‘三民主义统一中国’也是不现实的”③。只有以实现祖国统一为前提的“一国两制”，

① 《邓小平文选》，第3卷，第60页。

② 邓小平：《建设有中国特色的社会主义》（增订本），第18页，人民出版社，1984年版。

③ 邓小平：《建设有中国特色的社会主义（增订本）》，第18页。

才是包括港澳台在内的“各方面都能接受”的方法。可见，“一国两制”是在统一国家内，实行社会主义和资本主义两种制度的和平共处。拥有13亿多人口的祖国内地实行的是社会主义制度，这是国家的主体，资本主义制度只限于在有3000多万人口的港澳台地区实行，既有明确的地域之分，又有明确的主体与非主体之别。在国家主体是社会主义制度的前提下，允许一小部分地区继续实行资本主义制度，并不会影响和动摇国家的主体，相反更有利于发展社会主义。但是，强调社会主义制度的主体性，并不意味着短期内社会主义要取代非主体的港澳台地区的资本主义，而是两种制度要在相当长的时期内和平共处，互不伤害，“你不吃掉我，我不吃掉你”，两种不同性质的社会制度共处于一个统一体中，互相交流，互相促进，共同发展，共同为中华民族的腾飞作出贡献。这里特别需要指出的是，用“一国两制”方针来解决港澳台问题，在统一国家内，两种制度的和平共处，决不是玩弄手法，也决不是一时的权宜之计，而是长期不变的基本国策。这项基本国策已为我国宪法所确认。邓小平和我国其他领导人也一再表示，这项基本国策50年不变，50年后也不会变，“我们讲‘50年’不是随随便便、感情冲动而讲的，是考虑到中国的现实和发展的需要”①，这一庄严承诺先后写进了中英、中葡两国关于港澳问题的《联合声明》中。这两项《联合声明》均在联合国备了案，具有国际法律效力。至于将来整个中国是否要实行同一种社会制度，那要由中国人民，包括港澳台人民自己选择，正如邓小平说的那样，实行“一国两制”之后，“留下来的问题就是和平竞赛，让人民去最终选择。不是打仗的选择，而是和平的选择”。②

“一国两制”的科学构想，把毛泽东关于“采用不同的方法解决不同性质的矛盾”的原则运用于解决港澳台问题的实践中，从解决矛盾的方法上丰富了毛泽东关于正确处理人民内部矛盾的学说。在新的历史条件下，邓小平“一国两制”的科学构想，继承、发展并升华了毛泽东关于正确处理人民内部矛盾的学说。这不仅对香港、澳门问题的圆满解决，推动台湾回归祖国起着巨大的作用，也必将对世界各国解决历史遗留问题产生重大影响。

---

① 《邓小平文选》，第3卷，第103页。

② 《邓小平谈维护世界和平》，载《瞭望》，1985第5期，第9页。

“一国两制”的伟大构想，为什么不可能由毛泽东提出来呢？其原因是除了香港回归的时机尚不成熟外，当时，第二次世界大战后，在世界范围内形成了以美国为首的帝国主义阵营和以苏联为首的社会主义阵营。两大阵营针锋相对，焉能允许一国之内出现两种对立制度并存的局面？另一方面，从国内情况看，从50年代后期开始，中共在指导思想上发生了“左”的错误，并把商品经济视为与社会主义水火不容的资本主义专利品，最终导致了10年内乱。因此，在当时无产阶级和资产阶级，社会主义和资本主义两条道路的激烈斗争中，也不可能提出“一国两制”的构想。

“一国两制”的伟大构想之所以产生于80年代，是邓小平顺应世界历史潮流并从中国的实际出发提出的伟大创举。中共十一届三中全会后，党和国家摆脱了“左”倾思想的束缚，工作重点转移到经济建设上来。我国实行对外开放、对内搞活经济的政策后，短短几年，中国的面貌发生了举世瞩目的巨大变化，取得了可喜的成绩。邓小平说：“正是在这种情况下，我们才提出用‘一个国家，两种制度’的办法来解决香港和台湾问题。①”

社会主义在实践中前进，科学社会主义理论也将随着实践的发展而发展。“一国两制”的理论框架已经形成，香港和澳门回归祖国的问题已经解决，“两制”问题也得到法律的保证。但是，这些问题都还需要在实践中进一步完善，特别是台湾问题更需要我们进一步去探索，需要我们正确对待现存的各种矛盾，真正做到正确处理人民内部矛盾。

三、“一国两制”的战略构想的伟大实践

“一国两制、和平统一”的战略方针提出后，由于台湾问题的极端复杂性与外国分裂势力的不断干扰，并未在台湾问题的解决上付诸实践，而是率先成功地用于解决港澳问题。此问题不在本课题研究之列，故不多赘述。仅就“一国两制、和平统一”战略方针提出以来，中国共产党第二代领导集体与中国政府所作出的努力，作一扼要的研究。

---

① 《邓小平文选》，第3卷，第58页。

1. 健全对台组织，拓展通道

由于“文革”的原因，中共中央与国务院对台机构基本陷于停顿状态。全国人大常委会《告台湾同胞书》发表后，中央对台方针发生重大调整，形势的发展要求逐步健全对台机构。在中央层面，有中共中央对台工作领导小组、中央台湾工作办公室（简称中台办）、国务院台湾事务办公室（简称国台办）、海峡两岸关系协会（简称海协会）。

中共中央对台工作领导小组是中共中央政治局领导对台工作的议事、协调机构。中央对台工作领导小组，由主管对台工作的中央政治局常委、分管有关涉台工作的中央政治局委员和涉台工作相关机构部长组成，负责对台工作领域的重大问题作出决策。中央对台工作领导小组办事机构为中央台湾工作办公室。中央台湾工作办公室和国务院台湾事务办公室合署办公，两块牌子，一套机构，属中央直属机关工作机构。该机构于1979年2月成立，中央政治局委员、中央纪委第二书记邓颖超（女）任组长，廖承志任常务副组长，罗青长任副组长。1987年8月26日，中央政治局委员、中央军委常务副主席杨尚昆兼中央对台工作领导小组组长。1989年6月，中央总书记江泽民兼中央对台工作领导小组组长。1997年10月，中央调整中央对台工作领导小组，副组长由中央政治局委员，国务院副总理钱其琛兼任。2002年11月，中央调整中央对台工作领导小组组成人员，中共中央总书记胡锦涛兼中央对台工作领导小组组长；中央政治局常委、政协主席贾庆林兼副组长。

中央台湾工作办公室和国务院台湾事务办公室工作职责：

（1）研究、拟订对台工作方针政策；贯彻执行党中央、国务院确定的对台工作的方针政策。

（2）组织、指导、管理、协调国务院各部门和各省、自治区、直辖市的对台工作；检查了解各地区、各部门贯彻执行党中央、国务院对台方针政策情况。

（3）研究台湾形势和两岸关系发展动向；协调有关部门研究、草拟涉台的法律、法规，统筹协调涉台法律事务。

（4）按照国务院的部署和授权，负责同台湾当局及其授权社会团体谈判及签署协议文件的有关准备工作。

（5）管理协调两岸通邮、通航、通商事务；负责对台宣传、教育工作和有关台湾工作的新闻发布；处理涉台的重大事件。

（6）会同有关部门统筹协调和指导对台经贸工作和两岸金融、文化、学术、体育、科技、卫生等各个领域的交流与合作，以及两岸人员往来、考察、研讨等工作，国际会议的涉台工作。

（7）完成国务院交办的其他任务。

90年代初，中共中央台办和国务院台办之下，还设立了民间团体海峡两岸关系协会（简称为海协会）。海协会成立以来，一直在中共中央台湾工作办公室、国务院台湾事务办公室的直接指导下，在各地、各部门的大力支持及台湾各界人士和有关团体的热情帮助下，积极贯彻“和平统一，一国两制”的方针，为两岸关系的发展做了大量的工作，对海峡两岸的经贸合作、人员往来、各项交流及扩大与海基会的交往与沟通等，都发挥了积极的作用。

上述对台机构的建立对于推进两岸关系发展起了重大作用。一方面不断深入研究两岸关系的现状，制定对台政策，促进两岸交流，一方面直接开辟两岸之间的交流管道。

曾任蒋经国机要秘书的沈诚就是中共中央对台工作领导小组直接的工作对象，在两岸交往中发挥了很大的作用。沈诚是黄埔军校第17期毕业生，随国民党退台后成为蒋经国的机要秘书。80年代初期，他退役后到香港担任《新香港时报》社长兼总编辑。1981年8月全国人大常委会委员长叶剑英托人给沈诚一封邀请函，请其参加辛亥革命70周年纪念大会。沈诚接到请柬后专程前往台北请示蒋经国。蒋经国对此没有明确表示意见，只是希望他去一趟奉化溪口，拍一些照片。同年9月25日，沈诚抵大陆，会前得到叶剑英的接见。二人共同探讨国共和谈的可能性。叶剑英要沈诚向蒋经国转达中共中央和平解决台湾问题的诚意。翌年10月，沈诚再度抵京，专程拜访邓颖超，谈话中涉及国共和谈问题。沈诚暗示：“今天台北的气候，还不是谈判时机。”① 1986年夏天，沈诚写了一份“国是建议备忘录”，内容包括：两岸两党对当前国是观点的异同；双方意识形态的差距和相互执着；经

① 沈诚：《两岸密使秘闻录》，第112页，香港：利文出版社，1995年版。

济制度、社会结构的分歧；如何在“国家至上、民族至上的大目标下，共同为和平共存、国家统一而努力奋斗；国家必须统一与和平；实行第三次国共合作。[①] 沈诚将“国是建议备忘录”分别送至蒋经国与邓小平。1987 年 3 月，沈诚再度造访全国政协，临行前见蒋经国时，蒋经国告诉他要注意“官民有别”的原则。沈诚抵京后受到国家主席杨尚昆的接见。杨尚昆是蒋经国在苏联中山大学的同学，他对沈诚说：中共中央对于你提出的建议十分重视，并代表中共中央提出了两岸谈判的几条原则。杨尚昆还给蒋经国写了一份亲笔信，提出应以党对党谈判为主体，先谈合作，后谈统一，邀请国民党派代表到北京举行和平谈判。蒋经国同意“两党对等谈判”，但由于突逝，两岸两党谈判没有能够举行。李登辉上台后，沈诚被台湾高等法院检查处以“意图非法变更‘国宪’、颠覆政府”等莫须有罪名投进监狱，直到 1988 年 11 月 26 日才被无罪释放。[②]

此间，民革中央副主席贾亦斌也在努力开辟同台湾当局交往的通道。贾亦斌是蒋经国的老朋友，1984 年到香港时接到台湾朋友的电话，朋友告知蒋经国很想念他。1987 年，蒋经国曾经派一个曾是贾亦斌部下的密使抵大陆，他在拜访贾亦斌时询问：大陆对和谈有无诚意？你可不可以沟通？贾亦斌回答大陆绝对有诚意，并陈述了诚意的理由，同时告知他可以代为沟通。贾亦斌问蒋经国有没有和谈诚意？台湾密使告诉贾亦斌，蒋经国有诚意。之所以说有诚意，一是美国人在压蒋经国，想把他换掉；二是台湾内部有许多不稳定因素，例如老兵要求返乡探亲，这些都要同大陆进行沟通。[③] 同样的原因，蒋经国突逝使联系中断。贾亦斌对此表示非常惋惜与悲痛，向蒋经国治丧委员会发去唁电：“惊闻经国仁兄不幸逝世，悲痛莫名，回首当年，辱承吾兄知遇，屡委重任，是所难忘。抗战期间，吾兄身怀国恨家仇，毅然带头参加青年军，主持政治工作，竭尽心力。去台以后，吾兄坚持‘一个中国’原则，反对‘台湾独立’，近又作出开放台胞大陆探亲之决策，此皆国人所称道者也。而今统一大业尚待海峡两岸共同努力完成之时，不愿吾兄与

---

① 旺达：《沈诚：“两岸密使“的风雨人生》，载《新世纪周刊》，2005 年底 18 期。

② 陈毓钧：《我们是谁？台湾是什么》，第 195－197 页，台北：智库股份有限公司，2005 年版。

③ 李立：《目击台湾风云》，第 69 页，华艺出版社，2005 年版。

世长辞。溪口一别，竟成永诀，于公于私，均甚痛惜。”

李登辉主政后，苏志诚被李登辉任命为“总统府办公室”主任。苏是李登辉儿子的同学，又是台湾著名国学大师南怀瑾的弟子。1988 年 2 月，南怀瑾抵香港定居，民革中央副主席贾亦斌前去拜访南怀瑾，说明想通过他和苏志成的关系，与台湾当局和李登辉保持接触。同年 4 月，贾亦斌还带中共中央台办主任杨斯德再度拜访南怀瑾。杨斯德向南怀瑾表示：中共中央有意同台北通过和平谈判解决两岸问题。但因李登辉执政基础不稳固与 1989 年大陆发生“六四”风波，两岸高层联系中断。

此间，民主党派在两岸交流中也发挥了重要作用。首先是全国政协，起到了两岸交流的枢纽作用。

1980 年 2 月 15 日，全国政协发表《致台湾同胞春节慰问信》，“希望台湾各界人士继续努力，敦促国民党当局接受中国共产党关于和平解决台湾问题的主张，首先实现通邮、通商、通航”。①

1983 年 9 月 29 日，全国政协专门成立了祖国统一工作组，其宗旨是：消除台湾同祖国大陆的分裂状态，实现祖国的完全统一。② 1988 年 4 月 22 日，在该机构的基础上，全国政协又成立了祖国统一联谊会。

民革中央副主席刘斐在 1980 年寄语台湾老朋友，要求国民党应负起历史的责任。党中央将祖国统一作为一项非常重要的工作来抓，民革六大确定“本党的工作重点是促进祖国统一，要宣传和贯彻执行中国共产党关于台湾回归祖国、实现和平统一的方针政策，加强同台湾、港澳和在海外的国民党军政人员及其亲属的联系，团结拥护祖国统一的爱国者，为促进祖国统一大业的完成而努力。”③

1981 年 1 月，中国民主建国会与全国工商联联合召开“为社会主义现代化建设服务经验交流会”，大会提出了“充分利用我们的有利条件，积极做好港澳同胞、台湾同胞、海外侨胞的联系工作”。

---

① 《人民日报》，1980 年 2 月 16 日。

② 全国政协研究室编：《中国人民政治协商会议全国委员会大事记》（内部版），第 357 页，中国文史出版社，1988 年版。

③ 中国国民党革命委员会中央宣传部编：《中国国民党革命委员会重要文件汇编》，第二编（内部文件），第 182 页，1982 年版。

1987年11月20日，台湾民主自治同盟中央副主席李纯青建议“对于台湾的其他党派”也应该加强对话，同时希望开辟各种管道进行不同层次的对话，形成一个讨论祖国统一的热潮。①

中国致公党与海外港澳台侨胞联系较多。1979年至1983年，致公党接待海外侨团170多个，不断宣传中国共产党的对台政策。1985年，致公党成立60周年纪念时，习仲勋代表中共中央致词，充分肯定致公党致力于祖国统一的历史贡献。

与此同时，中国民主同盟、中国民主促进会、中国农工民主党、九三学社等党派也纷纷作出决定，利用自身的优势，认真贯彻中共中央关于和平解决台湾问题的方针政策，进一步推动了两岸关系的发展。

2. 倡导两岸全面“三通”

在两岸对峙互不往来的时期，中国共产党尽最大努力积极恢复两岸交流。1956年后，毛泽东、周恩来曾在不同场合阐明了中国共产党的对台方针政策，其中有“省亲会友、来去自由”② 的内容，实际上就是提出了开放两岸交流交往的问题。

60年代初，周恩来将中国共产党对台湾政策归纳为“一纲四目”，首先提出了开放两岸交流交往问题。后来，秉持毛泽东“和为贵”的想法，他又提出“爱国一家”，“爱国不分先后，来去自由”。在这番话的感召下，大批国民党将领通过种种途径回到大陆。尤其60年代国民党“代总统”李宗仁的归来，更是轰动一时。

进入70年代，毛泽东批准释放在押的国民党人员，并且公开声明：“愿意回台湾的，可以回台湾去。”这些都是中国共产党人根据客观情况为恢复两岸交流所作的努力。在这些探索与努力的基础上，70年代末随着缓和两岸关系历史时机的到来，两岸“三通”作为实现两岸关系正常化的突破口被提上议事日程。

1979年1月1日，全国人大常委会发表的《告台湾同胞书》指出：“早日实现祖国统一，不仅是全国人民包括台湾同胞的共同心愿，也是全世界一

① 李纯青：《望台湾》，第231页，经济日报出版社，1991年版。

② 李立：《目击台海风云》，第133页，华艺出版社，2005年版。

切爱好和平的人民和国家的共同希望。”“希望双方尽快实现通航通邮，以利双方同胞直接接触，探亲访友，旅游参观，进行学术文化体育工艺观摩。”“我们相互之间完全应当发展贸易，互通有无，进行经济交流。”① 这是首次提出两岸“三通”的议题，但还没形成完整的概念和内容表述。

1980 年 1 月 1 日，邓颖超在全国政协新年茶话会上重申《告台湾同胞书》所明确宣告的大政方针，“希望台湾各界人士敦促国民党当局接受中国共产党关于和平解决台湾问题的主张，首先实现通邮、通商、通航”。② 这是大陆第一次明确提出“三通”的概念。

1981 年 9 月 30 日，全国人大常委会委员长叶剑英在阐述中国共产党和平解决台湾问题的九条方针政策时，“建议双方共同为通邮、通商、通航、探亲、旅游以及开展学术、文化、体育交流提供方便，达成有关协议”。③ 从此，“三通”问题不仅成为两岸交流的重要内容，也是发展两岸关系的重要措施及实现两岸关系正常化的重要标志。祖国大陆在这一问题上作出了坚持不懈的长期努力。

1988 年 3 月，国务院总理李鹏在七届人大一次会议上的《政府工作报告》指出：“多年来我们一直主张海峡两岸应当事先通邮、通航、通商，人民自由往来，增加交流，促进了解，最终按照‘一国两制’的方式实现国家统一。我们愿意同台湾当局和各界人士共商祖国统一大计。我们期望台湾当局以国家和民族利益为重，为实现两岸直接‘三通’、祖国的和平统一采取积极步骤。”④

1989 年 3 月，李鹏总理在七届人大二次会议上的《政府工作报告》指出：“我们主张‘和平统一、一国两制’，坚决反对任何可能导致台湾独立的言论和行动。我们希望台湾当局尽早放弃不合情理的‘三不’政策，消除人为的障碍，使两岸人员双向对等地往来，公开、直接地进行‘三通’，

---

① 中共中央统一战线工作部、研究所、三局编：《一个国家两种制度》（第一辑），第 22 页，中国文史出版社，1987 年版。

② 《人民日报》，1980 年 1 月 2 日。

③ 《人民日报》，1981 年 10 月 1 日。

④ 《人民日报》，1988 年 3 月 20 日。

开展两岸间经贸、文化、体育、科技和学术等各种交流。”①

以上言论表明中国共产党第二代领导集体坚持在“和平统一、一国两制”的架构下，积极推进“三通”，促进两岸交流，为祖国的统一大业奠定基础。在这一方针指导下，中央政府及各地方、各部门颁布一系列文件、规定。1979 年，外贸部率先制定了《关于开展对台湾贸易的暂行规定》；80 年代，邮电部、商业部、交通部、外贸部、中国人民银行、中国银行、国家海洋局、国家水产总局等单位先后制定了《购买台湾产品的补充规定》、《关于两岸通航的五项决定》、《关于促进大陆和台湾通商的四点建议》、《关于两岸通邮通电的六项决定》、《关于台湾同胞来大陆探亲旅游接待办法的通知》、《关于简化台胞来大陆探亲旅游的出入境手续的决定》等规定；国务院制定了《台胞经济特区投资三项优惠办法》等相关法规与政策，并做了大量工作，为两岸“三通”的开启、发展奠定了坚实基础。

第一，就两岸通邮而言，取得了很大进展。1979 年 5 月，祖国大陆邮电部门全面恢复经第三地转发收寄邮往台湾的各类平常信件，6 月开始收寄邮往台湾的挂号函件。1979 年 2 月，邮电部门率先开办经第三地的对台湾的电报业务；3 月开放了对台湾的长途电话业务。

第二，关于两岸通航的进展。为推动两岸海上直航，1979 年 8 月，交通部负责人发表谈话，明确表示愿就迅速恢复和发展大陆与台湾之间的海上客货运输问题同台湾航运界进行协商，并宣布祖国大陆各对外开放港口对台开放。从那时起，台湾的船舶到大陆港口靠泊作业，对来大陆港口作业的台湾商船实行优先靠泊作业。当地港务部门给予了大力合作。为保证台湾海峡的航行安全，大陆方面拆除台湾海峡大陆一侧的灯桩对台湾方面的遮蔽，还陆续新建了一批灯桩。大陆海岸电台对台湾船舶全面开放。大陆海事卫星地面站为台湾船舶提供通信导航服务。大陆海上搜救中心全方位开放对台湾遇难船舶的救助工作，两岸开通了海上搜救热线，共同维护台湾海峡航行安全。为促进两岸“三通”，中国政府不断完善海港和空港等基础设施建设，为方便台湾民众来妈祖庙进香，大陆有关方面在湄州岛专门修建了客运码头。1986 年“两航谈判”成功解决了华航事件，是两岸隔绝 37 年来进行的

① 《人民日报》，1989 年 3 月 20 日。

第一次直接商谈。它的成功举行，消除了台湾当局长期营造的“恐共”心理，使台湾民众认识到，两岸是可以通过谈判解决问题的，为解决两岸“三通”问题提供了可借鉴经验。

第三，关于两岸通商的进展。1979 年以前，由于两岸军事对峙与政治敌对，海峡两岸仅有间接、微量的贸易联系。① 1979 年祖国大陆开始主动邀请台商参加广交会，并于 1980 年主动派出大型采购团赴港采购台湾产品，仅第一批合同金额就达 8000 万美元。大陆政府对台湾商品开放进口并对进口台湾产品给予关税上的优惠，在煤炭、棉花等大宗商品出口上优先给台商安排货源。1988 年 8 月，大陆煤炭首次运往台湾，打破了台湾当局禁止从大陆输入能源性商品的限制。大陆向台湾地区的煤炭年供应量为 1600 万吨，约占台湾需求量的三分之一。大陆在资金困难的情况下，为台资企业提供金融支持，先后批准在大陆设立 4 个“台商投资区”、6 个“海峡两岸农业合作试验区”和 4 个海峡两岸科技工业园区。为方便台商往来大陆，给台商办理一至五年多次入出境有效证件。在大陆依法成立 60 多家台资企业协会，加强协会成员与地方政府及相关部门之间的联系和沟通。各地台办设立台商投诉协调中心或台商投诉协调处，建立“台商接待日”等沟通机制。以上措施积极促进了两岸经贸关系的健康发展。80 年代两岸转口贸易获得了长足发展，由 1979 年的 0.46 亿美元增长到 1989 年的 34.83 亿美元。

透视《告台湾同胞书》发表以来 80 年代的两岸“三通”，呈现出以下几个特点：

第一，两岸“三通”政策处于政经一体阶段。祖国大陆方面自 1979 年呼吁两岸间应进行交流，相互发展贸易，提议开放两岸“三通”起，“三通”政策可在“和平统一，一国两制”的大框架下分成两个不同阶段：政经一体阶段与政经分离阶段。80 年代的“三通”政策处于政经一体的阶段。这一时期对于国家统一问题，在政治上主张努力推动“第三次国共合作”，

---

① 自 20 世纪 50 年代中期起，台湾曾自第三地间接输入台湾不可替代或无法生产的大陆中药材与其他物品。这种转口贸易仅限于零星采购，数额在 60 年代约为 200 万美元。1970 - 1978 年台湾累计从香港购入货物达 9.44 亿港元。此外，自 1970 年起台湾亦有货物经香港输往大陆，但数量有限，1978 年仅达 24 万港元。这种转口贸易的规模微乎其微。详情可参见范重平主编：《新时期对台工作》，第 75 页，华艺出版社，1990 年版。

在经济上主张推动“三通”及全面的经济交流。由于国民党内部和岛内政治格局变化，“第三次国共合作”推动国家统一的设想成果有限，但两岸“三通”及经济交流则取得了长足的进展。这说明，80年代祖国大陆的“三通”政策是正确的，符合了历史发展潮流和两岸民众利益。80年代两岸“三通”加强了两岸人民的相互了解，成为两岸关系中最积极、活跃的因素，促进了两岸关系向前发展。

第二，祖国大陆成为两岸“三通”发展的主导力量。大陆各部门不断落实关于“三通”问题的政策，在通邮、通航、通商三个方面颁布了20多项具体规定及措施，积极恢复和发展两岸“三通”，而台湾方面回应较少。因而，在两岸“三通”发展过程中，大陆始终处于主导地位，发挥着重要推动作用。其结果“三通”工作从点到面逐步展开，使“台湾海峡两岸关系发生了显著变化”。①

第三，两岸“三通”的政策具有承上启下的重要作用。“长期紧张对峙、相互隔绝的不正常状态已有初步改善，两岸经济文化和人员往来日益增多。”②

80年代海峡两岸“三通”的发展虽然还是局部的，但是从历史的角度看，它已经打破两岸近40年的人为隔绝状态，开始进入一个由中华民族自己医治历史创伤，实现和平统一的历史进程。这些变化和其他种种因素交织在一起，既是两岸关系继续发展的历史背景，也是前提条件，从而为90年代两岸“三通”的向前发展奠定了基础。

3. 理性处理“华航货机事件”

当全国人大常委会《告台湾同胞书》刚刚发表之际，立即遭到蒋经国的强烈反弹。1月2日，蒋经国在接受法国记者采访时答称：“在任何情况下，‘中华民国’决不会与中共政权谈判，也不会与共产主义妥协。”③

1月3日，蒋经国在国民党中常会上发表谈话称：“国人必须提高警觉，洞悉共党‘统战伎俩’。共党最近在达成与美建交的野心之后，又处心积虑

① 李鹏：《七届人大二次会议政府工作报告》，载《人民日报》，1989年3月20日。
② 李鹏：《七届人大二次会议政府工作报告》，载《人民日报》，1989年3月20日。
③ 蒋经国答法国《快迅》周刊代表魏奈特问，载《蒋总统经国先生言论著述汇编》，第12辑，第415页。

地对我发动‘统战’，诸如提出‘祖国统一’的口号，广播暂停炮战。都是恶毒的故作姿态，‘国人’应冷静地不予理会。”“共党的‘统战’居心……我们绝不能信，也不能上当。”①

时隔一周后，国民党《中央日报》发表社论，题目就是《我们为何不与中共谈判?》。社论学着蒋经国的腔调，宣称：北京正在不断对外播送“和平幻曲”，推销“和平膏药”，其目的是“在美苏超级大国的强势之下”，“伪装”和平，争取时间，“以延缓对它的攻势”，并“希图由劣势转为优势”，而且在共产党与美建交后，“更可借和平之掩护来破坏远东太平洋的反共团结，彻底离间中美关系并妄图以此瓦解我士气民心”。社论还认为国共和谈“不是和平途径而是战争的一种方式”。在这种错误认识下，社论提出“绝不与共产党谈判或妥协”，“不与它有任何接触”，初步提出了“不妥协、不谈判、不接触”的所谓“三不政策”。

1月底，孙运璇在答美联社记者问时，宣称台湾回归祖国的条件是：“惟有在全中国人民的自由意志受到尊重时，台湾与大陆始能统一。”同时，孙运璇放弃了武力“反攻大陆”的政策，宣称：“我们从不认为可以用武力解决问题。”②

2月5日，孙运璇再度宣称：“与中共之间，绝无谈判妥协的余地。”③

4月17日，蒋经国在答复美国柯普莱新闻社特派员凯瑞所提问题时宣称：“我们的立场，是绝不与中共谈判，也不与中共发生任何接触。”④

1979年12月10日，国民党十一届四中全会在台北召开：针对《告台湾同胞书》，蒋经国发表了《以全民炽热反共意志再造中华》为题的大会致辞。文中宣称“共产主义已彻底失败”，攻击四个现代化是中共的“谎言与妄想”，中共的和谈是“统战阴谋”，因此“我们决不与共党谈判，决不与共党妥协，任何情况决不改变我们的立场”。⑤ 至此，蒋经国的“不妥协、不接触、不谈判”的“三不政策”最终形成。

---

① 蒋经国在国民党中常会上的谈话，载《中国时报》，1979年1月4日。

② 台湾《工商日报》，1979年1月30日。

③ 台湾《中央日报》，1979年2月6日。

④ 《蒋总统经国先生言论著述汇编》，第12辑，第442页。

⑤ 《蒋总统经国先生言论著述汇编》，第12辑，第187页。

蒋经国在报告中比较明确地提出了“以三民主义统一中国”的主张：中国必须统一，究竟统一在共产主义还是三民主义的制度和生活方式下？他认为事实已经证明：“三民主义在‘复兴’基地的建设已经成功”，“中国的真正统一，便是‘光复’大陆，实行三民主义。”① 他还提出当前台湾的中心任务之一就是“以‘复兴’基地三民主义建设的成果和经验，展开政治登陆，继之以各种行动”，摧毁大陆政权。② 会议根据蒋经国的讲话精神，策定四中全会的中心议题为“加强三民主义策进‘光复’大陆”，加强台湾建设。

与此同时，蒋经国针对“反统战”需要，成立了“反统战”小组临时编组“固国小组”。该组织人员由“国家安全局”、“国防部”、“外交部”、“警备总部”、“行政院新闻局”、中国国民党文化工作会各机构抽调20人组成。内设行政、计划、资料3个组，设主任秘书总管一切。

“固国小组”成立后的头一个动作，就是组织台湾中影公司拍摄了取名《我们为何不与中共和平谈判?》的7部系列影片。由于该片政治色彩太浓，主题与民众愿望相反，所以上座率极低。其后一年多，台湾一些官方、民间的电影公司，不断筹拍以“文化大革命”为题材的影片，企图用文艺宣传的形式来渲染大陆形势的“不稳定”，进行其“反统战”活动。据台湾报纸报道，计划开拍或已经上映的这类电影有：《皇天厚土》、《丹尼尔的故事》、《古宁头大战》、《玻璃房子里的女人江青》、《叛谋》、《红唇》、《假如我是真的》、《上海社会档案》、《没有打完的战争》，等等。上述影片的共同特点：就是试图把国民党当局的反共、“反统战”意图灌输给观众。国民党喉舌《中央日报》1980年8月11日社论承认《古宁头大战》影片的拍摄，包含有“反统战”动机。该片导演宣称：这是“属‘国策’宣传之一的任务”。其余电影的主要宣传内容均是渲染“文化大革命”时的一些错误，夸大和丑化大陆最近几年主动揭露出来的某些问题，同时宣传台海两岸仍继续存在着军事对峙的紧张情势。国民党中央文工会主任周应龙称，台湾推出《皇》片，“极具反共教育价值”。《中央日报》的一篇影评还告诫党外人

① 《蒋总统经国先生言论著述汇编》，第12辑，第199页。
② 《蒋总统经国先生言论著述汇编》，第12辑，第190页。

士，不要高呼“解除戒严”或“共产党不会来”等口号，那是别有用心，惟恐不乱。

为了进一步推展“反统战”工作，国民党于1981年3月29日召开了第十二次代表大会。蒋经国亲自主持会议，并致开幕词称：“本次大会的主题，在于肯定70年代乃是三民主义胜利的年代，是‘重光’大陆的年代。因之大会的各个研究议题，都是环绕着以‘三民主义统一中国’为中心。”①

蒋经国宣称：“综观近代思想潮流，惟有三民主义博大精深，今后的世界也必将是三民主义光辉照耀的世界。”②

蒋经国振振有词地对如何统一做出了具体的部署：

在政治上：贯彻“宪政”，厉行“法制”，加强地方基层建设，做到“人民有权，‘政府’有能”。

在经济上：“全力推动经济发展”，“提高‘国民’所得，实现均富理想”。

在思想文化方面：“发扬民族精神，提振‘国民’道德”；但最重要的任务，“是把三民主义的思想重新在大陆播种，把三民主义建设的实证经验推向大陆，使大陆同胞人心一齐归向三民主义”。③

在组织上，成立“三民主义统一中国大同盟”。该会于1982年10月21日正式成立。何应钦、李璜、王世宪、吴三连、陈立夫、马星野、谷正纲、陈启天、蒋彦士、孙治平、高玉树、罗光、罗云平、徐孝等组成主席团。年届92岁高龄的国民党元老何应钦任“三民主义统一中国大同盟主席”。该组织通过“统一中国”的三大原则是：

（1）中共必须放弃共产主义，实行三民主义；

（2）中共必须放弃无产阶级专政，实行民有、民治、民享；

（3）中共必须放弃马列毛主义，统一在中华文化精神之下。④

国民党十二大根据蒋经国在开幕词中定下的基调，通过了“贯彻以

① 台湾《中央日报》，1981年3月31日。
② 台湾《中央日报》，1981年3月31日。
③ 台湾《中央日报》，1981年3月31日。
④ 台湾《中央日报》，1982年10月22日。

‘三民主义统一中国’案”。会后，蒋经国多次宣称：绝不与中共谈判、接触，不与大陆实行“三通”，“不论人家如何批评，这一基本立场不能改变”。

上述事实表明：从1979年元旦《告台湾同胞书》发表至1981年国民党十二大召开，蒋经国与台湾当局并未从台湾实际环境出发，为其政治前途开创一条新路，而是坚持了一条“绝不谈判、绝不接触、绝不妥协”的“反共拒和”路线。

蒋经国为何死死抱住过去的僵硬立场不放呢？透视蒋经国的内心世界，他之所以如此，主要是因为台湾有美国的支持。尽管台美已经“断交”，但美国又通过了“与台湾关系法”，继续支持台湾当局与大陆对抗。当然，蒋经国最大的王牌并不是美国，而是发达的、被国际社会称之为“亚洲四小龙”的台湾经济。他认为可以同大陆中共比输赢。再者，蒋经国的历史包袱太重，现实顾虑太多。关于此点，是指蒋经国错误地吸取历史教训，不相信中共第三次国共合作的主张，一直把中共和谈诚意看做是“统战阴谋”。就历史上两次国共合作而言，第一次打败了北洋军阀，第二次国共合作使全民抗战得以发动，最终打败了日本侵略者，挽救了民族危亡。由此可见，中共提出国共合作，都是从民族利益出发的。

再就“一国两制”战略构想而言，它不仅顺应了时代的要求，符合全体中国人民的心愿，而且也体现了大陆与台湾人民的根本利益。因此一提出便受到海内外人士的好评。由于蒋经国的立场所致，才将中共的满腔诚意当做“阴谋”。当然亦应看到蒋经国政策的某些变化，这突出表现在统一中国的问题上，强调要用“三民主义”而不是用武力实现统一。蒋经国何以不再提“武力反攻”呢？据孙运璇1981年解释称：“一方面是因为这在国际上会产生副作用；另一方面是强调这个口号可能会引起人民的反感。”尽管此举出于被迫，但是他愿意通过和平方法来实现祖国的统一，在和平道路上迈出了重要的一步。

蒋经国提出“三不政策”与“三民主义统一中国”之后，立即受到海内外舆论的抨击。反对者纷纷要求蒋经国改变“三不政策”，实行新的“大陆政策”。

来自海峡对岸的讯息是：

1981年4月14日《人民日报》刊登了民革中央主席王昆仑先生的文章。他严肃指出：蒋经国的主张是“以三民主义统一之名，行反共拒和分裂之实”。

1983年12月25日，中共中央政治局常委陈云在谈到祖国统一问题时说：“现在我们两边虽然吵架，但都坚持只有一个中国，反对‘台湾独立’的立场，在这一点上我们两边是一致的。”至于如何统一，“照我们的意见就是用一个国名，一个首都来‘统’，其余都可以维持现状不变，就是说既不要用大陆的社会主义去‘统’，也不要用台湾的现行制度来‘统’，我们认为这是最现实的，是从实际出发的办法”。“用三民主义统一中国我看不现实，国民党在大陆推行三民主义几十年，结果并不理想。我们搞社会主义只搞了30年，不仅解决了10亿人口的吃饭穿衣问题，而且使人民的生活水平有了明显的提高。”“所以国家统一以后大陆还是搞社会主义，台湾的现行制度也可以继续搞下去，我们并不反对。”①

邓小平在同杨力宇谈话时也称：所谓“三民主义统一中国”，这不现实。

原蒋经国的老部下、国民党特赦人员蔡省三先生在国民党十二大闭幕后不久发表专文，抨击蒋经国“三民主义统一中国论”是“两大两小”。所谓“两大两小”，就是：其一“偏见大，容量小”；其二是“夸口大，能量小”。

所谓“偏见大，容量小”，试看他们对于隔离了30多年的千万老百姓，要通一封家书都不被允许。而要依照他们的偏见，把家书一概列入“统战阴谋”，“其背情悖理，无视民意，莫此为甚”。蒋经国主持的十二大所坚持的，“实质是极其偏狭的‘一党独裁路线”。

所谓“夸口大，容量小”，是说蒋经国宣称要消灭中共政权，统一中国，而且声称要以三民主义统一世界。显然这是蒋经国“大大脱离实际的虚夸，也仅仅是口头鼓噪而已”。就整个力量对比而言，“优势远在大陆一边，遑论‘称雄’世界”。“台湾国民党果真有力量打，他们早就挥戈北上了。然而30多年来，他们只能反复搬弄出‘反攻大陆’而化缩为‘反共复

① 《一个国家两种制度》，第1辑，第240－241页，中国文史出版社，1987年版。

国’的‘心战’。这在国民党诸公来说，确是无可奈何的事实。”最后，蔡省三奉劝他的老上级切莫错过了与中共谈判的绝好时机。①

在台湾岛内，各界有识之士均反对“三不政策”，主张“三通”。对蒋经国的“三民主义统一中国论”也表示了怀疑与不满。台湾《薪火周刊》1985年7月29日刊文称：“国民党口口声声‘三民主义统一中国’，但是三民主义在台湾都未完全实施，竟然还大言不惭说什么三民主义是统一中国最有力的武器。说这么一席令人脸红的话，实在很不得体。”

尽管蒋经国念念不忘“三不政策”，口口声声宣称“三民主义统一中国”，但在大势所趋与“有所变，有所不变”的思想指导之下，对和平统一问题也开始出现了若明若暗的松动迹象。在“国旗”、“国号”问题上，蒋经国也有所让步。例如“亚行模式”（台湾称“亚银模式”）。众所周知，在台湾当局拥有会籍的少数官方国际组织中，亚洲开发银行是惟一比较有影响的国际组织。1986年2月，该行理事会决定接纳中华人民共和国政府为委员，并要求台湾当局改名为“中国台北”。台湾当局则要求中华人民共和国政府改名为“中国北京”，这一要求遭到拒绝。1986年3月19日，国民党中常会举行会议，“外交部长”朱抚松与“总统府秘书长”沈昌焕分别对亚行作说明，强调亚行“会籍案”实为中共“一国两制”“统战”态度的一部分，并认为英、美、日的态度为“帮助中共统战”。认为若“接受更名留在亚银即可恢复各国际组织席位，是办不到的事”。从上述立场出发，台湾当局改变了过去“中共参加，自己退出”的做法，采取了“不退出、不接受、不参加”的方针，没有出席第19届、20届亚行年会。1989年4月6日，台湾当局宣布决定派国民党中常委、“财政部长”郭婉容率团参加在北京举行的第22届亚行理事会年会。中国台北代表团全体成员佩戴“中国台北”胸章出席会议。此举是海峡两岸关系发展中的一个历史性突破。

上述迹象已经表明蒋经国与台湾当局在公开场合对国共两党和谈及中国统一问题，比1979年至1981年时前进了一步，尽管时有倒退，但这些微小变化的确令每一位炎黄子孙感到欣慰。

正当蒋经国尚未从陈年的牛角尖中钻出来之际，突发了震撼两岸的华航

---

① 《蔡省三先生访问记》，载香港《动向》，1981年第4期。

货机事件。此一事件的突发，从某种意义上讲，开始动摇了蒋经国的反共政策与“三不”方针，迫使蒋经国不得不调整大陆政策，从而为国共两党进一步接触开创了契机。

华航货机事件的原委是：1986 年 5 月 3 日下午 3 时 10 分，一架台湾中华航空公司（简称“华航”）的波音 747F（编号 B198 号）货机，从曼谷飞往香港途中，该机机长王锡爵将飞机转航大陆，降落在广东白云机场，同机抵达大陆的还有副驾驶员董光兴、机械师邱刃志二人及货物 22 万磅。王锡爵本人要求在大陆定居，和家人相聚。

就在华航货机抵达广州当日，中国民用航空局迅速作出反应给华航发电，电文如下：

台北

中华航空公司：

你公司的波音 747 货机一架于 5 月 3 日 15 时 10 分飞抵广州白云机场。机长王锡爵要求在大陆定居。我局邀请你们尽早派人来北京同我局商谈有关飞机、货物和机组其他成员的处理问题。请用电报挂号 22101CAXTCN 或电话（北京）558861 同我局联系。

中国民用航空局①

华航货机事件的突发，立即在台湾岛内引起强烈反响。据台报称：就在事发当晚，华航董事长乌钺连忙向台湾“交通部长”连战报告事件经过，并请示处理意见。连战绞尽脑汁苦思，实无上策，一面命次长朱登皋尽快发一声明，华航货机事件与“政府”无关，将由华航通过第三者处理，并上报“行政院长”俞国华、“总统府秘书长”沈昌焕。俞、沈见事件太大，不敢怠慢，急忙呈报蒋经国。蒋经国闻知此事后，“颇为激动，捏着拳头脸色涨红”，心情极其沉重。连战、朱登皋、乌钺更是彻夜未眠，研商处理办法。

5 月 4 日，蒋经国召见郝柏村，谈及华航货机事件，蒋与郝都想不通，王锡爵过去是优秀 U2 飞行员，为什么要“叛逃”呢？蒋经国认为：大陆中共必然会利用此事件进行“统战”。郝柏村认为华航今后经营必须改革。②

---

① 《人民日报》，1986 年 5 月 4 日。

② 《郝总长日记中的经国先生晚年》，第 302 页，台北：天下文化出版股份有限公司，1995 年版。

就当时蒋经国与连战等人的心态而言，他们非常害怕华航货机事件被中共借机“统战”，难以招架；又怕处理不好，会失去民心，自毁形象。但事情总是要处理的，于是由蒋经国拍板定案：不与中共直接接触，以免造成两党谈判的印象，委托香港国泰航空公司全权处理。此外，还委请英国保险公司索机，通过国际红十字会索人。从第二天起，蒋经国指示各大机构大肆报道此一决定，并通过各种媒介，多次宣传：绝不与中共谈判，要华航依国际惯例，迅即向大陆索人、机、货物。

针对台湾当局的上述决定，中国民航局再次致电华航重申：

贵公司这架飞机的机长王锡爵先生希望在祖国大陆定居，董光兴、邱明志两位先生表示愿意回台湾；我们的态度十分明确：飞机、货物及愿回台湾的董光兴、邱明志两人都交台湾，请贵公司派人来商谈并办理具体交接事宜。

我们早已申明，这纯属两个民航公司之间的业务性商谈，并不涉及政治问题。既然是交谈，就应由当事双方直接地、负责地办妥交接事宜，以确保飞机和愿回台湾的人员安全返回台湾。

因此，还是请你们派人来商谈解决为好，不必经过第三者，如果你们觉得到北京来不方便，那么你们认为什么地方合适，也可以提出来商量。

我们这一要求是合情合理的，是对贵公司的处境困难作了充分考虑后提出的。如贵公司仍不愿来办理接收事宜，则人和货机之所以不能迅速返回台湾，责不在我，望贵公司三思，我们再次吁请贵公司速作决断，并尽快答复我们。①

面对大陆合情合理的要求，台湾华航立即召开会议，反复研讨对策。12日，台湾“交通部”民航局长刘德敏举行记者招待会，表示：“此一事件是单纯的民航事件，不牵涉到任何政治问题，因此，基本上应由华航自行处理。”他还强调：“华航为一民营公司，其透过可能途径要求对方交还人及货物的举措，自当由该公司自行处理。”同日，蒋经国指定12名国民党中常委成立研究规划小组，进行细节讨论。在12日前的几次讨论中，对该事件的处理意见相当不一致。国民党中的元老派持顽固立场，坚称不与大陆中

① 《人民日报》，1986年5月11日。

共谈判。而少壮派则倾向于“把索要人机与政治分开”，主张与大陆谈判。在他们看来，国民党的这些教条，多年来经过党外的挞伐挑战，早已成为名存实亡的政治笑话；因此，与其让国民党这样苟延残喘下去，倒不如举行谈判，让岛内外的对手都措手不及。12 日，台湾最高决策机构紧急磋商后，出人意料地于5 月 13 日经华航宣布，“基于人道立场”，决定由该公司驻港分公司代表在香港与中航洽谈。华航再次宣布：此为“纯属单一飞行事件”，华航与“政府”没有关系。同日，“行政院”新闻局局长张京育重申“不与中共接触的立场与政策不变”。台湾文宣部门动用各种宣传工具，宣称华航这一决定纯为救人，纯粹是一项权宜措施，绝不致因影响及改变“政府”有与中共接触的政策立场。

台湾当局何以在事件发生 10 天之后改变初衷，打破“三不政策”让华航与中航谈判呢？其原因主要有四个方面：

第一，台湾当局不合情理的僵硬立场与强硬态度和做法，引起了台湾社会各界的不满。台湾的一些“立法委员”纷纷质询台湾当局，要求改变“三不政策”，采取灵活措施，解决货机问题。台湾学者要求当局“态度不要那么强硬”，应安排华航与中航在香港谈判。台湾媒体纷纷发表文章，说王锡爵“冒险投父尽孝”，暴露了台湾当局“三不政策”阻碍两岸民众“实行孝道”，“势必日益造成有形无形的反抗，随时都会有可能突发意外的变故”。

第二，台湾党外势力乘海峡两岸在华航货机事件上陷入僵局之际，欲打“中共牌”，私下酝酿组织民间代表团前往北京交涉归还华航人机的计划令台湾当局深感不安。

第三，美国方面对此事件表示了极大的“关注”。事件发生后，美国方面相当重视两岸的反应。台湾方面不时暗示美国方面不要介入此事件。但多种迹象表明，美国正通过有关渠道影响英国，要英国多方面支持、协助两岸谈判。当台湾当局得知此讯息后相当震惊，担心美国介入此事会对中共有利，而使台湾更被动。

第四，大陆有理有节的处事态度迫使台湾当局最终作出由华航出面谈判的决定。

据香港《信报》载：“台北突然改变对北京的顽固立场，几乎在一夜之间变得更合理，相信只有蒋经国才有正确的答案。”另据香港《快报》载：华航一位高级职员向该报透露，蒋经国参与了华航与中航谈判的“策划工作”，包括细微部分。香港《中报》也说：蒋之所以决定同中航进行谈判，主要是由于他发现拖下去对台湾当局非常不利。“第一，王锡爵‘投奔亲情’，早已动摇了‘国府’的心防，如果再由中共将人机送回，台湾人民会对中共更增好感，对‘国府’更增恶感。第二，‘三通’的问题早晚必须解决，1997年后华航要在香港续飞，必与中共民航局谈判，与其拖到那时情况更难预测，不如利用岛内外一致赞成‘三通’的热潮，趁机予以突破。第三，谈判可以顺便解决‘国府’内部权力斗争及蒋经国个人的评价问题。”

蒋经国作出决定之后，中航与华航通过香港国泰航空公司商定：于5月17日在香港举行商谈。中航派出的代表是民航局香港办事处经理张瑞普、民航局国际司副司长卢瑞龄及民航局北京管理局总工程师刘远藩。华航派出的代表是华航香港分公司经理钟费荣、副经理陈勋伟及华航总公司企划处长陈思锦。从17日至20日，双方经商谈，全部达成协议，签署了会谈纪要与说明交接程序及有关事宜的附件。整个商谈气氛融洽，华航方面认为“气氛还可以”。在第一次会谈中，中航代表就明确指出：“对具体细节有不同意见是自然的事情，但相信我们兄弟之间没有不可解决的问题。”最后双方签署的会谈纪要如下：

1986年5月3日，中华航空公司B198号波音747货机由曼谷飞往香港途中在广州白云机场降落。中国民航说明，对机上3名机组人员按照他们各自的意愿作出了妥善安排，并对该机采取了必要的保护措施，对机上货物尽可能作了妥善保管。

1986年5月17日至20日，中国民航代表和中华航空公司代表在香港就交接上述货机、机组人员和货物的事宜进行了业务性商谈，并达成了协议。根据中华航空公司的要求，中国民航同意于5月24日以前在香港具体办理上述飞机、2名机组人员董光兴、邱明志和货物的交接手续。该飞机在香港着陆后，由双方参加会谈的代表各3人及记录各1人在机上立即办理交接手续、签署交接书，飞机着陆后有关地面安全保障事宜由中华航空公司负责解决。①

① 《人民日报》，1986年5月21日。

会谈纪要签署后，中国民航局代表张瑞普对记者发表谈活称：“这次商谈为海峡两岸同胞所共同关注。我们很高兴，我们双方没有辜负他们的期望。这次商谈，双方完全处于平等地位，互相尊重，互相谅解，在融洽友好的气氛中，终于取得了圆满的结果。事实证明，我们同胞兄弟之间的确是没有不可解决的问题。”①

5 月 23 日，双方代表在香港启德机场顺利完成了货机、两名机员及货物交接手续。双方签署交接书后，中航向华航递交了 3 份材料：两名机组人员的健康证明书，货机上的货物清单，飞机维护工作清单。至此，华航货机事件全部处理完毕。

中航与华航谈判的圆满成功，在岛内外引起的反响比事件本身发生更为强烈。美国《华盛顿邮报》将此事件商谈成功列为头条国际新闻；《纽约时报》也以半版篇幅发表报道与评论。美国舆论普遍认为：两航谈判是国共两党的“首次正式接触”，“首次直接会谈”。日本《东京新闻》发表评论称：此次事件是台湾海峡两岸关系“一举向前发展的划时代事件”。泰国《中华日报》则称：两航谈判成功，“为今后解决类似非政治性问题创下了先例”，“将成为大陆和台湾寻求和解过程中的里程碑而载入史册”。也有外电称两航能够坐下来谈判，一方面表明蒋经国“三不政策”的破产，另一方面也表明中共“对台工作取得巨大进展”，是“北京宣传上的一大胜利”。

在台湾岛内，许多报刊、学者，包括台湾国民党籍“立法委员”，普遍认为两航谈判“具有高度政治性”，是对两岸关系发展的重大突破。

台湾《中华杂志》6 月 1 日发表题为《论党内外沟通与华航员机归来——‘国事’之转机与我们进一步的期望》，认为“这一突破已经创下了一个先例”，“自然会有深远的影响”。《中国时报》也指出：两航谈判“显然是一项重大的突破”。“立法委员”谢学贤认为当局不必否认谈判意义：“‘政府’发言过于紧缩，往往会掉进自己的圈套而无法解释。”沈君山则声称：“此一事绝不是孤立事件，亦非纯属民间事件，全世界都把它视为政治问题。”就连国民党在美的四大金刚之一邱宏达也感慨地说：“就中共而言，此次谈判已使其成功地突破‘中华民国’所坚持的不接触原则；并为其步

① 《人民日报》，1986 年 5 月 21 日。

步为营的‘统战’技术，扫除了初步障碍。”

港报接连以醒目标题发表评论，诸如《历史性洽谈，轰动世界》、《石破天惊，国共谈判》、《37年睽隔，一飞冲藩篱，双方互让一步，天堑忽变通途》、《历史性对话揭幕》、《开拓沟通先例》、《标志两岸历史新页》，等等。这些评论如《申报》载文称："两航谈判就其影响而言，显然具有高度的政治含义，说它是历史性的重大事件绝不为过。""它标志着国共两党及两岸关系的一个新起点"，"象征了阴霾笼罩下的国共关系已显现新曙光"。

海内外舆论认为蒋经国在处理两岸关系问题上比过去前进了一大步，并要求蒋经国与台湾当局"在更多层面有所突破"，应重估并打破"三不政策"。党外"立法委员"江鹏坚对记者宣称：国民党"三不政策"中，最难坚持的是"不接触"，"目前已出现探亲、通信、学术交流等方面的接触，导致政策与实际间出现矛盾。如今‘政府’决定由华航在香港与中共民航当局进行洽谈，看起来是小步，但事实上在政策的转变上，却是一大步。"谢学贤说："‘政府’能允许华航与中共民航进行洽谈，已显，‘政府’有充分信心，对中共明显的‘统战’有所回应，希望以后在更多层面有所突破。"也有些报刊和学者认为：在"两航"谈判中，台湾受到严重冲击。《联合报》一篇社论称："中共已逼迫我们与他们作了一次正式的、面对面的谈判"，使台湾受到了"严重的冲击"，并带来了一系列的后遗症。由于两航的浓厚特殊性质，很可能加强海内外同胞对"三不政策"所谓"弹性运用的要求或预期"。大家会不期然地联想到："如果发生性质类似的事件，华航的先例是否适于援用。"

海内舆论对两航谈判的高度重视与强烈反响，也引起了蒋经国的极大警觉，他令有关部门展开对此次谈判事件反响的民意调查。经调查显示：有15%的民众对华航货机事件的谈判结果表不满意，有42%的民众认为当局虽仍坚持"三不政策"，但在实际做法上比前更具弹性。

蒋经国害怕此一事态发展下去会造成后遗症，遂令部下进行"消毒"工作。国民党中央根据蒋经国的指示，于1986年5月30日发表了《我们对华航货机事件应有的认识》的党内文件。文件一再宣称：华航货机事件是"一特殊的、单一的事件"。华航参与谈判是"一单纯的救难措施，也是单纯的个案，不具任何政治意义，也与‘政府’既定政策无关"。

面对大陆改革开放的冲击、美国的压力和岛内民进党的夹击，深感来日无多的蒋经国毅然决然启动政治革新方案，下决心不做“民族罪人”，“向历史交待”，在解除戒严、开放党禁不久，又下令开放台湾民众赴大陆探亲，从而遏制“台独”的发展，在事实上推进了两岸关系。

第四章　中国共产党第三代领导集体和平解决台湾问题的主张

进入 90 年代以后，台湾海峡形势发生了深刻变化，主张“台独”的李登辉主导了台湾政局，致使刚刚展露两岸和平发展的曙光再度遭遇阴霾。面对猖獗的“台独”分裂活动，中国共产党第三代领导集体在坚持“一国两制”科学构想基础上，不断创新对台政策，积极推进两岸关系的发展。

一、通过“会谈”遏制“台独”

通过会谈最终解决两岸争端是中国共产党的一贯政策。“华航货机”事件后，两岸关系有了明显的改善。随着两岸之间交流的增加，由此而衍生了各种纠纷和问题不断。为了妥善解决两岸之间交往中的问题，进行两岸之间的事务性商谈成为两岸关系发展的焦点。大陆海峡两岸关系协会（简称海协会）与台湾财团法人海峡交流基金会（简称海基会）就是在这种情况下应运而生的。而海峡两岸的红十字会则在“两会”成立前充当了事务性商谈的主角。

1. “金门协议”签订

由于台湾当局在两岸交往中奉行单向的开放政策，限制大陆民众与台湾社会的正常交往，在沿海地区出现了大陆居民私渡去台的现象。台湾军警对大陆私渡入台人员采取不人道的强制“并船遣返”的做法，致使台湾海峡连续发生数起大陆同胞在遣返过程中遭受人身伤亡的事件。

1990 年 7、8 月间，发生了因“并船遣返”导致 25 人被集体钉在船舱内窒息死亡，以及 21 人因遣返船被台军舰撞击落水身亡等两起惨剧，台湾军警的非人道行径遭到两岸人民的一致谴责。

1990年8月，为避免再次出现死伤悲剧，切实解决私渡人员的遣返问题，两岸红十字会率先进行了沟通。众所周知，早在1979年2月，中国红十字总会就提出愿为两岸同胞联系和团聚提供帮助。同年7月，中国红十字总会致电台湾红十字会，建议双方就上述问题进行商谈。① 1981年10月，中国红十字总会会长钱信忠向台湾红十字会提出三点建议："一、中国红十字会总会愿意同台湾红十字会就查人转信进行合作；""二、中国红十字会总会愿意为台湾同胞与祖国内地的亲友联系、团聚提供帮助，如果台湾红十字会在这方面感到不方便的话，中国红十字会可以接受、安排台湾红十字会组织的个人和团体来大陆探亲、访友，并负责保证来去自由；""三、相互选派红十字会代表团进行访问，增进相互了解和发展红十字业务。"② 1987年，台湾开放民众赴大陆探亲后，台湾红十字会负责组织台湾民众赴大陆探亲事宜，两岸红十字会之间正式建立了联系。1990年5月，台湾红十字会负责人徐亨与常松茂一行受大陆红十字会总会会长陈敏章的邀请到大陆参访。两岸红十字会组织的副秘书长曲折、常松茂进行了工作会谈，并达成了五项口头协议：

"查人工作将开始直接联系；""台胞来大陆和大陆民众赴台衍生的伤、病、亡及证件逾期等事宜，红十字会应给予积极必要的协助；""大陆红十字会将继续协助有关部门积极处理有关台湾渔船海难事件，台湾红十字会将积极向台湾有关部门交涉，给予在台湾沿海从事正常渔业生产的大陆渔民人道主义的待遇；""大陆民众继承在台亲属遗产时，大陆公证机关出具的证明文件，经大陆红十字会盖章，台湾有关地方法院方能认可。台湾红十字会将向大陆提供台湾律师公会名册，供大陆民众办理遗产继承事宜选择律师时参考；""在促进海峡两岸双向交流方面，双方红十字会将积极努力，争取先行一步。"③

当25人窒息案发生后，大陆福建省平潭县人民政府对台湾当局这种不人道的行为予以谴责。此事件在台湾岛内也引起了舆论大哗。8月4日，中

① 《人民日报》，1981年10月5日。

② 《人民日报》，1981年10月5日。

③ 王永钦主编：《中国结：两岸关系重大事件内幕》，第133－134页，新华出版社，2003年版。

国红十字会致电台湾红十字会，指出“这是一起严重违反人道主义的事件，请贵会帮助调查了解，并催促台湾有关方面追查肇事人员”。台湾红十字会一方面予以推诿，一方面企图请红十字国际委员会插手调查，但被拒绝。出于解决问题的需要，台湾红十字会不得不回到两岸自己解决问题的现实中来。8月7日至8月10日，正当两岸红十字会交涉之际，又于8月13日发生了台湾军舰与大陆渔船相撞事件，造成21人溺水死亡。

中国红十字总会向台湾红十字组织建议，双方签订遣返作业协议，将私渡人员遣返纳入规范程序，使遣返作业在两岸红十字会组织的见证下进行。当时台湾当局希冀通过第三地日本或菲律宾进行商讨。中国红十字会总会秘书长韩长林明确表示上述两地不妥，谈自己的问题为什么要跑到别人的地方去，建议在金门举行会商。台湾红十字会经请示郝柏村和李登辉，同意在金门会商。

1990年9月11日，中国红十字总会秘书长韩长林等4人与台湾红十字组织秘书长陈长文等就两岸红十字组织参与见证主管部门执行海上遣返事宜进行了协商。双方本着切实解决问题、回避目前尚难以解决的两岸政治分歧的务实精神，就见证遣返的原则、对象和遣返程序等方面作了明确的规定，并于9月12日签署了两岸间第一个书面的“金门协议”。协议规定：

一、遣返原则

应确保遣返作业符合人道精神与安全便利的原则。

二、遣返对象：

（一）违反有关规定进入对方地区的居民（但因捕鱼作业遭遇紧急避风等不可抗力因素必须暂入对方地区者，不在此列）。

（二）刑事嫌疑犯或刑事犯。

三、遣返交接地点：

双方商定为马尾—马祖（马祖—马尾）。但依被遣返人员的原居地分布情况及气候、海象等因素，双方得协议另择厦门—金门（金门—厦门）。

四、遣返程序：

（一）一方应将被遣返人员的有关资料通知对方，对方应于二十日内核查答复，并按商定时间、地点遣返交接。如核查对象有疑问者，亦应通知对方以便复查。

（二）遣返交接双方均用红十字专用船，并用民用船只在约定地点引导。遣返船、引导船均悬挂白底红十字旗（不挂其他旗帜．不使用其他的标志）。

（三）遣返交接时，应由双方事先约定的代表二方签署交接见证书。

五、其他：

双方应尽速解决有关技术问题，以期在短期间内付诸实施。如有未尽事宜，双方得另行商定。①

“金门协议”虽然是以两岸红十字组织的名义签署的协议，但却得到两岸官方的认可和授权。1990 年 10 月 8 日，双方根据“金门协议”第一次顺利进行了海上遣返工作，首批 55 名私自渡海去台的大陆居民从马祖回到了福州马尾港。此后，共有 120 多批近 2 万名违反有关规定进入对方地区的两岸居民和刑事嫌疑犯、刑事犯遵循“金门协议”的模式完成遣返。金门谈判是 1986 年“两航谈判”以来的又一次重要的事务性谈判，“金门协议”也是新中国成立以来两岸授权民间组织签署的第一个书面协议。对于金门谈判，台湾媒体称这是一次“历史性的会谈”。② 金门谈判与“金门协议”的签订，不仅保证了两岸遣返作业的顺利进行和两岸同胞的生命安全，也为其后两岸的授权民间机构的商谈打下了良好的基础。

2. 海峡两岸“两会”成立

金门协议很难解决两岸交流和交往之间进一步扩大中衍生出的许多问题。由于台湾当局一贯坚持“三不政策”，这些问题很难得到妥善解决。为了防止矛盾的进一步激化，台湾当局认为有必要建立一条与大陆之间非正式接触的正常轨道。正是在这一背景下，海基会于 1990 年 11 月 21 日正式成立。该会以民间财团法人基金会的形式出现，受“陆委会”的委托，办理台湾当局“不便也不能出现的两岸事务”。马英九曾经说海基会是一个所谓“准行政实体”。《财团法人海峡交流基金会捐助暨组织章程》规定：“本会以协调处理台湾地区与大陆地区人民往来有关事务，并谋保障两地区人民权

---

① 海峡两岸关系协会编：《两岸对话与谈判重要文献选编》，第 63－64 页，九州出版社，2004 年版。

② 台湾《中国时报》，1990 年 9 月 20 日。

益为宗旨，不以赢利为目的。”海基会为达成前条所定的宗旨，主要办理及接受台湾当局委托办理的下列业务：

（1）台湾地区与大陆人民入出境案件之收件、核转及有关证件之签发补发等事宜。

（2）大陆文书之验证、身份关系之声明、协助诉讼文书之送达及两地人犯之遣返等事宜。

（3）大陆经贸资讯之蒐集、发布；间接贸易、投资及其争议之协调处理等事宜。

（4）两岸人民有关文化交流等事宜。

（5）协调保障台湾地区人民在大陆地区停留期间之合法权益。

（6）两岸人民往来有关咨询服务事宜。

（7）当局委托办理的其他事项。①

时任“行政院长”的郝柏村在海基会成立时宣称：“为了因应现实需要，及贯彻现阶段‘政府’不与中共官方做政治性接触的立场，‘政府’乃决定结合民间力量，成立中介机构，以处理两岸人民往来的事务。”他还说海基会将“承担历史性的任务”。

大陆对台湾海基会成立的反应是：国台办副主任、发言人唐树备在答记者问时称：“我们注意到有关成立海峡交流基金会的消息和报道。对于台湾省的任何团体和个人，只要是真正推动两岸关系的发展，促进直接‘三通’和双向交流，我们都愿意与之接触，进行讨论。”“发展两岸关系的最终目的是实现祖国的和平统一。我们一贯主张中国共产党同中国国民党就统一问题和两岸其他重要问题进行谈判，同各党派、团体共商国是。当务之急是实现两岸直接‘三通’和双向交流。我们希望新成立的海峡交流基金会和台湾省其他团体、人士一起，能为此做出贡献。”②

为了便于与台湾海基会联系，进一步促进两岸交流，祖国大陆也积极筹备成立一个与海基会相适应的民间团体，进行两岸间的沟通。

---

① 台湾“行政院大陆委员会”编：《大陆工作法规汇编》，组织类，第77－78页。

② 海峡两岸关系协会编：《两岸对话与谈判重要文献选编》，第58页，九州出版社，2004年版。

1991年6月8日，中共中央台办负责人就发展两岸关系提出建议："由海峡两岸有关部门和受权团体或人士，尽快商谈实现直接'三通'和双向交流的问题，扩大交往，密切联系，繁荣民族经济，造福两岸人民。对于台湾当局有利于直接'三通'和双向交流的主张和措施，我们都予以欢迎。""中国共产党和中国国民党派出代表进行接触，以便创造条件，就正式结束两岸敌对状态，逐步实现和平统一进行谈判。"发言人还邀请中国国民党中央负责人以及国民党中央授权的人士访问大陆。①

同年11月7日，国务院副总理吴学谦在中南海紫光阁会见台湾海基会副董事长陈长文一行时指出："大陆正在筹备成立一个民间团体，它今后合作的主要对象是海峡交流基金会，当然也可以与其他愿意促进两岸关系、促进祖国统一进程的团体和人士合作；主要的工作目标是尽快实现两岸直接'三通'和双向民间往来。为了积极推动这方面的工作，这个团体将接受有关方面的委托或授权，处理有关两岸往来中的具体问题。"②

1991年12月16日，海峡两岸关系协会（简称海协会）正式在北京成立。《海峡两岸关系协会章程》有关条款规定：海协会的宗旨是"促进海峡两岸交往，发展两岸关系，实现祖国和平统一"。其主要职能是：将致力于加强与赞成本会宗旨的社会团体和各界人士的联系与合作；协助有关方面促进海峡两岸各项交往和交流；协助有关方面处理海峡两岸同胞交往中的问题，维护两岸同胞的正当权益；接受有关方面委托，与台湾有关部门和授权团体、人士商谈海峡两岸交往中的有关问题，并可签订协议性文件。

在海协会成立大会上，国务院副总理吴学谦、国台办主任王兆国分别就海协会成立的背景、目的发表重要讲话。吴学谦在讲话中强调："海协会的成立，将进一步促进和加强两岸民间团体的交流与合作。为使两岸的交流与合作能顺利进行，有关方面还将授权这个协会与台湾有关的授权团体、人事处理有关两岸往来中的具体问题。"③ 王兆国明确表示："我们希望协会在各方面的大力支持下，为扩大两岸民间往来，增进两岸同胞的沟通与了解，发

---

① 海峡两岸关系协会编：《两岸对话与谈判重要文献选编》，第51－52页。

② 海峡两岸关系协会编：《两岸对话与谈判重要文献选编》，第53－54页。

③ 《人民日报》（海外版），1991年12月17日。

展两岸关系做出积极的贡献。国务院台办将根据两岸关系发展的实际需要，委托海峡两岸关系协会，与台湾有关部门授权团体、人士商谈海峡两岸交往中的有关问题，包括签署协议性的文件”。① 海协会会长汪道涵表示，协会的成立是对“一国两制、和平统一”大业的进一步推动，海基会将是协会的一个重要工作对象。②

国台办副主任、海协会常务副会长唐树备在记者招待会上指出：海协会成立后的工作重点将致力于四个方面：

第一，逐步建立和发展与台湾内外民间团体和人士的联系与相互合作，发挥民间力量，共同促进两岸的直接三通和双向交流。根据国台办的授权，协会将负责与“海基会“和有关团体进行联系，处理相关问题。

第二，就合作打击台湾海峡海上走私、抢劫问题与台湾授权团体“海基会“具体商谈。

第三，协会如受到委托，也将协同有关方面与台湾授权团体或人士就处理台湾海峡海上渔事纠纷和违反有关规定进入对方地区居民及相关问题进行商谈。

第四，协会将积极为台湾省内外团体、各界人士提供有关祖国大陆投资、贸易和其他交流活动的政策、法规等咨询和服务。③

台湾当局对海协会的成立也给予高度关注。在海协会成立当日，台湾当局“陆委会”发言人表示：“海协会成立是相当务实的做法。未来两岸中介团体应本着循序渐进的原则运作，把能解决的问题先解决。”④ 台湾各大媒体都给予高度肯定，均认为有利于两岸“良性互动”。

海协会与海基会的成立，在发展两岸关系的历程中发挥了重要的作用。成立后做的两件最具历史意义的事情就是 1992 年在香港达成的“九二共识”和 1993 年在新加坡举行的“汪辜会谈”。

3. 确立“九二共识”

“九二共识”是两岸交流的前提与基础，海峡两岸两会均是在坚持一个

---

① 《人民日报》（海外版），1991 年 12 月 17 日。
② 《人民日报》（海外版），1991 年 12 月 17 日。
③ 《人民日报》（海外版），1991 年 12 月 17 日。
④ 陈成龙等主编：《海峡两岸关系大事记》，第 309 页，中共党史出版社，1993 年版。

中国原则的基础上进行的，国共两党对此问题均有明确的共识。但是民进党上台执政后，极力否定“九二共识”。台湾一些不明真相的人士也提出了到底有无“九二共识”的疑问。为了澄清事实，有必要对此问题作一全方位的回顾。

众所周知，早在1991年4月28日，时任海基会副董事长兼秘书长的陈长文率团首次访问大陆。国台办副主任唐树备在与陈长文会见时，提出处理两岸交往中应遵循的五项原则，其中第二条是“在处理两岸交往事务中，应坚持一个中国原则，反对任何形式的‘两个中国’、‘一中一台’，也反对‘一国两府’以及其他类似的主张和行为”。同年11月3日—7日，陈长文再度率团到北京，双方讨论了事物商谈中坚持一个中国原则问题，但未能达成共识。①

1992年3月22日两岸两会在北京进行商谈。海基会宣称台湾“陆委会”坚持一个中国原则和文书使用等问题会谈的“技术性事务无关”。② 唐树备认为“双方分歧的关键在一个中国的提法上”，海基会的做法和主张违背了一个中国原则。③ 同年10月28日至30日，两会又在香港举行会谈，这次商谈的主题实际上是如何排除双方在事务协商中在“一个中国”原则问题上的分歧。海协会的周宁提出关于表述海峡两岸均坚持“一个中国”原则的5种文字表述方案：

（1）海峡两岸文书使用问题，是中国的内部事务。

（2）海峡两岸文书使用问题，是中国的事务。

（3）海峡两岸文书使用问题，是中国的事务。考虑到海峡两岸存在不同制度（或国家未完全统一）的现实，这类事务具有特殊性，通过海峡两岸关系协会、中国公证员协会与海峡交流基金会的平等协商，予以妥善解决。

（4）在海峡两岸共同努力谋求国家统一的过程中，双方均坚持一个中国之原则，对两岸公证文书使用（或其他商谈事务）加以妥善解决。

---

① 刘墨、肖之光：《为历史留下公正的注脚》，载《两岸关系》杂志，1999年9月（总第27期）。

② 台湾《联合报》，1992年3月24日。

③ 台湾《联合报》，1992年3月25日。

（5）海峡两岸关系协会、中国公证员协会与海峡交流基金会依海峡两岸均坚持一个中国之原则的共识，通过平等协商，妥善解决海峡两岸文书使用问题。①

海基会的许惠祐根据台湾“陆委会”授权先后提出5种文字表述方案和3种口头表述方案。许惠祐提出5种文字表述方案是：

（1）双方本着“一个中国，两个对等政治实体”的原则。

（2）双方本着“谋求一个民主、自由、均富、统一的中国，两岸事务是中国人事务”的原则。

（3）鉴于海峡两岸长期处于分裂状态，在两岸共同努力谋求国家统一的过程中，双方咸认为必须就文书查证（或其他商谈事项）加以妥善解决。

（4）双方本着“为谋求一个和平民主统一的中国”的原则。

（5）双方本着“谋求两岸和平民主统一”的原则。②

两会对各自提出的5种文字表述方案没有达成一致可以接受的方案。海基会根据“陆委会”授权，又提出了3点口头表述方案：

（1）鉴于中国仍处于暂时分裂之状态，在海峡两岸共同努力谋求国家统一过程中，由于两岸民间交流日益频繁，为保障两岸人民权益，对于文书查证，应加以妥善解决。③

（2）海峡两岸文书查证问题，是两岸中国人之间的事务。

（3）在海峡两岸共同努力谋求国家统一的过程中，双方虽均坚持一个中国的原则，但对一个中国的涵义，认知各有不同。

从台湾当局提出的两个方案8条看，台湾当局认同一个中国原则与国际统一的立场，但他们企图通过两岸事务性交流，凸显两岸尚处于分裂状态，两岸是“对等的政治实体”。

很显然，两岸在一个中国原则问题上存在着严重的分歧。海协会主张把有共识的部分先写上，分歧部分由台湾当局自行处理。但海基会不同意，主张用口头声明的方式来表达一个中国原则的建议。经过再度协商未果。海协

① 《李登辉执政告白实录》，第187页，台湾印刻出版有限公司，2001年版。

② 《李登辉执政告白实录》，第188页。

③ 王銘义：《两岸和谈》，第126－127页。

会人员说此次会谈最重要的成果，就是双方在坚持一个中国原则问题上已有共识，而且都表达了谋求祖国统一的愿望。

香港两会会谈的最终成果是解决了海峡两岸公证书使用的具体作业方面的五点共识：

（1）在两岸公证书使用联系方式上，海基会同意与中国公证员协会进行联系，而不再坚持以海协会作为联系主体。

（2）海基会接受海协会提出的相互寄送公证书副本以便于文书使用部门核对的方案。

（3）双方在对公证书使用中就文书内容和形式真伪提出查询及查询事由达成基本共识。

（4）双方同意相互支付查询费用，费用标准再行商定。

（5）双方同意本协议由海协会与海基会签署。

10 月 30 日，海基会以口头方式表示其方案："在海峡两岸共同努力谋求国家统一的过程中，双方均坚持一个中国的原则，但对于一个中国的涵义，认知各有不同。"11 月 1 日，海基会发表书面声明表示，有关事务性商谈中一个中国原则的表述，"建议在彼此可以接受的范围内，各自以口头方式说明立场。同月 3 日，海基会再度致函海协会，正式通知海协会"以口头方式表述"一个中国原则。

当日，海协会副秘书长孙亚夫打电话通知海基会副秘书长陈荣杰，表示海协会充分尊重并接受海基会"以口头方式表述"一个中国原则的建议，并建议就口头声明的具体内容进行协商。①

海基会 11 月 3 日的来函和孙亚夫打给陈荣杰的电话，使两会关于文书使用和挂号函件查询、赔偿商谈都已经出现了"突破性的发展"。②

11 月 16 日和 30 日，海协会两度致函海基会，以书面形式表明立场。16 日的函件表示："在这次工作性商谈中，贵会代表建议在相互谅解的前提下，采用贵我两会各自口头声明的方式表述一个中国原则，并提出具体表述内容，其中明确了海峡两岸均坚持一个中国原则，这项内容也于日后见诸台

① 新华社（北京）1992 年 11 月 4 日电。

② 台湾《联合报》，1992 年 11 月 4 日。

湾报刊。”海协会正式告之自己的立场是：“海峡两岸都坚持一个中国的原则，努力谋求国家的统一。但在海峡两岸事务性商谈中，不涉及‘一个中国’的政治涵义。”12月3日，海基会复函海协会，对海协会16日和30日来函予以答复，宣称对于贵会上述二函，“愿以积极的态度，签署协议”，“使问题获得完全解决”。我方表示欢迎：“我方始终认为：两岸事务性之商谈，应与政治性之议题无关，且两岸对‘一个中国’之涵义，认知显有不同。我方为谋求问题之解决，建议以口头各自说明。”①

“海峡两岸均坚持一个中国则，努力谋求国家的统一”，就是两岸两会达成的共识，即著名的“九二”共识。的确，海协会与海基会在相互谅解的前提下，抱着解决问题的诚意，相互妥协，最终达成了均坚持一个中国的原则立场。至于“一个中国，各自表述”的说法，只是台湾国民党当局的意见，并非大陆的主张，当然也不是两岸的共识，而是双方共同谅解的结果。大陆的立场十分明确，就是两岸只要承认一个中国原则，其他问题都可以在一个中国原则框架下进行讨论和解决。实际上，“九二共识”是在两岸均表明坚持一个中国原则立场的前提下，暂时搁置了对“一个中国”政治涵义的分歧，正是因为有两岸的共识，才有“汪辜会谈”的进行，否则，怎么可能进行呢？陈水扁之流否定“九二共识”就是企图借以否定一个中国原则，以便于进行“台独”分裂活动。已故的辜振甫先生生前曾经质问陈水扁当局：“若没有‘九二共识’，哪来的九三‘汪辜会谈’？”“‘改朝换代’虽然可以推翻以往共识，但总不能说没那段过程吧！”②

“九二共识”的确立，在原则上排除了两岸事务性商谈中的主要障碍，使双方就《海峡两岸公证书使用》和《海峡两岸挂号函件遗失查询及补偿》问题达成协议，也为“汪辜会谈”提供了前提，并成为两岸交流的一个非常重要的关节点。

4. “汪辜会谈”

“汪辜会谈”的最早发起者是大陆的海协会。海协会刚刚成立一个月，就向海基会表示“为增进贵我两会之间的相互了解，兹特邀贵会董事长、

① 台湾《中央日报》，2001年8月30日。

② 胡公展：《两岸关系纵横论》，第193页，学林出版社，2006年版。

副董事长或秘书长率贵会人员于近期来访，就加强双方联系与合作事宜交换意见。”① 当时，海基会董事长辜振甫以“将于双方便利之时机专程拜访”回复邀请。②

1992 年 8 月 4 日，海协会会长汪道涵亲自修书一封给辜振甫，信中称：“半载以来，两岸关系，特别是经贸合作，日趋活跃，令人感奋。当今世界形势中，东南亚地区蔚然挺秀，顺此潮流，两岸携手共济，前景未可限量。先生擅长经济，多有建树，又出掌海基会，对两岸关系之发展，必将做出重大贡献。贵我两会初建，黾勉务实，任重事繁，急需加强沟通，协调配合，促进关系。是以深盼早日会晤，就当前经济发展及双方会务诸问题，交流意见，洽商方案，共利两岸。”③

8 月 22 日，辜振甫给汪道涵发来回函，对汪道涵的盛情邀请表示感谢，同时指出：“两岸交流日趋频繁，亟须开诚务实，加强沟通，当对两岸关系之增进，尤其贵我两会会务之开展，有所裨益。为此择本年 10 月中、下旬或其他适当时日，于新加坡，就有关双方会务及两岸文化经贸交流，例如台商在大陆地区投资保障诸问题，进行磋商。”④

至此，“汪辜会谈”进入了倒计时。然而，海协会多次提出与海基会进一步协商会谈地点和时间时，总是遭到台湾当局的拖延。直到 1993 年 3 月 18 日，台湾当局“陆委会”才公布了《汪辜会谈背景说明书》，将此次会谈定位为“两岸政府正式授权之民间中介团体最高负责人首度会面”，而其性质则为“事务性及功能性的商谈，不涉及政治性问题”。说明书还就会谈的目的、议题及会谈的期望表明了台湾当局的立场。⑤

3 月 26 至 27 日，海基会与海协会部分工作人员分别就“两岸公证书使用查证”、“两岸挂号函件查询补偿”协议文本内容和“汪辜会谈”第一阶段预备性磋商的程序问题，在北京进行了商谈。海协会在一个中国的表达方式上作出了让步，接受了台方的建议；海基会也在协议名称及一些技术性问

① 海峡两岸关系协会编：《两岸对话与谈判重要文献选编》，第 103 页。
② 海峡两岸关系协会编：《两岸对话与谈判重要文献选编》，第 104 页。
③ 海峡两岸关系协会编：《两岸对话与谈判重要文献选编》，第 104 页。
④ 海峡两岸关系协会编：《两岸对话与谈判重要文献选编》，第 105 页。
⑤ 姜殿铭主编：《台湾 1993》，第 513 – 514 页，中国友谊出版公司，1994 年版。

题上有所妥协。双方原则决定，自4月7日起，由海协会常务副会长唐树备和海基会副董事长或秘书长邱进益，在北京举行“汪辜会谈”第一阶段预备性磋商，确定会谈的时间和议题等。

1993年4月8至10日，唐树备与邱进益在北京举行“汪辜会谈”预备性磋商，就会谈的时间、地点、人员和议题及有关问题达成如下八点共识：

一、性质：双方均认为，“汪辜会谈”是民间性的、经济型的、事务性的、功能性的会谈。

二、时间：正式会谈于本年4月27至28日举行，必要时延长一天。

三、地点：新加坡。

四、参加会谈的人员：除汪、辜两位先生外，两会随行人员各自不超过10人。

五、海协常务副会长唐树备和海基会副董事长邱进益于4月23日抵新加坡进行会商，为“汪辜会谈”做好准备。

六、正式会谈议题：

（一）关于两会会务

1. 双方同意商谈两会联系与会谈制度，并签署协议。对相互给予入出境便利问题，将进一步磋商。

2. 确定今年两会事务性商谈议题

（1）违反有关规定进入对方地区之人员的遣返及相关问题。

（2）有关共同打击海上走私、抢劫等犯罪活动问题。

（3）协商两岸海上渔事纠纷的处理。

（二）关于两岸经济交流

1. 海协会愿意协助有关部门积极促进台商在大陆投资正当权益的保障。海基会愿就台商在大陆投资及大陆经贸界人士访台协调有关机关予以积极促进。

2. 两岸授权的民间团体共同筹设民间性的两岸经济交流会议制度。

3. 双方同意就共同开发能源、资源问题进行讨论，海协建议向台湾地区提供劳务，海基会允诺将转送主管机关考虑。

（三）科技、文教交流

1. 两岸青少年交流。

2. 两岸科技交流。

3. 两岸新闻界交流。

七、正式签署《两岸公证书使用查证协议》、《两岸挂号函件查询、补偿事宜协议》。

八、以适当方式共同宣布“汪辜会谈”的成果。①

4月25日下午，汪道涵一行抵达新加坡。在机场，汪道涵发表讲话：“这次会谈，虽然是民间性、经济性、事务性、功能性的，但也是两岸交往中跨出的重要一步。”“为了中华民族（包括两千万台湾同胞）的根本利益，两岸同胞应更具前瞻性地面对未来，把握住国际发展的趋势所赋予我们中国人的历史机遇，以宽阔的胸怀向前看，加强合作，携手努力，共同振兴中华。”汪道涵还指出：“只要双方都有发展两岸关系，实现和平统一的愿望，就没有什么不能坐下来谈的问题。我深信，只要双方本着相互尊重、平等协商、实事求是、求同存异的精神，就一定能使这次会谈顺利进行，并取得积极成果。”②

辜振甫于4月26日上午抵达新加坡。在机场，辜振甫发表讲话称：“这次会谈是一项民间性、事务性、经济性、功能性的会谈。”“海峡两岸，不仅有地理、历史、文化的溯源，更有血浓于水的民族感情”，“台湾和中华民族的关系是切不断的”。他“企盼海峡双方都能以开阔的胸襟、理性的了解、高度的智慧、务实的态度以及稳健的步伐来加以推动”。③

4月27日上午10时6分，“汪辜会谈”正式开始。汪道涵首先发言，重申了这次会谈是民间性、经济性、事务性、功能性的，进一步说明两岸之间加强经济交流的极端重要性，重点论述了两岸经济交流合作的8个议题：对两岸经济合作的基本主张；直接“三通”应当摆上议事日程；关于两会共同筹开民间的经济交流会议的建议；台商在大陆的投资和大路经贸界人士访台问题；两岸劳务合作问题；台湾参与开发浦东、三峡、图们江问题；合作开发能源、资源问题；两岸合作开发台湾海峡和东海无争议地区石油资源

① 《人民日报》，1993年4月11日。

② 海峡两岸关系协会编：《两岸对话与谈判重要文献选编》，第120－121页

③ 海峡两岸关系协会编：《两岸对话与谈判重要文献选编》，第132页

问题。汪道涵还就两岸科技、文化交流及两会会务问题发表了自己的意见。①

辜振甫就建立两会联系与协商制度、社会交流、经济交流、文教科技交流等方面作了简要的回顾和说明，重点强调大陆要保障台商在大陆投资，并将其作为两岸经济交流的重要指标。②

4月29日上午10时40分至52分，汪道涵和辜振甫代表两会正式签署了4项协议：《汪辜会谈共同协议》、《两岸公证书使用查证协议》、《两岸挂号函件查询、补偿事宜协议》、《两会联系与会制度协议》。

签字仪式后，汪道涵和辜振甫分别召开记者会。汪道涵指出："汪辜会谈"所签订的4项协议符合两岸人民的利益，也符合此次会谈的初衷——两岸互补互利，共同发展，即双方扬长补短，共同获得利益。这是两岸关系发展重要、历史性的一步。它将会对今后两岸两会继续接触，推动两岸关系的发展产生重要作用。

辜振甫对记者说：今天上午签署的协议，为两岸事务性交流掀开了新的一页……使两岸关系跨出了历史性的一步……为两岸未来的发展打下了良好的基础，这个意义是很大的。"他认为：这次会谈所签署的协议"已搭起一座桥梁，对发展两岸关系、两岸交流秩序化将是一座里程碑"。③

"汪辜会谈"是海峡两岸高层人士在长期隔绝之后进行的首度接触，是海峡两岸从对立走向和解的重大突破，是两岸关系发展的里程碑。台湾岛内的一项调查显示，70%以上的台湾民众赞成"汪辜会谈"。④

国际社会和两岸高层人士给予了高度评价。

中共中央总书记江泽民5月6日会见台湾民营银行大陆考察团时说："汪辜会谈"是成功的，是有成果的，它标志着海峡两岸关系发展迈出了历史性的重要一步。"⑤

全国政协副主席、中共中央台办主任王兆国迎接汪道涵回京时发表谈话

① 海峡两岸关系协会编：《两岸对话与谈判重要文献选编》，第122－131页
② 海峡两岸关系协会编：《两岸对话与谈判重要文献选编》，第133－136页
③ 全国台湾研究会编：《台湾问题实录》（下），第828页，九州出版社，2002年版。
④ 范丽青：《汪辜会谈》，第142页。
⑤ 《人民日报》，1993年5月7日。

称："'汪辜会谈'标志着海峡两岸关系发展迈出了历史性的重要一步，是件具有重大意义的事情，它对于推动两岸关系的深入发展，促进祖国和平统一，必将起到积极的作用。"①

5月份，汪道涵访问美国和加拿大发表演讲时对这一次会谈给予了高度评价："两岸在经过40余年的分离和隔绝之后，终于坐到了谈判桌上，这标志着海峡两岸关系发展迈出了重要的、历史性的一步。"他认为会谈成功说明："第一，中国要统一、中华民族要振兴，这是全体中国人民的共同愿望；第二，只要坐下来谈，什么问题都好商量；第三，互相尊重、平等协商、实事求是、求同存异是会谈得以成功的重要条件。"②

李登辉在接见媒体人时说："本人认为这次会谈是成功的，而且由签署文件的方式，礼仪的安排，都显示了我们和中共的对等地位已经是个不容否认的事实。""行政院长"连战认为"汪辜会谈"是一项令人满意的成就。他说："海峡两岸尽管在意识形态上存在差距，惟两岸都应确切了解双方不可能、也不应该长期隔绝和长期对抗。这次会谈已经建立两岸制度化互动的管道，惟有在诚意与善意的交会之下，中国统一的进程才可能发展，也才会有意义。"③

台湾媒体对这次会谈也给予了高度的评价。国际社会也给予肯定。英国《金融时报》认为两岸会谈是一个进程的开端。日本共同社认为"汪辜会谈"是中韩建交后为了消除远东的冷战结构而采取的划时代步骤。

香港《快报》认为"汪辜会谈"的政治意义是象征大于事实。香港《大公报》发表社论称："汪辜会谈"中，双方本着相互尊重、平等协商、实事求是、求同存异的原则，以及互忍互让的精神，终于达成双赢的结果。今后两岸谈判如能坚持这次会谈的原则和方式，相信必有助于中国的早日统一。

"汪辜会谈"之所以能够成功，笔者认为：

第一，是海峡两岸关系发展的现实需要与两岸民众的共同愿望。两岸交

---

① 新华社（北京），1993年5月2日电。

② 海峡两岸关系协会编：《两岸对话与谈判重要文献选编》，第149－151页

③ 全国台湾研究会编：《台湾问题实录》（下），第830页。

流中经贸交流占重要组成部分。1979 年以前，由于两岸军事对峙与政治敌对，海峡两岸经贸活动很少，仅有间接、微量的贸易联系（自 50 年代中期起，台湾曾自第三地间接输入台湾不可替代或无法生产的大陆中药材与其他物品。这种转口贸易仅限于零星采购，60 年代数额约为 200 万美元。1970－1978 年台湾累计从香港购入货物达 9.44 亿港元。此外，自 1970 年起台湾亦有货物经香港输往大陆，但数量有限，1978 年仅达 24 万港元。这种转口贸易的规模微乎其微）。① 1979 年祖国大陆开始主动邀请台商参加广交会，并于 1980 年主动派出大型采购团赴港采购台湾产品，仅第一批合同金额就达 8000 万美元。大陆对台湾商品开放进口并对进口台湾产品给予关税上的优惠，在煤炭、棉花等大宗商品出口上优先给台商安排货源。大陆在资金困难的情况下，为台资企业提供金融支持。为方便台商往来大陆，给台商办理 1 至 5 年多次入出境有效证件。以上措施积极促进了两岸经贸关系的健康发展。

20 世纪 80 年代，两岸转口贸易获得了长足发展，由 1979 年的 0.46 亿美元增长到 1989 年的 34.83 亿美元，到 1992 年达到 65.79 美元。在经济全球化、区域经济一体化倾向日益明显、经济竞争日趋激烈的情况下，以出口为导向的台湾经济面临着越来越大的挑战和压力，加强与大陆的经济联合已势在必行。同时，1987 年 11 月 2 日，台湾当局正式开放民众赴大陆探亲，经过几年来的努力，两岸交往已经步入常态。台湾同胞到大陆探亲、旅游、经商的人数在 1990 年达到 85 万，台湾同胞探亲开放以来赴大陆累计超过 250 万人。两岸学术交流、文艺体育、教育等各方面进一步扩大交流面和交流层次。

由于两岸交往中的民事纠纷、渔事纠纷以及走私、私渡等问题越来越多并亟待解决。为解决大陆居民私渡、台湾军警对私渡人员采取不人道的强制遣返事宜，1990 年 9 月 11 日，两岸红十字组织对此进行协商，双方本着解决问题、回避两岸政治分歧的务实精神，就遣返原则、对象和遣返程序等方面作了明确的规定，并于 9 月 12 日签署了《金门协议》。该协议的签署不仅保证了两岸遣返作业的顺利进行和两岸同胞的生命安全，也为其后两岸授

① 详情可参见范重平主编：《新时期对台工作》，第 75 页，华艺出版社，1990 版。

权民间机构商谈打下了良好的基础。为改变被动局面，使其大陆政策既有利于借助大陆的市场和资源加速台湾经济发展，又可全面控制两岸交流的步伐与规模，台湾当局最终接受了大陆提出的举行“汪辜会谈”的建议。江泽民在谈及“汪辜会谈”时指出：“会谈所以取得成功，主要是因为反映了海峡两岸同胞、港澳同胞、海外侨胞和广大华人要求两岸接触商谈、共同合作、发展经济、振兴中华的愿望。”①

第二，是中国共产党和中国政府积极推动的结果。为争取和平解决台湾问题，历届中国共产党和中国政府领导人都曾提出通过两岸谈判实现统一的方针。20 世纪 50 年代中期，周恩来代表中国政府表达了愿意与台湾当局进行政治谈判的意愿。② 1979 年元旦，全国人大常委会发表的《告台湾同胞书》郑重表示：“首先应当通过中华人民共和国政府和台湾当局之间的商谈，结束这种军事对峙状态。”③ 1981 年 9 月 30 日，叶剑英对新华社记者发表的谈话（“叶九条”）中建议举行中国共产党和中国国民党两党对等谈判，实行第三次国共合作。④ 1983 年 6 月 26 日，邓小平在会见美国西东大学杨力宇教授时，提出实现统一的适当方式是举行国共两党平等会谈，实行第三次国共合作，不提中央与地方谈判，双方达成协议以后，可以正式宣布，但不允许外国势力插手。⑤ 1990 年 6 月 11 日，江泽民在全国统战工作会议上重申，只要双方坐下来，真正本着“一国两制”的原则商谈祖国统一，而不是搞“两个中国”、“一中一台”、“一国两府”，一切问题都可以提出来探讨、商量。我们主张由中国共产党和中国国民党对等商谈，这是从两党目前的地位、作用等实际情况出发的，也是为了避开台湾方面感到不方便的问题。同时我们也一贯重视两岸其他党派、团体和各界人士在实现祖国统一大业中的作用。⑥ 在中国政府的积极推动下，1986 年 5 月，“华航事件”得以顺利解决，此举打破了两岸双方敌对 30 多年来的官方式沉默和国民党当局

---

① 《人民日报》（海外版），1993 年 5 月 7 日。

② 中共中央台湾工作办公室、国务院台湾事务办公室：《中国台湾问题》（干部读本），第 62 页，九洲图书出版社，1998 年版。

③ 《人民日报》，1979 年 1 月 1 日。

④ 《人民日报》，1981 年 10 月 1 日。

⑤ 《人民日报》，1983 年 7 月 30 日。

⑥ 王永钦：《统一之路：两岸关系五十年大事记》，第 256 页，广东人民出版社，1999 年版。

的“三不政策”，实质上跨越了不对话的界限，开创了在特殊性情况下可以按个案方式进行两岸之间直接谈判的先例。没有大陆的主动的一再要求和精心安排，“汪辜会谈”是很难进行的。

第三，是李登辉试图谋求“对等政治实体”的策略运用。否则无法理解为什么李登辉在这一时期对两岸谈判与交流持较为积极主动的态度。经笔者研究，认为这主要有以下几方面的具体原因：

首先就是台湾面临经济转型，传统制造业必须向劳动力成本低的地区转移，从而提高竞争力。而改革开放后的祖国大陆，具有丰富的资源和廉价的劳动力。台湾制造业需要向大陆地区转移，这使得台湾社会当局不得不面对两岸经贸交流问题。

其次，20 世纪 90 年代开始的世界经济、政治、文化全球化的冲击。由于世界主要的国家均没有与台湾建立“外交”关系，当时的台湾当局和工商企业界均强烈感觉到面对全球化时的危机，台湾企业越来越依赖国际工商、技术、人员交流活动提供政治、经济、人身的安全保护，拓展生存空间。因此台湾不得不面对统一的问题。

再次，当时台湾社会普遍有一种期待，期待以“联邦”或“邦联”的形式实现民主、和平的统一，这使得李登辉在“执政”之初不得不顺应民意。

然而，随着李登辉“执政”地位的不断稳固，台湾当局对政治谈判的态度逐渐由“极力回避”转变为“设置种种限制拖延两岸政治谈判”，直至提出“两国论”，使两岸政治谈判最终被迫搁浅。

1993 年 4 月“辜汪会谈”达成四项签署文件的共同协议，在国际社会上普遍被认为这是两岸正式谈判的事例。但是台湾当局给予“辜汪会谈”的定位，回避了“两岸谈判”的性质。从“陆委会”编印的《我们对“辜汪会谈”的看法》这本册子中，可以看到台湾当局的立场：依照“国家统一纲领”进程阶段的目标来规划“汪辜会谈”的议题。在这个阶段着重以民意交流促进了解，以互惠化解敌意，并希望建立两岸交流秩序及制定交流规范，这是台方授权海基会与大陆海协会进行会谈的最高原则；由两会的约定来看：本年 4 月上旬在北京所举行的“汪辜会谈”预备性磋商中，海基会与海协会对会谈的定位达成民间性、事务性、经济性、功能性的共识。在预备性磋商过程中，由于双方代表全力恪守不涉及政治性议题之约定，使该次磋商得以顺利完成，也为正式会谈打下良好的基础；由正式会谈的过程来看：台方代表谨守“陆委会”授权的范围，只谈预备性磋商中达成的共识，不谈政治性议题。大陆代表在会中虽提出政治性之“三通”问题，台方代表坚守授权范围及两会先前达成之共识，未予应允；由会谈达成的四项协议来看：“两岸公证书使用查证协议”、“两岸挂号函件查询补偿事宜协议”、“两会联系与会谈制度协议”、“辜汪会谈共同协议”以及将两岸交流中面临的十余项问题，列为两会未来会务联系的优先事项来看，很明显的，会谈绝不是政治性的。

1994 年 7 月“陆委会”所公布的“台湾两岸关系说明书”内，曾经提到，无论是目前民间的交流，或是未来两岸间的协商，均应在尊重对方人民与政府法制的原则下进行。这段文字里，即使已提及两岸间的官方交流管道，但用词还是取“协商”而舍“谈判”的字眼。当然，说到底还是李登辉在贯彻“一个国家两个对等政治实体”。从“汪辜会谈”后台湾当局的所作所为就可以看到李登辉的“台独”嘴脸日趋明显。

总的说来，在“汪辜会谈”的成因上，大陆对台的一贯方针和长期积极推动起到了关键的作用；两岸关系的迅速发展是推动“汪辜会谈”的历史潮流；这也与台湾当局的现实政治需要暗合，所有因素共同作用推动了“汪辜会谈”举行的历史进程。

“汪辜会谈”后，仅 1994 年，两岸“两会”负责人就举行了两次会谈及“两会”三次事务性商谈，可谓是会谈成果丰富。年初，海协会副会长唐树备邀请海基会新任副董事长兼秘书长焦仁和到北京会谈，“唐焦会谈”以务实态度回避政治问题，从而取得突破，形成了会谈共同新闻稿。1994 年 8 月 4 日，唐树备应邀首次抵台与焦仁和展开“两会”负责人第二次“唐焦会谈”，又取得突破性进展，8 月 8 日发表了《海协会与海基会台北会谈共同新闻稿》。舆论认为，这次会谈突破了去年“两会”台北事务性会谈的僵局，为全面落实“汪辜会谈”协议迈出了可喜的一步，对继续推动两岸关系发展具有重要意义，两岸关系经历浙江“千岛湖案”和台湾宜兰苏澳港 7·10“海上旅馆”惨案等曲折之后，再度步入缓和与交流的轨道。除一年内唐、焦两度会谈外，海协会与海基会还先后在北京、台北、南京举行了“两会”第四次、第五次、第六次事务性商谈，进一步克服歧见，取得一些积极成果，两会的接触频率和所达成的共识，实为近年所罕见。“两会”在处理海峡两岸一些重大突发事件方面仍发挥了应有的作用。海协会在处理浙江“千岛湖案”、台湾“7·10”大陆渔工海难事件、遣返台湾刑事案犯以及交涉“11·14”厦门市郊遭台湾当局金门驻军炮击等事件中，主动与台湾海基会联络、沟通，函电交驰、人员往来，为促进两岸的相互了解、增进互信作出了新的努力。

5. “汪辜会晤”

为加强“两会”联系与合作，海协会副会长汪道涵于1994年2月和6月半年之间两度函邀海基会董事长辜振甫进行“汪辜会晤”，以加强两会高层沟通接触，表达了愿再度会晤的真诚期望，并主张这项会谈“可以设特定议题深入讨论，也可以不设议题，就双方关心的问题广泛交换意见”，以期达到“增进了解，克服分歧，推进合作”、“推动两岸经济等各项交流与合作”、“缓和、稳定并不断改善和发展两岸关系”的目的。① 辜振甫回函表示有意推动“汪辜会谈”，但认为“时机”尚未成熟。尽管如此，海协会从加强两岸沟通、扩大两岸同胞的共同利益出发，倡议和推动举行“汪辜会晤”，其真诚愿望和善意始终如一得到了海峡两岸人民的好评。

尽管大陆方面一再表示出诚意，两岸广大同胞也对举行“汪辜会晤”怀有热切期待，但在长达一年多的时间里，台湾方面对海协会的倡议一直迟迟未予同意。究其原因，正如台湾媒体和各界有识之士指出的，台湾当局并不愿意举行“汪辜会谈”以促进两岸关系发展，于是玩弄所谓的“连环套”策略，即企图以逼迫大陆方面在“两岸海上渔事纠纷之处理”等三项事务性议题上作出重大让步，作为举行“汪辜会晤”的前提。台湾当局此岸根本原因是希望以积极的、推动交流的大陆政策的执行来换取大陆同意把台湾作为一个“对等政治实体”对待，换句话说，就是希望同意台湾当局提出的“一国两府”。这正像李登辉对日本《产经新闻》记者谈内外政策时表明

① 《台湾问题重要文献资料汇编》，第511页，红旗出版社，1997年版。

的："基于自己的主权，立于对等的立场。"① "两岸关系要进一步发展，中共当局一定要从现实的立场出发，尊重我为对等政治实体。"② 1993 年 5 月 30 日，李登辉在"辅选干部"座谈会上发表讲话。他说："'辜汪会谈'后，我们的国际关系做到一件事，就是国际社会都知道，双方坐在一起，你我都存在，这不是国民党与共产党，而是'中华民国'与中共。"③ 为此，台湾当局总是以"时机不成熟"、"条件不具备"为由对举行"汪辜会晤"加以推托。这一并不高明的"策略"，真实地反映了台湾当局阻碍两岸关系发展的用心，不仅为各界洞悉，而且一直遭到舆论的谴责。后来，在两岸同胞的强烈要求和推动下，台湾方面虽然在表面上不得不放弃"连环套策略"，同意举行"汪辜会晤"，但实际上却并无诚意。从情理上说，举行两岸授权民间团体领导人会谈，是两岸关系中的一件大事，双方理应就此相互配合，并各自认真做好准备，为顺利举行正式会谈创造好的气氛与条件，以期达到推进两会联系与合作、促进两岸关系发展的目的，这才是应有的合乎常理之举，也是两岸同胞共同期待的。

然而，就在大陆方面本着真挚诚意，积极着手为举行这次会谈进行各项准备的时候，台湾方面却异乎寻常地有意采取了一系列严重恶化两岸关系、毒化会谈气氛的行动。一方面，李登辉刻意挑起两岸政治冲突，以赴美进行所谓"私人访问"的形式，与美国反华势力相互勾结，公然从事制造"两个中国"、"一中一台"的活动，并在竞选"总统"的讲话中恶毒攻击、谩骂大陆，提到"台湾的民主化、务实外交愈做愈好，中共'眼睛红，看不惯'，就用军事演习让李登辉不当选最好"。④ 另一方面，台湾当局在 5 月底至 6 月初不到 10 天的时间里，连续举行了 4 次针对大陆的大规模军事演习。上述作为，显然并非偶然的巧合，而是经过精心策划安排的结果，其目的旨在蓄意制造两岸关系紧张气氛，破坏"汪辜会晤"的顺利进行。正如国务院台办发言人所指出，这次会谈不能按原计划举行，完全是由台湾方面一手

① 台湾《联合报》，1991 年 9 月 19 日。

② 台湾《联合报》，1992 年 8 月 22 日。

③ 米歇尔·奥克森伯格：《中美关系中的台湾、西藏和香港问题》，第 308 页，新华出版社，1998 年版。

④ 台湾《中央日报》，1996 年 2 月 11 日。

造成的，说到底，台湾当局原本就没有举行这项会谈的诚意。

1998 年 10 月，在各方的努力推动下，“汪辜会晤”在因李登辉访问美国而中断后再次举行，而且是在上海举行。在会谈中，海协会会长汪道涵把一个中国原则的内涵概括为 86 个字：“世界上只有一个中国，台湾是中国的一部分，目前尚未统一，双方应共同努力，在‘一个中国’的原则下，平等协商，共议统一。一个国家的主权和领土是不可分割的，台湾的政治地位应该在一个中国的前提下进行讨论。”其中关键词是“一个中国，尚未统一，平等协商，共议统一”。在日趋紧张的两岸关系中，“八十六字方针”有极大的包容性和针对性，获得了岛内外多数民众的支持，它既坚持了一个中国原则，又承认了现实，实事求是，并且提出了平等协商，共同缔造一个统一的中国的美好前景。

“汪辜会晤”标志着两岸关系发展取得了新的进展。两次“汪辜会谈”事实上结束了两岸对峙的局面，在某种意义上使两岸关系进入了谈判时代，这是必须承认的事实。此后，两岸关系的矛盾从“是否要谈”到“怎样谈”、“谈什么”，本身就是一种实质性进展的表现。海协会与海基会已就交流和交往过程中产生的事务性问题，进行了多次民间性质的有一定成果的商谈，这对于增进双方的共识，消除猜忌、化解歧见、求同存异、建立互信起到了积极作用，有助于亚太局势的稳定。

但是在当时的政治僵局下，这种民间性、事务性谈判，不能从根本上解决制约两岸关系发展的问题，尤其是不能从根本上消除两岸的敌对状态。因此，要想根本解决问题，就必须提升谈判的层次，以至举行两岸双方最高层次政治性谈判才可能最终解决两岸问题。第一步，双方先就在一个中国的前提下，正式结束两岸敌对状态进行政治性商谈，并达成协议。在此基础上，共同承担义务，维护中国的主权和领土完整，并对今后两岸关系的发展进行规划。这样做，既抓住了维护两岸和平稳定发展的大前提，对保障两岸关系发展、扫除两岸人民交往的社会和心理障碍有重大积极作用，同时又有利于打击一些外国势力利用两岸敌对状态而售其分裂中国之奸的图谋。第二步是再来商谈如何逐步实现的问题。

1993 年 8 月，中华人民共和国国务院台湾事务办公室、国务院新闻办公室发表的《台湾问题与中国的统一》中第四条提出两岸进行和平谈判：

“通过接触谈判，以和平的方式实现国家统一，是全体中国人的共同心愿。两岸都是中国人，如果因为中国的主权和领土完整被分裂，兵戎相见，骨肉相残，对两岸的同胞都是极其不幸的。和平统一，有利于全民族的大团结，有利于台湾的社会稳定和发展，有利于全中国的振兴和富强。为结束敌对状态，实现和平统一，两岸应尽早接触谈判。在一个中国的前提下，什么问题都可以谈，包括谈判的方式，参加的党派、团体和各界代表人士，以及台湾方面关心的其他一切问题。只要两岸坐下来谈，总能找到双方都可以接受的办法。①”

二、以“八项政治主张”推进和平统一

1. 20世纪90年代西方势力加紧分裂中国与“台独”猖獗

进入20世纪90年代，世界格局发生重大变化。东欧剧变，苏联解体，东西方冷战格局结束，美国成为惟一的世界超级大国。西方国家特别是美国加紧对中国的西化、分化，加强利用台湾问题对中国进行牵制与遏制的力度。上述情形极大地刺激了台湾岛内的分裂意识和“台独”思潮。李登辉利用这一外部条件，逐步背弃一个中国原则，推行分裂政策，在国际上制造“两个中国”，对祖国大陆争取用“和平统一、一国两制”基本方针解决台湾问题造成了严重的冲击。

面对世界格局和两岸关系的重大变化，以江泽民为首的党的第三代领导集体与时俱进，为促进两岸关系发展进行了新的战略思考和理论概括。首先，把握当今时代的主题，这是解决台湾问题的先决条件，对此，党的第三代领导集体作出了科学回答。江泽民反复告诫全党：现在国际局势总体上趋于缓和。尽管和平与发展这两大问题至今一个也没有解决，尽管霸权主义和强权政治有新的发展，尽管天下仍很不太平，但要清醒地看到，追求和平与发展，是世界各国人民的共同愿望，是我们这个时代不可阻挡的历史潮流，仍然是当今世界的两大主题。“进入新世纪，和平与发展仍然是时代的主

① 杨洁勉：《世界格局中的台湾问题变化和挑战》，第338页，上海人民出版社，2002年版。

题。世界要和平，人民要合作，国家要发展，社会要进步，是时代的潮流。"① 中国作为最大的发展中国家，经过改革开放，在国际事务中已成为一支不可忽视的政治和经济力量，是维护世界和平的坚定力量。其次，世界在变化，我国改革开放和现代化建设在前进，人民群众的伟大实践在发展，迫切要求我们党以马克思主义的理论勇气，总结实践的新经验，借鉴当代人类文明的有益成果，在理论上不断拓展新视野，进行新概括。只有这样，才能不断前进。江泽民准确把握解决台湾问题的国内国际形势，包括海峡两岸关系状况，并及时调整我对台工作方针，在理论上积极创新，进一步阐述了邓小平关于"和平统一、一国两制"思想的精髓，并根据世界格局的变化，与时俱进，就发展两岸关系、推进祖国和平统一进程提出了"八项政治主张"。

2. "八项政治主张"的发表

1995 年 1 月 30 日，中共中央总书记、国家主席江泽民同志在中共中央台湾工作办公室、国务院台湾事务办公室、台湾民主自治同盟等单位举办的迎新茶话会上，从中华民族 21 世纪全面复兴的战略高度出发，代表中国共产党和中国政府发表了题为《为促进祖国统一大业的完成而继续奋斗》的重要讲话。该讲话精辟地阐述了邓小平"和平统一，一国两制"思想的深刻内涵，提出了发展两岸关系、推进祖国和平统一的八项主张，体现了中国共产党和中国政府解决台湾问题的方针政策的一贯性、连续性，是在新的形势下中国共产党和中国政府为了解决台湾问题、实现国家和平统一所作的重大政策宣示，也是针对两岸关系发展变化的情况而采取的新的重大步骤，是"和平统一、一国两制"思想的重大发展。八项主张的基本内容是：

（1）坚持一个中国原则，是实现和平统一的基础和前提，中国的主权和领土决不容许分割。

（2）对于台湾同外国发展民间性经济、文化关系，我们不持异议；

（3）进行海峡两岸和平统一谈判，是我们的一贯主张；

（4）努力实现和平统一，中国人不打中国人；

（5）面向 21 世纪世界经济的发展，要大力发展两岸经济交流与合作，

---

① 《江泽民论有中国特色社会主义》（专题摘编），第 523 页，中央文献出版社，2002 年版。

以利于两岸经济共同繁荣，造福整个中华民族；

（6）中华各族儿女共同创造的五千年灿烂文化，始终是维系全体中国人的精神纽带，也是实现和平统一的一个重要基础；

（7）充分尊重台湾同胞的生活方式和当家作主的愿望，保护台湾同胞的一切正当权益；

（8）我们欢迎台湾当局的领导人以适当身份前来访问，我们也愿意接受台湾方面的邀请，前往台湾。①

江泽民在八项政治主张中提出了一系列具有建设性的建议，是“一国两制”构想的重大发展。主要表现在：

第一，关于两岸各党派参加谈判的问题。讲话提出，“在和平统一谈判的过程中可以吸收两岸各党派、团体有代表性的人士参加”。② 这里，未再提出“国共谈判”和“第三次国共合作”。两岸未来的和平谈判已不为“国共谈判”、“国共合作”、“两党对等”所局限，谈判的参加者都可以协商，此一论点是中国共产党根据台湾地区内部“宪政改革”后政治生态和社会关系变化作出的政策调整，是实事求是地符合台湾实际的主张，极具新意和创新精神。

第二，关于如何对待台湾与外国的关系。江泽民明确提出，“对于台湾同外国发展民间性经济、文化关系，我们不持异议”，但坚决反对台湾“以搞‘两个中国’、‘一中一台’为目的的所谓‘扩大国际生存空间’的活动”。③ 两岸谈判的目的只能是为了中国的统一，如果离开一个中国的原则，任何努力都毫无意义。因此，中央政府在一个中国的原则立场上是不可移易的。实现和平统一后，台湾同胞能够与全国人民一道真正地享受伟大祖国在国际上的地位、尊严与荣誉。

第三，关于和平统一谈判的内容和步骤。江泽民提出：“进行海峡两岸和平统一，是我们的一贯主张。在和平统一谈判进程中，可以吸收两岸各党派、团体和有代表性的人士参加。我在1992年10月中国共产党第十四次全

① 《人民日报》，1995年1月31日。

② 《人民日报》，1995年1月31日。

③ 《人民日报》，1995年1月31日。

国代表大会的报告中说：‘在一个中国的前提下，什么问题都可以谈，包括就两岸正式谈判的方式同台湾方面进行讨论，找到双方都认为合适的办法’。我们所说的‘在一个中国的前提下，什么问题都可以谈’，当然也包括台湾当局关心的各种问题。我们曾经多次建议双方就‘正式结束两岸敌对状态、逐步实现和平统一’进行谈判。在此，我再次郑重建议举行这项谈判，并且提议，作为第一步，双方可先就‘在一个中国的原则下，正式结束两岸敌对状态’进行谈判并达成协议。在此基础上，共同承担义务，维护中国的主权和领土完整，并对今后两岸关系的发展进行规划。至于政治谈判的名义、地点、方式等问题，只要进行平等协商，总可以找出双方都可以接受的解决办法。”① 在谈判内容、形式和地点等方面都留有平等协商余地，既坚持原则，又具有灵活性，可操作性极强，充分体现了中国共产党和中国政府发展两岸关系、推进国家统一的决心和诚意，赢得了海内外华人的理解和赞同。

第四，关于两岸经济交流与合作。从“利于两岸经济共同繁荣、造福整个中华民族”的大局出发，江泽民第一次明确提出：“我们主张不以政治分歧去影响、干扰两岸经济合作。”“无论在什么情况下我们都将切实维护台商的一切正当权益。”②

第五，讲话明确地表达了不能无期限拖延统一的思想。早日完成统一，是中国各族人民共同的心愿。无期限地拖延统一，是所有爱国同胞不愿意看到的。这是向台湾当局指明两岸的前途只有统一，同时也向国际社会表明中国政府捍卫祖国主权和领土的立场、决心和能力。

第六，讲话中江泽民首次使用了“我们欢迎台湾当局的领导人以适当的身份前来大陆访问；我们也愿意接受台湾方面的邀请，前往台湾”③ 的提法。

讲话的发表，在海峡两岸、港澳地区和海外华侨、华人中产生了广泛的影响，得到各界人士的普遍好评和赞誉，并引起国际社会的高度关注。台湾

① 江泽民：《为祖国统一大业的完成而继续奋斗》，第5页，人民出版社，1995年版。
② 《人民日报》，1995年1月31日。
③ 《人民日报》，1995年1月31日。

问题成为整个中国现代化发展过程中一个重要组成部分，它既是一个障碍，又是一个挑战，同时也是一个动力和助力。只有从整个中国实现现代化的背景着眼，才能有智慧和能力解决这个历史遗留问题；只有完成整个中国的现代化整合，台湾问题才会得到最好的归宿。坚持一个中国原则，反对分裂，反对“台独”，反对制造“两个中国”、“一中一台”，世界上只有一个中国，中华人民共和国是唯一合法代表。根据“一国两制”方针，不断完善对台工作的主张、方法，增强了“一国两制”政策的针对性。实践基础上的理论创新是社会发展和变革的先导，也是解决台湾问题的先导。党中央高度的灵活性与政策的务实性，从而吸引更多的人关注、关心和献身于祖国的统一大业，使得台湾问题的解决增加了更多的可能性，亦使“一国两制”构想具有了较强的针对性和可操作性。我们要坚持和贯彻“和平统一、一国两制”的基本方针和发展两岸关系推进祖国和平统一进程的八项主张。它对两岸关系发展与和平统一所具有的指导作用和产生的深远影响，已为近年来的实践所证明，并将随着时间的推移而进一步体现出来。创新是一个民族进步的灵魂，是一个国家兴旺发达的不竭动力。以江泽民为核心的第三代中央领导集体在坚定地坚持一个中国原则的基础上，坚持原则性和灵活性的统一，发展了第一代和第二代领导人的有关思想，努力把邓小平的有关思想政策化、具体化，不断创新，可操作性越来越强，使两岸交往迈上了一个新的台阶。

三、反对美、台勾结，促进两岸和平

1. 20 世纪 90 年代美国的分裂中国政策

台湾问题的产生，是内战遗留问题。但是，半个世纪以来，台湾问题一直久拖未决，除历史的因素外，有世界格局的因素，有国家实力的因素，但最大的也是最根本的障碍却来自于美国的军事干预，尤其是美国与台湾当局结成的官方或准官方的军事关系。正如邓小平所说，“台湾问题说到底是美国问题”。“美国有一种议论说，对中国统一问题，就是台湾问题，美国采取不介入的态度。这个话不真实。因为美国历来是介入的，在 50 年代，麦克阿瑟、杜勒斯就把台湾看作是美国在亚洲和太平洋的‘永不沉没的航空母舰’。”① 自从国民党内战失败退台后，在历史的不同阶段，美、台之间多次勾结，进而分裂中国，阻挠中国统一大业。

抗日战争结束后，蒋介石集团依仗美国的支持，发动全面内战，失败后退据台湾。1950年6月，美国派第七舰队侵入台湾海峡，第13航空队进驻台湾；1954年12月，美、蒋又签订了所谓《共同防御条约》，将台湾置于美国的保护之下，造成了台湾海峡地区长期紧张对峙局面。1979年中美建交，中美关系正常化以后，美国竟然制定和通过了《与台湾关系法》，继续阻挠台湾与中国大陆的统一。美国政府虽然一再声称坚持“一个中国”的政策立场，但实际上仍把台湾视为一个“独立的政治实体”，支持“两个中国”或“一中一台”，台湾一直是美国遏制中国的一颗重要棋子。② 正是由于美国的干预，才使大陆与台湾两岸之间长期对峙，不能统一。

20世纪90年代以后，苏联解体，冷战结束，世界格局发生巨大变化，美国成为唯一超级大国。美国认为中国的战略地位下降，为实现“超越遏制”和建立以美国为主导的“世界新秩序”的构想，企图对中国实施“和平演变”，用台湾遏制中国的发展。这时美、台关系随之升温，美国国会中的反华势力掀起遏制中国的逆流。美《波士顿环球报》1991年11月24日发文指出：新的台湾存在着而且应该以某个名称回归世界政治的席位上，③ 克林顿政府在第一任期内热衷在世界各地“扩展民主”，美国国内，特别是在国会内，遏制中国派得逞于一时。

同时，在中国共产党的“一国两制、和平统一”方针的推动下，两岸的民间往来和经济文化交流得到很大发展。1987年以来迄今，台胞赴大陆探亲、访问、经商已达700万人次，近几年每年达150万人次。1995年两岸间接贸易达163亿美元，台商在大陆投资的企业达2万多家，协议金额已超过200亿美元，由海协会与海基会出面的两岸事务性协商渠道已经建立和运作，大陆和台湾之间的关系进一步密切。这和美国不希望中国统一的“以台制华的”政策思路相悖。在这种情况下美国虽仍高调唱和两岸关系

① 《邓小平文选》，第3卷，第169页，人民出版社，1993年版。
② 《人民日报》，1986年11月3日。
③ 美国《波士顿环球报》，1991年11月24日。

（“我们的目标之一是创造一种环境，使台湾和大陆能够越过台湾海峡进行建设性的，和平的互相交流”），但同时强调“美国和正在迅速发生政治与经济变革的台湾保持着牢固的、实质性的非官方关系”。在两岸关系迅速发展的1993年3月，美国在台协会理事主席白乐崎也迫不及待地跳出来，专程从美国赶到台湾，频频会见台湾的一些政界人士，分别评论国民党和民进党的大陆政策，说国民党是“乐观冒进”，“民进党是盲目不着边际”①，这是明显地干涉中国统一进程和中国内政。从1992年售台先进战斗机到1994年9月完成“台湾政策审议”，美国开始提升其和台湾的关系，带有明显的以支持台湾“民主”来遏制、和平演变中国大陆的意图。1995年5月23日，美国政府批准李登辉访美，这是美国公然干涉中国内政的严重事件，使中美关系陷入了自1979年中美建交以来最困难的时期。此一事件是冷战结束后美国对华政策围绕台湾问题作出的最重大调整。

1999年3月以来，美国国会企图制定有法律效力的《加强台湾安全法》，继续给“台独”撑腰打气，干涉中国内政。1999年3月24日，赫尔姆斯、穆尔科斯基、托里切利等参议员提出《加强台湾安全法》议案，内容主要有“授权美国行政部门向台湾出售内容广泛的防御性武器，包括TMD、潜水艇和中程导弹”、“增加台湾参加美国防大学进修人数，并加强双方军事交流与联合训练，建立双方军方间的直接联系”等。5月18日，美国众议院版的《加强台湾安全法案》出笼，内容与参议院版法案大同小异，目的也是为美、台军队联系与合作提供法律依据，形成事实上的“军事联防”。众议院于2000年2月1日以341∶70通过该法案，这势必极大地助长岛内的“台独”气焰，给中国的统一大业带来严重的负面影响。

西方势力尤其是美国的支持与保护，是台湾分裂势力得以存在与发展的根本原因，也是中国共产党和平解决台湾问题的障碍。正因为美国的介入，加大了两岸和平发展的变数。所以中国政府如果要和平解决台湾问题，最终完成国家统一，必须同美、台勾结分裂中国的活动进行坚决的斗争。

2. 反对美、台勾结的斗争

面对美、台勾结进行分裂的活动，中国共产党与中国政府进行了坚决的

① 范丽青：《汪辜会谈》，第106页。

斗争，同时注意斗争的策略性。

第一，中国政府领导人积极向美方做好解释工作，表明中国政府的正义立场；向台湾民众解释和平统一与不承诺放弃武力的关系，打消他们的疑虑。在回答美国记者迈克·华莱士问台湾有什么必要同大陆统一时，邓小平指出："这首先是个民族问题，民族的感情问题。凡是中华民族子孙，都希望中国能统一，分裂状况是违背民族意志的。"① 同时在国家统一方式问题上，中国共产党和中国政府在坚持两岸和平谈判的同时，始终不承诺对台湾问题的解决放弃使用武力，因为这是中国政府和平解决台湾问题的战略原则。对海峡两岸和平统一与不承诺放弃武力的关系，早在1979年2月邓小平就作过精辟分析。他指出："我们力求用和平方式来实现台湾回归祖国和完成我国统一，……问题是如果我们承诺我们根本不使用武力，那就等于将我们的双手捆缚起来，结果只会促使台湾当局根本不同我们谈判和平统一。这反而只能导致最终用武力解决问题。"② 邓小平曾经说过："我们解决台湾问题，坚持用和平方式，……但我们从来没有承诺不用武力的方式解决，道理很简单，要承诺，和平统一就不可能。"③ "在台湾问题上，如果一旦发生某种事情迫使我们的关系（中美关系）倒退的话，我们也只能正视现实。"④ 从这一思想出发，江泽民多次就和平统一与不承诺放弃武力的关系进行了阐述：一方面强调和平统一是中国政府的既定方针，另一方面又郑重指出，每一个主权国家都有权采取自己认为必要的一切手段，包括军事手段，来维护本国主权和领土完整。当然，不承诺放弃武力这绝不是针对台湾同胞，而是针对外国势力干涉中国统一和搞台湾独立的图谋的。我们提倡和平统一，很显然就是尽量避免使用武力，而不承诺放弃武力，也正是为了使和平统一成为可能，从而最终避免使用武力。"我们绝不希望有（动武）这一天。"⑤

1995年1月，江泽民在推进祖国和平统一的八项主张谈话中，简洁明

---

① 《邓小平文选》，第3卷，第170页，人民出版社，1993年版。

② 《台湾问题重要文献资料汇编》，第4页，红旗出版社，1997年版。

③ 《人民日报》（海外版），1984年10月24日。

④ 《邓小平文选》，第2卷，第377页。

⑤ 《人民日报》，1995年10月18日。

快地提出“中国人不打中国人”的口号，有力地驳斥了台湾当局某些人攻击大陆对台湾至今不肯放弃“武力犯台”，实行“霸权主义”的恶意宣传。1995 年 10 月 11 日，国家主席江泽民在北京钓鱼台会见美国新闻周刊高级代表团和《美国新闻与世界报道》周刊总编辑莫蒂默、朱克曼一行时说：“美国方面 4 月 17 日还对我们说，李登辉如果访问美国，即便是私人访问，也是违反美国政府‘一个中国’政策的，但事隔不久，白宫突然宣布，李登辉赴美进行私人访问也符合美国政府的政策，这一点是中国人最不能理解的。”① 1995 年 10 月，江泽民出席联合国成立 50 周年庆祝活动期间，与克林顿总统正式会晤。江泽民强调：“影响中美关系最重要、最敏感的问题是台湾问题，构成中美关系基础的三个联合公报的核心问题也是台湾问题。我们不希望再发生两国关系稳定发展受到干扰的事件。”②

第二，利用舆论力量反对美、台勾结分裂中国的活动。为系统阐述中国政府的立场，解答关于国家统一的一些疑问，反对美、台勾结分裂中国的活动，1993 年 8 月，国务院台办和新闻办发布的《台湾问题与中国的统一》白皮书指出：“和平统一是中国政府既定的方针。然而，每一个主权国家都有权采取自己认为必要的一切手段，包括军事手段，来维护本国主权和领土完整。中国政府在采取何种方式处理本国内部事务问题上，并无义务对任何外国或图谋分裂中国的人做出承诺。”针对美国允许李登辉访美，对两岸关系和中美关系的影响，中共中央决定进行坚决的斗争。

1995 年 9 月 3 日，江泽民在首都各界纪念抗日战争暨世界反法西斯战争胜利 50 周年大会上发表讲话中指出：“中国共产党和中国政府决心用一切手段维护祖国的主权和领土完整。任何外来的或内部的分裂中国的图谋，都注定要失败。”③ 1996 年 1 月 30 日，首都各界举行纪念江泽民《为促进祖国统一大业的完成而继续奋斗》的讲话发表一周年座谈会，李鹏发表题为《完成祖国统一大业是全体中国人民的共同愿望》的讲话，指出：“只要台湾当局分裂祖国的活动一天不停止，我们反对分裂、反对‘台独’的斗

---

① 《人民日报》，1995 年 10 月 18 日。

② 新华社每日电讯，1995 年 10 月 26 日。

③ 《人民日报》，1995 年 9 月 4 日

争就一天也不会停止。”① 在反对美国允许李登辉访美和对美交涉方面，1995年5月23日，中国外交部发表声明，向美国政府提出强烈抗议，提出“对于已经站起来的中国人民来说，没有什么比国家主权和祖国统一更为重要，中国政府和中国人民准备面对任何挑战！”② 这些干涉中国内政的严重举动，使中美关系降至两国关系正常化以来的最低点——中国政府中止或暂停了一系列重要的团组访美，并召中国驻美大使回国述职；中国政府决定推迟国防部长迟浩田访美；终止国务委员李贵鲜和空军司令员于振武访美。由于中国外交部召回驻美大使，美国驻华大使同时离任。③ 在此后的中美外长、副外长会谈中，中国领导人在会见美国客人时，都反复强调台湾问题是中美关系中最重要、最敏感的核心问题，郑重要求美国遵守中美三个联合公报关于台湾问题的各项原则，执行一个中国政策。在《一个中国的原则与台湾问题》白皮书中，中国政府郑重宣布了使用武力的三种情况，即提出的“三个如果”：(1)“如果出现台湾被以任何名义从中国分割出去的重大事变”；(2)“如果出现外国侵占台湾”；(3)“如果台湾当局无限期地拒绝通过谈判和平解决两岸统一问题”。④

实际上，在两岸政治稳定、和平发展仍大有希望的情况下，大陆不会贸然发动军事进攻，而会尽一切可能争取两岸关系和平发展。而一旦两岸政治关系毫无回旋余地，台湾宣布“独立”，台湾拒绝和平谈判达成统一，中国政府将不得不使用武力，这是我们的底线。在国务院台湾事务办公室、新闻办公室发表《一个中国的原则与台湾问题》白皮书的第二天，《解放军报》邀请部分军内外专家学者举行座谈。与会者普遍认为，“三个如果”明确宣示了我们在台湾问题上被迫采取断然措施、包括使用武力的前提，实际上可以说就是我们的“底牌”。在事关祖国统一的原则问题上，我们是决不会妥协和让步的。

第三，人民解放军积极做好军事斗争准备。新中国成立半个多世纪以来，中国人民解放军始终为遏制“台独”、挫败分裂进行了不懈的斗争。鉴

① 《人民日报》，1996年1月31日

② 《人民日报》，1995年5月24日

③ 宋连生、巩小华：《中美首脑外交实录》，第422－423页。

④ 《人民日报》，2000年2月21日。

于目前的台湾局势，为了遏制“台独”，就要扎扎实实做好军事斗争准备，这是人民解放军对国家政治、外交斗争和统一最有力的支持。为反对“台独”分裂活动，震慑“台独”分裂势力，进一步打击美、台勾结及其分裂活动，针对在美国和国际上敌视中国势力支持下岛内“台独”和其他分裂势力的嚣张活动，为向台湾当局和国际社会表明保卫国家主权和领土完整的坚强决心，中国大陆在1995－1996年间进行了一系列军事演习。

1995年7月21日至26日，人民解放军向距离台湾东北方向彭佳屿以北65海里，进行地对地导弹发射训练，共发射了6枚地对地导弹，全部准确命中目标。这表明中国人民解放军的武器装备、军事素质和防卫能力有了新的提高，① 人民解放军还进行了一系列导弹发射实验。8月2日，中国在境内成功试射了“东风－31型”新型远程地对地导弹。8月15日和25日，人民解放军再进行导弹、火炮实弹射击演习。在所谓的“台湾人民制宪会议”之后，中国人民解放军海军的核潜艇第一次进入台湾的外海，也是第一次完成了大陆对台湾的海上军事包围。在我核潜艇进入台湾外海的那一天，整个台湾进入了一级战备状态，连台湾的空军飞行员都在驾驶舱里过夜。② 9月初，人民解放军北京军区、济南军区、沈阳军区的特种兵和两栖侦察队首次在山东省中部山区演习；同时中国人民解放军南京、广州战区陆海空三军、第二炮兵和民兵预备队在浙江、广东南部沿海举行了大规模的诸兵种联合登陆演习，展示了中国人民解放军维护祖国统一的强大实力。③ 11月下旬，人民解放军南京战区陆海空部队在闽南沿海的东山岛成功举行了一次大规模的三军联合作战演习，国外的一些分析家和媒体不但揣测东山岛的模拟意义，而且十分敏感地注意到参加演习的部队已经改称为“南京战区”。中央军委副主席迟浩田在八届全国人大四次会议解放军代表团分组会议上强调说，捍卫国家领土完整，维护祖国统一，是我军的神圣职责，人民解放军随时准备完成党和人民赋予的神圣使命。④

对于中国政府的上述举动，一些美国国会议员认为这是对台湾的军事威

① 新华社（北京），1995年7月27日电。
② 张杰：《两岸局势》，第82页，海峡出版社，1999年版。
③ 全国台湾研究会：《台湾问题实录》，第980页。
④ 《人民日报》，1996年3月8日。

胁。1996年2月8日，78名国会议员致函克林顿总统，敦促他“以最强硬的措词表达对北京最近对台湾的威胁的关注，并表达美国对台湾安全与和平迈向民主化的关切”。① 联名信还要求克林顿尽快批准美国向台湾提供“爱国者”导弹防御系统。3月5日，众议院共和党政策委员会发表了“关于台湾防务的政策声明”，表示“坚决支持一项明确的和毫不含糊的对台湾友好和对保卫台湾做出承诺的政策，为的是阻止中华人民共和国‘入侵’、袭击或者封锁台湾”。②

1996年3月8日至15日，解放军向距离台湾岛基隆港东面方向20至40海里和距离台湾岛高雄港西南方向30至150海里的海域，进行地对地导弹发射训练，共发射4枚导弹，全部命中目标。3月12至20日，人民解放军在福建厦门以南至广东汕头一线，进行了海空实弹演习。3月18日至25日，人民解放军在台湾海峡北部西侧，进行大规模的陆海空联合演习。3月份的军事演习显示出强大的海空联合打击威力和三军协同作战能力。

3月11日美国“独立”号航空母舰为首的特混舰队驶向“台湾附近的国际水域”，以“防止使用武力以及预防任何错误的判断”。③ 同日，又宣布驻守在海湾的“尼米兹号”航空母舰特混编队加入“独立号”航空母舰编队行列。这是1975年越南战争结束之后，美军在西太平洋地区最大规模的军事集结。其后，众议院国际关系委员会开始了所谓“台湾安全问题”的听证会。3月19日，众议院以369:14票通过第148号共同决议案，称此案是根据台湾因3月23日举行“总统直选”遭受“威胁”而拟订的，并批评克林顿政府对中国的反应“含糊不清”，应该“采取更明确的行动协防台湾”，“使之免受中华人民共和国的‘入侵’、导弹袭击或者封锁”。2天后，即3月21日，参议院同样压倒性（97:0票）地通过一项不具约束力的决议，要求美国行政部门“鉴于不断加剧的军事威胁”，重新研究“使台湾保持充分自卫能力可能需要的美国防御物资和服务”。④ 同一天美国国防部公布售台武器清单，对中国进行恫吓。人民解放军坚定不移继续演习，大长了

① 梅孜：《美台关系重要资料选编》，第421页。
② 梅孜：《美台关系重要资料选编》，第422－423页。
③ 美国《外交政策背景资料》，1996年3月20日。
④ 苏格：《美国对华政策与台湾问题》，世界知识出版社1998年版，第749页。

中国人民的志气，体现了中国政府和军队维护国家主权和领土完整的决心，也激发了广大港澳同胞和海外侨胞的爱国热忱，对台湾局势和两岸关系，对中美关系都产生了重大的、深远的和长期的影响。在中国政府的严正抗议之下，美国最后撤出这次航空母舰编队。

这场反对美、台勾结的斗争对台湾岛内社会生态产生了重要影响。

第一，使台湾人们进一步认识到“台独”的危害，明白“台独”这条路是走不通的，并且深刻地感受到台湾当局在国际上制造“两个中国”的活动引起两岸关系紧张，伤害了台湾的社会安定和经济发展。在军事演习期间，台湾人心不稳，股市动荡，汇市剧烈波动，房地产业低迷，移居和准备移居海外的人数增加，资金大量外流，外汇存底下降。相当一部分民间工商业者对本岛投资持观望态度，外商投资信心减弱。普遍认为处理好与大陆的关系是台湾面临的重要问题，要求发展两岸关系的愿望更为迫切。这些认识上的变化与形成的社会舆论，对台湾政治生活产生了重要影响。

第二，这场斗争迫使台湾当局在分裂的道路上有所收敛。1996 年 5 月 20 日，李登辉发表所谓第九任“总统”就职演说（5. 20 讲话），在反分裂反“台独”斗争的压力下，说台湾“根本没有必要，也不可能采行所谓‘台独路线’”，多次提到“追求国家统一”；并且没有重复 1995 年“4. 8 讲话”中提到的“当中共正式宣布放弃对台澎金马使用武力后，在最适当的时机，就双方如何举行结束敌对状态的谈判，进行预备性协商”① 的无理要求，而是表示“海峡两岸都应该正视处理结束两岸敌对状态这项重大问题”，“以此为追求统一”，“做出关键性贡献”。②

李登辉的讲话仍在坚持制造“两个中国”的分裂政策，但为了缓解压力、争取台湾民心和国际舆论，不得不在某些重大问题上做出了策略调整，或在具体表述上有了新变化，但避实就虚，虚多实少，含糊其词为日后自食其言留有余地。

第三，这场斗争也给了“台独”势力当头一棒。民进党候选人彭明敏在 1996 年 3 月的所谓“总统”选举中惨败，得票率降到民进党参加 1990 年

① 台湾中央社，1995 年 4 月 8 日。

② 台湾中央社，1996 年 5 月 20 日。

以来历次选举的最低点。这迫使民进党表示，即使“执政”，也不会也没有必要立即宣布“台湾独立”。此点直接导致了民进党内部分裂。认识到“台独”主张对选举的影响。温和派主张务实，淡化“台独”色彩，以“执政”为优先目标；极端“台独”分子不满意民进党中央的政策变化，脱党而成立了“台独”色彩更浓烈的建国党。

同时，在中国政府的坚决斗争下，美国感到必须更加慎重地处理台湾问题，恪守“一个中国”政策，维持两岸“不统、不独、不战、不和”至关重要。1996 年 3 月在台湾海峡进行的导弹发射演习，对美国朝野来说起到了一定振聋发聩的作用。美国人被迫对事件做出极具危险的反应中认识到，台湾问题涉及战争与和平，美国处置不当，有可能使中美关系全面倒退，爆发军事冲突，将使自己冒被拖入战争的巨大风险。美国在中国问题上意欲打“台湾牌”，让李登辉到康奈尔大学发表“‘中华民国’在台湾”的“两个中国”演说，结果被台湾当局玩了“美国牌”，险些被拖入战争。3 月 14 日，时任美国助理国务卿的洛德在美国众议院国际关系委员会亚太小组的证词中谨慎地表示：“美国无力单方面实行确保台湾海峡和平稳定的解决办法，这是相当重要的。”① 中国的军事演习换来了美国反对“台独”和不支持台湾“参与联合国”的承诺，也和美国划定了亚太格局过渡时期中美两大国对处理台湾问题新的规则：中国坚持反“台独”的和平统一方针；美国必须明确承诺不支持“台独”。而台湾在此次“拖美国下水”的谋略中，失去了一些筹码：如政治谈判的先决条件；亚太营运中心及通航特区方面与大陆“三通”政策的衔接，等等。美国政府多次重申对中美三个联合公报各项原则的承诺，重申执行一个中国政策，只与台湾保持非官方关系，不支持“台湾独立”，不支持“两个中国”、“一中一台”，不支持台湾加入联合国，并且郑重表示已经认识到台湾当局领导人访美这类事件的敏感性和严重性，今后对台湾领导人访美将严格限制在私人、个别、极少和个案处理的范围内。美助理国务卿就李登辉访美答记者问时说：“这是一次严格的私人访问。”②

① 潘叔明：《“一国两制”与台湾问题》，第 184 页，人民出版社，2003 年版。

② 美新署（华盛顿），1995 年 5 月 31 日电。

这场斗争也震动了世界。绝大多数国家普遍表示要在一个中国的框架内对待台湾问题。在各次军事演习期间，世界上大多数国家都公开表示台湾问题是中国的内政，其他国家不应干涉。时任联合国秘书长的加利多次重申台湾问题纯属中国内政，这对美国调整对华政策也起了一定积极作用。1998年6月21日和22日，在克林顿总统访华的前夕，《华盛顿邮报》连续长篇报道了台海危机的所谓内幕新闻。文中提到："1996年3月的几件大事是转折点——从升高的冲突到双方政府目前所希望建立的'战略伙伴关系'。"①

美国主动提出和中国建立"战略伙伴关系"，标志着由于中国政府的努力，美国就台湾问题做了新的政策调整。这是美国20世纪90年代以来对华关系的第二次调整，引发点是台湾当局挑战一个中国的原则所造成的台海危机。宏观政策背景则是美国的亚太总体战略经过探索和调整之后基本确立、构建与"对21世纪亚洲影响最大"的中国的战略伙伴关系是这一战略的重要支柱。用布热津斯基的话说，美国应"尊重中国的敏感性"②。中国在1997年7月开始亚洲金融危机中所表现的厚重的承受力和不谋私利的负责任的大国风范，以及在南亚核军备竞赛爆发后所发挥的建设性作用，更显示了中国在亚太和世界上的重要战略地位，扩大了中国的影响。1997年10月，江泽民主席访美时双方发表的联合声明正式宣布两国"致力于建立建设性战略伙伴关系"。"建设性"意味着双方关系是积极的、互利的；"战略"意味着两国关系是全面的、前瞻的，而且关系到地区乃至全球的利益；"伙伴"意味着两国关系是平等的、非对抗性的，经由对话和协商解决分歧。1998年6月，克林顿总统回访中国，双方在"建设性战略伙伴关系"的道路上迈出了历史性的新一步。双方为联合声明中列举的三组九个"篮子"中都增添了新内容。在台湾问题上，克林顿总统在上海重申了美国不支持台湾"独立"，不支持"两个中国"或"一中一台"，不支持台湾加入联合国的"三不"政策。美国领导人多次专门就此进行政策宣示，在很大程度上是台湾当局意欲迫使美国改变一个中国政策的结果，使美国对一个中国政策部分内涵由"模糊政策"变得较为明确化和具体化。其实，克林顿

① 美国《华盛顿时报》，1998年6月22日。

② 美国《华盛顿时报》，1996年3月20日。

总统国家安全顾问伯杰在北京还作了两个具体、明确的表态。当有记者问美国是否支持台湾的所谓“民选政策”宣布的“台独”或经“公民投票”宣布“台独”时，伯杰明确回答：“不支持。”可以预言，如果台湾当局继续企图改变美国一个中国的政策，并不惜重金游说美国国会对白宫和国务院施压的话，美国为维护其国家利益，势必改变以前在“一个中国”政策上的模糊态度，对其中国政策作更具体、更明确的表态。

没有任何人比中国人自己更希望早日实现祖国的和平统一。不承诺放弃使用武力，决不是针对台湾台胞，而是针对外部势力干涉中国统一和搞分裂图谋的。正是国际上反华势力的支持，才致使台湾问题久拖未决。“台独”背后如果没有外国势力插手做靠山和有力的支持，是不能成气候的。因此，大陆不承诺放弃使用武力，并不存在“犯台”问题，而是主要针对幕后操纵的外国势力，大陆在做的不是“犯台”，而是实际上“保台”。① 某些外国或明或暗地支持台湾岛内的分裂活动，企图把台湾从中国分离出去。正是由于中国共产党和中国政府坚持不承诺放弃武力，使台湾岛内“台独”分裂势力不能不有所顾忌；国际上试图打“台湾牌”的某些势力无法让中国人吞下他们制造的苦果，从而使两岸交往交流正常地发展。如果外国势力公然干涉中国统一，与“台独”分子互相勾结分裂祖国，中国人民将不惜一战，坚决捍卫国家的主权与领土完整。“中国政府和人民有决心、有能力、有办法使用一切必要手段，维护祖国主权和领土完整。”②

3. 以经促政，推进两岸关系

中国共产党和中国政府在促进两岸关系发展中，最重要的政策之一就是以经济促政治，以“三通”促统一，通过扩大两岸经贸联系，加强经济融合，遏制“台独”发展。

“以经促政”是20世纪90年代中国共产党和中国政府的重要对台政策，目的是积极发展两岸经贸关系，推动政治谈判，推进祖国和平统一进程。“以经促政”的基本内容就是中国共产党和中国政府通过大力发展两岸之间的经济技术合作和交流，加强两岸之间的经济联系，增进了解，加强共

---

① 李家泉：《李登辉主政台湾之后》，第425页，中国言实出版社，1997年版。

② 《人民日报》，1995年10月25日。

识，建立诚信，以经济整合为动力，促进台湾当局在政治上改变“反共拒统”分裂政策，消除政治上的分歧，从而使两岸政治关系得到改善和发展，使统一由于经济联系的密切而水到渠成，最终实现两岸的和平统一。

在两岸交流与合作中，加强经贸往来，实现两岸直接“三通”是基础和关键。可以说两岸不直接“三通”，就很难实现祖国的和平统一。两岸虽然实现了间接、单向“三通”，加强了经贸联系，但间接、单向“三通”有很多消极影响：它加大了工商业者的运营成本；两岸民间交流与人员往来极其不便，增加了周转麻烦和费用；在通邮上也延滞了时间和增加了费用。更重要的是间接“三通”延缓了两岸经贸关系的深入发展。两岸人民迫切要求实现直接的“三通”。

台湾当局在经贸政策上，对台商赴大陆投资不是鼓励而是“规范”，不是推动而是“分流”（如以“南向”替代“西进”）；抗拒两岸“三通”；在两岸加入WTO以后，仍坚持“戒急用忍”政策，拟援用“排除条款”、“安全条款”与“特别防范条款”对两岸入世后经贸关系加以名为“规范”的管制。台湾当局总是力图把与大陆的经贸往来“政治化”，以经济为诱饵，引诱大陆承认其“台独”路线，以有损于“台湾安全”为由来拒绝两岸直接“三通”。一会儿是以“政治”压“经济”，阻碍两岸经贸交流与合作；一会儿是“政经分开”，把经贸交流与统一分开，企图永远实现“分裂分治”。台湾当局两岸经贸政策的特点是：

一是“禁”多于“导”。借口所谓“安全保障”，防止岛内“产业空洞化”等问题，规定对大陆的“依存度”，限制台湾大型和技术层次较高的企业到祖国大陆投资。

二是舍“近”求“远”。两岸不过一水之隔，本可在经贸上有更多的合作，台湾当局却人为地设置种种障碍，使许多台商望而却步，不顾大陆与台湾的语言、文化上的优势，不得不奔向远地。

三是“外”热“内”冷。鼓励台湾经贸“国际化”，防止“大陆化”或“中国化”。引导和鼓励台商到祖国大陆以外的地区投资办厂，而对台商自发形成的“大陆投资热”则多次要求“降温”，台高层人士甚至亲自出面“督阵”。对外国人和大陆同胞去台投资的态度也截然不同，前者鼓励后者禁止。

四是以“政”阻“经”。进入20世纪90年代后这一特点尤为突出。1992年10月22日，李登辉在一次座谈会上公开表示说：只要他还在位，“中共一天不承认台为（对等）政治实体，‘三通’就一天不会实现”。① 在1992年12月28日，举行的国民党最高层会议上，李登辉就认为“两岸贸易依存度升高的问题值得重视”②。1996年李登辉又提出了违背经济规律的“戒急用忍”政策，严重阻碍了两岸的经贸发展。正是因为台湾当局把政治与经济、经贸政策与大陆政策紧紧捆在一起，以至两岸的经贸往来至今仍基本停留在“间接、单向、民间、低层次、不对等”的状态。

台湾当局视“三通”为与大陆讨价还价的政治筹码，把“三通”与政治目的联系在一起。用“三通”换取祖国大陆承认台湾为“对等政治实体”、承诺放弃对台使用武力、给予台湾以“国际生存空间”等三个条件。台湾当局的险恶用心是显而易见的，接受了台湾当局的“三条件”，无异于承认“两个中国”、“一中一台”，纵容“台独”和“独台”势力的发展，其结果必然导致中国分裂。中国政府理所当然无法接受它的无理要求。

中国共产党和中国政府对两岸实现直接“三通”的态度非常明确，反对台湾当局以“政”阻“经”和“政经分开”的两面政策，为落实“以经促政”的政策，发展两岸的经贸关系，采取了一系列有效措施，努力创造条件。

进入20世纪90年代以来，中共中央进一步健全了发展两岸经贸关系的领导机构，制定了一系列新的经贸政策，改善了投资环境，开展了各种经贸活动，开辟了发展两岸经贸关系的多种渠道，促进和提高了台商对祖国大陆投资的热情和信心。1990年，中共中央对台工作会议特别提出了经贸工作在整个对台工作中的中心地位，强调要加强两岸的经贸联系。为两岸尽早实现“三通”及各方面的密切交流，增进两岸人民间的了解、互信和共识。1991年7月2日，经贸部发言人在接受新华社记者采访时提出经贸交流五项原则：

（1）直接双向。两岸间接、单向的经贸交流不合情理，已产生诸多难

① 台湾《联合报》，1992年10月23日。

② 台湾《联合报》，1992年12月29日。

以解决的矛盾，希望台湾当局采取积极的、切实的步骤，取消种种不合情理的限制，尽快实现两岸直接双向交流。

（2）互惠互利。两岸秉承平等互利、互补互惠的原则进行交流，发挥各自优势，定能惠及对方。

（3）形式多样。两岸经贸交流不应局限于贸易和投资领域，还应扩大到技术交流，科学研究、劳务合作，广告展览、交通运输等领域。可采取多种合作方式，共同参与国际竞争和分工，为中华民族造福。

（4）长期稳定。发展两岸经贸交流合乎国情，顺应民意，决不是权宜之计，而是我们必须长期坚持的基本方针。目的是促进祖国大陆与台湾经济的共同发展。

（5）重义守约。两岸都应为维护对方厂商的合法权益提供一切可能的便利。① 1991 年 11 月，中华人民共和国国务院发布的《中国公民往来台湾地区管理办法》，40 多条具体内容每一项都体现大陆方面的诚意。江泽民在十四大报告中提出："我们将继续促进两岸直接通邮、通航、通商，推动两岸人民的往来和多个领域的交流合作，特别是大力发展两岸的经济合作，共同振兴民族经济。"② 李鹏总理在八届人大一次会议的政府报告中强调，希望"双方应继续为推动两岸的经济和文化交流，促进直接通邮、通航、通商做出努力。"此后，江泽民又提出了"不以政治分歧去影响、干扰两岸经济合作"的主张。不仅如此，还强调要通过发展两岸经贸往来，逐步增进两岸同胞的相互了解，相互信任，逐步化解政治分歧，并通过谈判来"求大同存小异"，以"经"促"政"，最终促使两岸关系良性互动发展。

1994 年 3 月，八届人大常委会第六次会议审议通过了《中华人民共和国台湾同胞投资保护法》，该法是第一部涉台专门法律，是在总结 1988 年国务院《关于鼓励台湾同胞投资的规定》基础上，吸收了广大台湾同胞及台湾有关各方的意见，以法律的形式，对台湾同胞在祖国大陆的投资、收益和其他一切合法权益加以保护和确认。极大地促进了对台湾台胞在祖国大陆投资的保护工作朝着法制化、规范化的方向发展。同年 4 月，国务院专门召开

① 《人民日报》，1991 年 7 月 3 日。
② 《人民日报》（海外版），1992 年 10 月 21 日。

了有江泽民、李鹏等党和国家领导人参加的对台经济工作会议，会议指出，两岸经济存在着客观互补性，发展两岸经贸对两岸人民都有巨大利益，两岸应携手合作，互补互益，共同繁荣。特别强调在整个对台工作中，经济工作是重点。提出给予台商在祖国大陆投资更大的优惠条件，愿意与台商在两岸农业、科技领域及共同开辟国际市场方面展开合作，提出祖国大陆可以作为“台湾经济发展的腹地”以拓展台湾经济发展的空间，增强其发展后劲。特别强调在整个对台工作中，经济工作是重点，并提出给予台商在祖国大陆投资更大的优惠条件，愿意与台商在两岸农业、科技领域及共同开辟国际市场方面展开合作，“只有两岸经济携手合作，才能互补互益共同繁荣”。① 把对台经济工作发展到新的阶段。

1995 年 1 月 30 日，江泽民发表题为《为促进祖国统一大业的完成而继续奋斗》的重要讲话，再次提出要大力发展两岸的经济交往与合作，并表示：“我们将继续长期执行鼓励台商投资的政策，贯彻《中华人民共和国台湾同胞投资保护法》。无论在什么情况下我们都将切实维护台商的一切正当权益。”② “两岸直接通邮、通航、通商，是两岸经济发展和各方面交往的客观需要，也是两岸同胞利益之所在，完全应当采取实际步骤加速实现直接‘三通’。”③ 江泽民提出面向 21 世纪世界经济的发展，要大力发展两岸经济交流与合作，以利于两岸的经济共同繁荣。主张“不以政治分歧去干扰两岸经济合作”。并愿意与台湾当局“在互惠互利的基础上，商谈并且签订保护台商投资的民间性协议”。④ 这一主张得到台湾各界，尤其是工商界的赞扬和支持。1996 年 8 月 29 日，江泽民在会见高清愿等台湾知名人士一行时表示：“我们主张不以政治分歧去影响、干扰两岸经济合作。我们一贯主张应采取实际步骤加速实现两岸直接‘三通’。”⑤ 多年来，祖国大陆有关各部门始终不懈地致力于推动两岸“三通”，并积极做好准备，拟好方案，随时准备与台湾方面进行商谈。

---

① 《人民日报》，1994 年 4 月 16 日。
② 《人民日报》，1995 年 1 月 31 日。
③ 《人民日报》，1995 年 1 月 31 日。
④ 《人民日报》，1995 年 1 月 31 日。
⑤ 《人民日报》，1996 年 8 月 30 日。

海峡两岸实现直接“三通”，不仅将大大减少两岸交流的成本，也将进一步提高两岸交流的质量，有助于消除两岸的隔阂，增加理解，从而为祖国的统一奠定牢固的基础。近20年以来，祖国大陆经济迅速发展，影响力迅速扩大，就连海外华人也毫不例外地受到中国快速发展的吸引力；越来越多的华裔第二代人纷纷返乡发展，中国大陆成了一个资金、人才和知识的聚集点。① 在祖国大陆的积极推动下，两岸经贸交流迅速发展，经济往来继续扩大，根据台湾“经济部”国际贸易局公布的数字，2002年对中国大陆的贸易总额为410.07亿美元（比2001年增长了36.9%）、贸易收支顺差额为251.12亿美元（比2001年增长了38.3%）。2002年台湾对大陆的销售额为330.59亿美元（比2001年增长22.4%），占有22.5%的外销额比重。台湾对祖国大陆的经贸依存度进一步加深。针对两岸经贸的持续发展，台湾知名企业家王永庆表示：“没有大陆，台湾就没有出路；没有大陆，台湾根本无法在国际上竞争。”台湾“中原大学”企管系讲座教授高孔廉也认为，目前大陆对台湾的经济发展具有绝对的重要性。他说，2001年至2003年，台湾对大陆的贸易顺差均超过台湾当年对全球的总贸易顺差。而这三年中，由于岛内民间消费不振、投资意愿低落，两岸经贸顺差就成为台湾经济的最大动力来源。②

台湾经济对大陆的依存度相对于20世纪90年代大幅度提高。随着祖国大陆经济快速稳定发展，综合国力继续提高，台湾对中国大陆的经济依存度将继续提高，制约“台独”的力量会越来越大。一旦台湾在经济上不能自主，统一问题应可迎刃而解。

四、反对“两国论”的斗争

从“和平统一、一国两制”方针到江泽民的“八项主张”，无不贯穿着一个中国原则。坚持一个中国原则是中国政府对台政策的基石，是实现两岸和平统一的基础和前提，是进行协商对话的基础，也是两岸关系向前发展的

① 《法制晚报》，2004年12月17日。

② 新华社（台北）2004年1月9日电。

前提。台湾当局的任何政治作为，都不应脱离海峡两岸是“一个中国”、台湾是中国领土一部分的这样一个基本事实，离开了这一基本事实就是两个国家，就没有必要商谈国家统一问题。所以中国政府历来反对“一中一台”、“两国论”等分裂祖国的言行。

1.《台湾问题与中国的统一》的发表

汪辜会谈后，为了确保两岸关系的顺畅发展，遏制已经开始抬头的“台独”分裂活动，国务院台办与新闻办于1993年8月31日联合发表了《台湾问题与中国的统一》白皮书，其要点是：

第一，从历史的角度，论证了“台湾是中国不可分割的一部分”。“1945年中国人民抗日战争胜利后，中国政府重新恢复了台湾省的行政管理机构。”“国际社会公认台湾属于中国。”自中华人民共和国成立以来，157个国家先后同中国建立了外交关系，“它们都承认只有一个中国，中华人民共和国政府是中国的唯一合法政府，台湾是中国的一部分”。

第二，强调台湾问题的形成，既与“中国国民党发动的反人民内战有关，但更重要的是外国势力的介入”，“台湾问题直到现在还未得到解决，美国政府是有责任的”，指出要解决中美之间的争端，只有通过谈判的方式。

第三，指出中国政府解决台湾问题的基本方针为“和平统一、一国两制”，并论证了“和平统一、一国两制”的科学内涵。

第四，强调“为结束敌对状态，实现和平统一，两岸应尽早接触谈判。在一个中国的前提下，什么问题都可以谈”。同时指出台湾当局的“现行大陆政策仍严重阻碍着两岸关系的发展和国家的统一”，必须改变。

第五，《白皮书》还就国际事务中涉及台湾的几个问题谈了自己的看法。《白皮书》再次呼吁在一个中国原则下，两岸“携手合作，互补互助，发展经济，共同振兴中华”。①

《台湾问题与中国的统一》白皮书，阐明了台湾问题的由来、现状和解决的办法，是中国政府关于解决台湾问题的重要文件、实现国家统一的纲领文献。国务院台办发言人李庆洲9月3日就《台湾问题与中国的统一》白

① 《人民日报》，1993年8月31日。

皮书发表谈话："白皮书以较大的篇幅，翔实的史实，论证了台湾自古以来是中国领土不可分割的一部分，这对形形色色的'台独'谬论是一个有力的批驳。白皮书再次阐明中国政府解决台湾问题的'和平统一、一国两制'的大政方针，这充分体现了中国政府立足于整个国家民族利益与前途，尊重历史、尊重现实、实事求是的精神。"①

2. 反对李登辉"两国论"的斗争

李登辉在上台初始，由于地位尚未巩固，仍效仿蒋经国的处事方式，如他常说自己是台湾人，也是中国人。1988 年 2 月，李登辉在上任的第一次记者招待会上，明确表示："只有一个中国的政策，而没有两个中国的政策。"他还于 1991 年成立了"国家统一委员会"，颁布了《国家统一纲领》，将统一分为近程、中程、远程三个阶段。

然而当他的羽翼丰满之后，立刻暴露出"台独"的嘴脸。从 20 世纪 90 年代开始，李登辉逐渐背离一个中国原则，相继鼓吹"两个政府"、"两个对等政治实体"、"台湾已经是个主权独立的国家"、"现阶段是'中华民国在台湾'与'中华人民共和国在大陆'"，而且自食其言，说他"始终没有讲过一个中国"。1991 年 2 月制订的"国统纲领"，就开始以"一个中国、两个对等的政治实体"为两岸关系定位。1993 年 11 月，李登辉授意台湾经济部门负责人在西雅图亚太经合会期间公开提出："中华民国和中华人民共和国是两个互不隶属的主权国家，台北是以'一个中国'为指向的阶段性两个中国政策。"1993 年以来，台湾当局连续七年推动所谓"参与联合国"的活动。在军事方面，大量向外国购买先进武器，谋求加入战区导弹防御系统，企图变相地与美、日建立某种形式的军事同盟。在思想文化方面，图谋抹杀台湾同胞、特别是年轻一代的中国人意识和对祖国的认同，挑起台湾同胞对祖国的误解和疏离感，割断两岸同胞的思想和文化纽带。② 1994 年 3 月底，李登辉以与日本作家司马辽太郎对谈的形式，毫不隐讳地表示要建立"台湾人的国家"。③ 1994 年 7 月 4 日至 5 日，台湾当局举行了大陆工作会

① 新华社（北京）9 月 3 日电。

② 《人民日报》，2000 年 2 月 21 日。

③ 《人民日报》，1999 年 8 月 6 日。

议，通过了《台海两岸关系说明书》（简称《说明书》），这是台湾开放民众探亲案以来完整的大陆政策宣示，也是对大陆1993年发表的《台湾问题与中国统一》白皮书的回应。《说明书》通篇鼓吹“两岸分裂分治”、“两个对等政治实体”、“两个国际法人”的谬论。《说明书》的主要内容是：

其一，虚化一个中国内涵，赋予“政治实体”以“国家”的含义，鼓吹两岸搁置“主权争议”，在国际社会争取“双重承认”。《说明书》虽然宣称反对“两个中国”，但却刻意回避政治上的一个中国涵义，把一个中国虚化为“历史上、地理上、文化上、血缘上”的一个中国。《说明书》首次明确表示台湾与大陆在国际间始终为“并存之两个国际法人，今后台湾不再在国际上与大陆竞争中国代表权”。《说明书》在坚称其所谓“一个具有主权独立国家”论调的同时，提出要以东西德、南北韩的“分裂分治”模式定位两岸政治关系，也就是希望两岸在“两个主权国家”基础上谈统一问题。

其二，把两岸“分裂分治的根源”强加到大陆方面，并把中国分裂与统一的本质说成是三民主义与马列主义之争。《说明书》宣称两岸“分裂分治的根源”在于“中共武装叛乱”和“建立中华人民共和国”的结果，而本质则是三民主义与马列主义之争。《说明书》还宣扬：大陆如果不放弃“四个坚持”，则希望中国统一的民众比率剧降，而赞成“台湾独立”的比率相对升高。

其三，《说明书》的突出特征是吸纳了“台独”理念，使“台独”主张明目张胆地出现在台湾当局的大陆政策中。《说明书》强调当局“在规划大陆政策时，必须需要广征各界民意的看法和建议”，“民主势力将成为“政府”制定大陆政策的主要参考指标”。也就是说，台湾当局制定大陆政策时就要吸纳“台独”理念。①

上述事实进一步表明，李登辉口中的“一个中国”用台湾学者邵宗海的话说即“一个中国中的‘中国’是个目标，是未来，是目前不存在的”；“‘中华民国’是中国分裂下，其中的一个国家”；“由于主权概念的模糊与

① 台湾《中央日报》，1994年7月6日。

褪去，一个中国若是指中华人民共和国，那就不包括台湾”。[①] 从“台独”观点来看，既然一个中国目前是不存在的，那么两岸之间的定位就应该是两个“独立的政治实体”，是两岸“分裂分治”，在国际社会“应各自有平行参与国际社会的权力”。以后台湾当局发表的官方文件《“中华民国”参与联合国政策》和《透视一个中国说贴》都坚持并发展了这一理念。这就表明台湾当局在脱离一个中国原则上迈出了关键性一步，以“两个中国”为实质目的的“台独”思想赤裸裸地暴露出来。

1999 年 5 月，李登辉出版了《台湾的主张》一书，鼓吹要把中国分成 7 块各自享有“充分主权”的区域。7 月 9 日，李登辉在接受“德国之声”电台专访时彻底暴露了其“台独”本质，在谈到两岸关系时，提出了“两国论”：台湾“自 1991 年‘修宪’以来，已将两岸关系定位在国家与国家，至少是特殊的国与国关系”。[②] 这是李登辉企图从根本上改变台湾是中国一部分的地位，破坏两岸关系、特别是两岸政治对话与谈判的基础，破坏两岸和平统一的基础。“李登辉已经成为台湾分裂势力的总代表，是台湾海峡安定局面的破坏者，是中美关系发展的绊脚石，也是亚太地区和平与稳定的麻烦制造者。”[③] 继抛出妄图肢解中国“七块论”后，李登辉干脆撕去伪装，公开、明确地将两岸关系定位为“国与国关系”的分裂活动，以此来界定两岸关系，从而破坏两岸政治对话与谈判的基础。

面对李登辉挑战一个中国原则的分裂言行，中国共产党和中国政府对此进行了坚决的斗争。

第一，对美国提出强烈的抗议，并进行严正交涉。1995 年 6 月李登辉以所谓“私人”名义访问美国后，中国政府果断地开展了反分裂、反“台独”的斗争，并对美国政府公然允许李登辉访美、违背美国在中美三个联合公报中所作的承诺、严重损害中国主权的行为，提出了强烈的抗议，进行了严正的交涉。这场斗争显示了中国政府和人民捍卫国家主权和领土完整的坚强决心和能力，产生了重大和深远的影响。台湾同胞进一步认识到“台

① 杨丹伟：《解析台湾的大陆政策》，第 49 页，群言出版社，2007 年版。
② 《人民日报》，2000 年 2 月 21 日。
③ 《人民日报》，2000 年 2 月 21 日。

独”的严重危害。李登辉在国际上进行分裂活动受到沉重打击。①

第二，运用外交手段通过国际社会与各国政府一起联手打击“两国论”。当今世界的160多个国家和绝大多数国际组织，都承认只有一个中国，台湾是中国的一部分。李登辉的“两国论”一出笼，国际社会哗然，许多国家都重申坚持一个中国的立场，要求李登辉停止制造事端，不要破坏世界的和平与稳定。1999年7月18日晚，国家主席江泽民同美国总统克林顿通了电话。克林顿说明他提出与江泽民通电话，是“为了重申美国政府对一个中国政策的坚定承诺”。② 江泽民指出：“李登辉公然将两岸关系说成是‘国与国的关系’，这是他在分裂国家的道路上走出的十分危险的一步，是对国际社会公认的一个中国原则的严重挑衅，进一步暴露了他蓄意分裂中国领土和主权，企图把台湾从中国分割出去的政治本质。世界上只有一个中国，台湾是中国领土的一部分，中国的领土和主权绝对不容分割。我们解决台湾问题的基本方针仍然是‘和平统一，一个两制’。我们一直在积极促进两岸人员往来和经济交流，争取两岸直接‘三通’，推进两岸进行政治谈判，但是，在台湾问题上，我们不承诺放弃使用武力。”“原因很清楚，台湾岛内和国际上都有一股企图把台湾从祖国分裂出去的势力。如果出现搞‘台湾独立’和外国势力干涉中国统一的情况，我们绝不会坐视不管。”江泽民指出：“中国政府和中国人民对李登辉的分裂言论做出反应，这体现了中国政府和中国人民反对分裂、捍卫国家主权和领土完整的坚定决心。我们已经警告台湾当局悬崖勒马，立刻停止各种分裂活动，以免对两岸关系和台湾海峡局势带来严重后果。”江泽民特别强调指出：“美国国内反华势力仍然嚣张，至今还有人支持‘台独’的分裂主张，极力为岛内‘台独’势力撑腰打气。历史证明，台湾问题的处理，将会直接影响中美关系的进程”。江泽民要求美国恪守承诺，克林顿宣称将“努力使两国关系得到改善。”③江泽民同克林顿的通话沉重打击了台湾岛内的分裂势力，震慑了海外的分裂势力，有力地遏制了“台独”势力的发展，为反对李登辉“两国论”斗争

① 《人民日报》，2000年2月21日。
② 《人民日报》，1999年7月19日。
③ 《人民日报》，1999年7月19日。

指明了方向。

第三，利用各种场合发表谈话，批判“两国论”。就在李登辉抛出“两国论”的第二天，中共中央台办、国务院台办发言人强烈抨击说：“李登辉公然将两岸关系歪曲为‘国与国的关系’再一次暴露了他一贯蓄意分裂中国的领土和主权，妄图把台湾从中国分割出去的政治本质，与‘台独’分裂势力的主张沆瀣一气，在分裂祖国的道路上越走越远。”李登辉自己的言行证明了他一再表示的“不会也没有必要采行‘台独’路线’、没有放弃追求未来统一的目标”，完全是对台湾同胞、国际舆论的欺骗。发言人强调：“世界上只有一个中国，台湾是中国领土的一部分，中国的领土和主权不容分割。”“我们坚决反对任何制造‘台湾独立’、‘两个中国’、‘一中一台’等分裂活动。”发言人最后严正警告台湾分裂势力，必须“立即悬崖勒马，放弃玩火行动，停止一切分裂活动”。①

7 月 13 日，中国外交部发言人朱邦造就李登辉发表“两国论”主张接受记者采访时表示：“李登辉公然将两岸关系定位为‘国与国的关系’，是其在分裂国家的道路上迈出的极为危险的一步，是对国际社会公认的一个中国原则的彻底否定和严重挑衅，进一步暴露了他蓄意分裂中国领土和主权，企图把台湾从中国分割出去的政治本质。”发言人正告李登辉和台湾当局：“不要低估中国政府维护国家主权、尊严和领土完整的坚定决心，不要低估中国人民反分裂、反‘台独’的勇气和力量。”要李登辉“立即停止一切分裂祖国的活动”。②

海协会常务副会长唐树备在香港出席“中国和平统一研讨会”时，在多个场合驳斥了李登辉的“两岸关系”是“特殊的国与国关系”的言论。同时，中共中央台办、国务院台办主任陈云林在中国和平统一促进会第六界理事会上，强烈抨击李登辉的“两国论”主张，认为它“严重破坏了两岸关系，损害了两岸同胞的根本利益，使海协会、海基会在一个中国原则下接触、交流、对话的基础不复存在”。陈云林指出：“我们与台湾当局最根本的分歧是坚持一个中国原则还是制造‘两个中国’，是统一还是分裂。”陈

---

① 《人民日报》，1999 年 7 月 12 日。

② 《人民日报》，1999 年 7 月 13 日。

云林强调："要坚决反对任何'台独'、制造'两个中国'、'一中一台'等言论和行动。同时，要坚决反对外国干涉中国解决台湾问题的图谋。"① 7月21日，中共中央台办、国务院台办负责人就台湾分裂势力按照李登辉"两国论"进行"修宪"的图谋发表谈话称："目前，特别值得注意和警惕的是，台湾分裂势力正在企图按照'两国论'修改台湾地区的所谓'宪法'和'法律'，以所谓'中华民国'的名义实现'台湾独立'。这是一个更加严重和危险的分裂步骤，是对和平统一的极大挑衅。如果这一图谋得逞，中国和平统一将变得不可能。"谈话强调："希望国民党的有识之士和一切主张发展两岸关系的人士，摆脱李登辉的分裂路线，不要跟着李登辉继续走下去。"同时"希望广大台湾同胞、社会各界有识之士，与我们共同反对李登辉分裂祖国的行径、特别是将'两国论'法律化的图谋"。②

8月1日，台湾当局"大陆委员会"发表一份所谓"对特殊国与国关系论书面说明"，为李登辉的"两国论"百般辩解。中共中央台办、国务院台办负责人指出："这份书面说明尽管列举了'特殊两国论'的几个所谓'特殊性'，但在中国的主权和领土不容分割这个最根本的问题上，却顽固地坚持李登辉所主张的海峡两岸已经分裂为两个国家、中国的主权和领土已经被分割的谬论。因此，所谓'特殊两国论'只是用'特殊性'掩盖'两国论'赤裸裸的分裂本质，本质还是'两国论'，这是李登辉分裂主义图谋的最大暴露。""我们正告李登辉，坚持'两国论'，诡称'特殊两国论'，就是挑战中国的主权和领土完整，挑战台湾同胞的切身和长远利益，挑战亚太地区的和平与稳定，必将受到历史的严惩。台湾当局只有抛弃'两国论'、'特殊两国论'，回到一个中国的立场上来，才是唯一的明智之举。"③

8月31日，中共中央台办负责人就李登辉将"特殊两国论"纳入国民党文件发表谈话称："李登辉抛出'两国论'一个多月来，受到了全中国人民的强烈反对和严厉谴责，国际社会普遍重申坚持一个中国的严正立场。但是，李登辉执迷不悟，不仅继续顽固地鼓吹'两国论'，而且还执意将'两

① 《人民日报》，1999年7月16日。
② 《人民日报》，1999年7月21日。
③ 《人民日报》，1999年8月5日。

国论’写入国民党的文件，作为国民党对大陆政策的指导方针，在分裂祖国的道路上又迈出了危险的一步。”“李登辉抛出‘两国论’，并将‘特殊两国论’写入国民党文件的霸道做法，是在葬送国民党的前途，更是将台湾人民一步步地推向战争深渊。”台办负责人“希望并相信，会有越来越多的国民党有识之士和广大国民党党员看透李登辉分裂祖国的本质”，“不要再跟李登辉走下去了”。①

第四，联合海内外舆论共同批判“两国论”。从7月13日到8月中旬，《人民日报》及全国各新闻单位连续发表评论，揭露李登辉背弃一个中国原则、制造“两个中国”、“一中一台”分裂祖国的真面目。7月14日，《人民日报》发表评论员文章：《要害是破坏一个中国原则》；7月15日，《解放军报》发表评论员文章：《李登辉不要玩火》；同日，《嘹望》周刊发表评论员文章：《李登辉穷途末路的挣扎》；7月17日，新华社评论员发表文章：《分裂国家就是历史罪人》；7月21日，《人民日报》发表评论员文章：《一个中国原则是和平统一的基础》；7月22日，新华社评论员发表文章：《分裂没有出路》；7月27日，《人民日报》发表评论员文章：《中国的领土和主权不容分割》；8月1日，《人民日报》与新华社特约评论员发表文章《要害是李登辉顽固坚持“两国论”》。

美国媒体也抨击李登辉为“不可预测的政客”、“麻烦制造者”、“搅局”。认为他的“两国论”是“突如其来的声明”、是“挑衅行动”、是“冒着自我孤立的危险”，“等于放弃了长久以来协助台湾免于一战的政治模式”。美国媒体甚至指出：“既使这是台湾通过民主程序所达成的共识，美国也不会被台湾牵着鼻子走。”“美国绝不能让台湾议题在选举中成为焦点，更不能让台湾不知自我节制，否则未来美国的下一代都将为台湾而战。”②美在台协会理事卜睿哲在台北听了李登辉一番解释后，仍宣称，一个中国政策是美中关系的基石。③ 德国的舆论在评论李登辉的“两国论”时就认为，台湾当局的一些人“不恰当地引用当年两德的例子”是“摸不着头绪”，完

① 《人民日报》，1999年9月1日。

② 美国《时代周刊》，1999年7月20日。

③ 《人民日报》，1999年7月30日。

全是别有用心。[①] 李登辉分裂中国的路线，在国际上毫无出路可言。虽然李登辉为自己的孤注一掷披上“台湾主流民意”的外衣，但海内外舆论却一针见血地指出，只差几个月就要到任下台的李登辉，其实是色厉内荏，难掩其内心对无法掌握未来的恐惧与焦虑。李登辉是个权力欲高涨、玩弄民意于股掌的人，长期以来披“民主”外衣行“独裁”之实。顽固的“台独”理念使他不能务实地看待台湾的政治，不能正确地对待两岸关系，在即将下台的压力下，把“台独”作为他最重要的政策目标，急于在下台前取得成果，同时下台后延续自己的政治生命和影响力。舆论指出，李登辉的言行说明他希望把台湾引向与祖国大陆彻底分离的道路，实现个人心中的分裂梦想。这是将2100多万台湾同胞的安全、福祉当作个人筹码，作为其个人的分裂梦和化解权力僵局的垫背，不仅不负责任，也极不符合政治道德。而李登辉“两国论”要“定位”两岸关系其实不过是一厢情愿，但对台湾当局十年来的大陆政策却是“重磅炸弹”，摧毁了李登辉十年来所主导的大陆政策基础。这个基础就是台湾当局“国统纲领”规定的“在一个中国原则下”、“汪辜会谈”确定的“海峡两岸均坚持一个中国的原则”。虽然李登辉也曾多次破坏这个基础，比如鼓吹“分裂分治”，声称“不再讲一个中国”，但毕竟还是有所掩饰，而这次则是完全撕下了伪装，把分裂底牌和盘托出。可见他过去所做的有关“追求统一”、“反对台独”等承诺，完全是在欺骗台湾人民和国际舆论。

对于“两国论”，台湾社会舆论一再指出，对台湾来说，最大的安全在于一个稳定的两岸关系；两岸互动的最高价值是和平，而不是冲突；是统一，而不是分裂。“两国论”是在制造冲突而不在追求和平。可以断言，任何以追求或制造两岸冲突为目标的政策思维，都不可能成为台湾的主流思维。李登辉如果要把“两国论”定为台湾未来的“路线”，则绝大多数台湾同胞是不会同意的。否定一个中国，不但违背祖国大陆人民的意愿，也不符合大多数台湾同胞的意愿，不符合台湾的政治和经济利益。没有一个台湾民众会同意任何政治人物，企图将台湾人民的生命财产作为他个人的政治筹码任意运用。台湾社会舆论还指出，虽然目前台湾同胞多数同意两岸暂时

① 《人民日报》，1999年7月28日。

"维持现状"，但绝大多数台湾同胞对两岸要统一有明确认识和清楚的表达。岛内历次民调和选举清楚显示，台湾人民反对"台独"，也不支持主张"台独"的激进分子上台，使"台独"主张成为票房毒药。正是台湾民众的这一鲜明的主流态度，迫使主张"台独"的民进党不得不提出转型及修改"台独党纲"的议题，不得不呼应民众要求两岸对话、"三通"的诉求，降低"台独"调门，做出一些追求两岸关系改善的姿态。岛内"台独"市场日益萎缩已是不争的事实。

李登辉以"两国论"破坏两岸关系发展和两岸接触、对话、谈判的基础，违背了台湾人民的意愿。一些附合李登辉的台湾当局人士辩解说李登辉"两国论"不等同于"台独论"，因为李登辉是要"中华民国"而"台独"是要"台湾共和国"；或说"两国论"并不否定未来统一，与国统纲领相符合，还说是为"更有效地处理两岸关系"，甚至为"21 世纪两岸良性互动开创新局"①，这一论调纯粹是诡辩。显然，台湾当局不是心虚就是企图继续欺骗台湾民众和国际社会。试想，如果按李登辉的谬论去"定位"两岸关系，两岸往来成为"国与国往来"，两岸"三通"成为"国与国的通商、通邮、通航"。如此类推，先不论此一谬论完全违背两岸的现实和中国人民的民族感情，就未来发展而言，祖国统一便成为"国与国合并"，两个国家有什么理由要合并，如果台湾不愿合并，武力解决台湾问题就成"侵略"，那么国际干涉就可以名正言顺了。这难道不是"台独"势力企图达到的目的吗？中国人民能答应吗？李登辉和台湾当局那些人想骗谁呢？又能骗谁？

与此同时，两岸民间交流虽经台湾当局的一再压制，仍蓬勃发展，已有 1400 多万人次的台胞到访祖国大陆，在大陆的台资企业 4 万多家，两岸文化交流团组络绎于途。台湾岛内支持祖国统一的人士积极举行各种活动，促进两岸交流，探讨和平统一方向。无数事实证明，台湾同胞求稳定求和平求统一的意愿必将继续制约岛内外"台独"和分裂势力。李登辉的分裂言论激起中国人的公愤，但两岸关系定位的主导权并不在李登辉之流手上。李登辉再怎么说，也改变不了世界上只有一个中国，台湾是中国一部分的地位。中国政府和包括广大台湾同胞在内的全中国人民决不会让李登辉之流的分裂

① 台湾《青年时报》，1999 年 7 月 14 日。

图谋得逞。“两国论”也遭到岛内民众的一致批评。在国内外压力下，台湾当局被迫公开宣布：“政策未变，自不存在所谓修宪，修法，修改国统纲领的问题。”① 中国政府和人民反对分裂，反对“两国论”的斗争，取得了阶段性成果。

3.《一个中国的原则与台湾问题》的发表

进入21世纪后，国际局势发生新的深刻变化，世界多极化和经济全球化的趋势继续在曲折中发展，科技进步日新月异，综合国力竞争日趋激烈，各种思想文化相互激荡，各种矛盾错综复杂，敌对势力对我国实施西化、分化的战略图谋没有改变，中国仍面临着发达国家在经济、科技等方面占优势的压力。就两岸关系而言，虽然两岸人员往来和经济文化与交流持续发展，但是从上个世纪90年代初开始，李登辉逐步背弃一个中国原则，采取了一系列分裂步骤，致使“台独”分裂势力逐渐膨胀、“台独”分裂思潮迅速漫延，“台独”分裂活动十分猖獗，民进党夺权势头迅猛。

面对李登辉抛出“两国论”后两岸关系的严峻形势和岛内选举变局，中共中央敏锐地意识到，祖国大陆同台湾当局和“台独”分裂势力斗争的焦点仍然集中在“一个中国”的原则问题上。为了进一步展示维护祖国统一的坚定决心，祖国大陆认为有必要就台湾问题再发一个郑重声明，进一步阐述中国政府坚持一个中国原则的基本立场与政策主张。2000年2月21日，国务院台办、新闻办联合发表了《一个中国的原则与台湾问题》白皮书。

众所周知，1993年8月31日，国务院台办、新闻办就曾发表了《台湾问题与中国的统一》白皮书。这是新中国成立以来就台湾问题发表的一份最系统、最全面、最完整的文件。2000年2月，中国政府关于台湾问题的白皮书，则是首次以文告的形式，详细、系统、全面地论证了一个中国的事实和法理基础，阐述了一个中国原则的产生和基本涵义，强调了一个中国原则是实现和平统一的基础和前提，表达了中国政府坚决捍卫一个中国原则的态度，说明了对两岸关系中涉及一个中国原则和在国际社会中坚持一个中国原则的若干问题的主张。白皮书特别指出：“台独海峡局势仍然存在着严重的危机。”“为了维护包括台湾同胞在内的全中国人民的利益，也为了维护

① 台湾中央社（台北）电，1999年8月1日。

亚太地区的和平与发展，中国政府仍然坚持‘和平统一、一国两制’的方针不变，仍然坚持江泽民主席提出的发展两岸关系、推进祖国和平统一进程的八项主张不变，仍然尽一切可能争取和平统一。”“但是，如果出现台湾被以任何名义从中国分割出去的重大事变，如果出现外国侵占台湾，如果台湾当局无限期地拒绝通过谈判和平解决两岸统一问题，中国政府只能被迫采取一切可能的断然措施、包括使用武力，来维护中国的主权和领土完整，完成中国的统一大业。”

白皮书进一步宣称：“中国政府和人民完全有决心、有能力维护国家主权和领土完整，决不容忍、决不姑息、决不坐视任何分裂中国的图谋得逞，任何分裂图谋都是注定要失败的。”① 同年3月，国家主席江泽民在一次谈话中称，对于“三个如果”，中国政府所将采取的一切断然措施，是我们的一贯立场。江泽民指出：“中国人民从来不怕鬼，不信邪，对于任何危害中华民族根本利益的鬼邪之举，我们都坚决反对。”② 朱镕基总理也在2000年《政府工作报告》中郑重指出：祖国大陆对“两国论”和“台独”的分裂活动“绝不会坐视不管”。③ 在白皮书发表的第二天，《人民日报》以《坚持一个中国原则，早日实现和平统一》为题发表社论指出：“这份白皮书是进一步向国际社会阐述中国政府坚持一个中国原则立场和政策的文告，也是中国人民决心早日解决台湾问题、实现祖国完全统一的宣示。”在这时候发表白皮书，“对我们继续贯彻‘和平统一、一国两制’的基本方针和江主席提出的发展两岸关系、推进祖国和平统一进程的八项主张，对于两岸同胞坚决反对以李登辉为代表的台湾分裂势力背弃一个中国原则、图谋将台湾从祖国分割出去的活动，对于国际社会进一步认识李登辉“两国论”的谬误和危害、坚持一个中国政策，都具有重要意义。”④

第一，《一个中国原则与台湾问题》重挫“两国论”，并最终使李登辉下台。而台湾新的领导人陈水扁尽管在选战前不断挑战一个中国原则，但在2000年5月20日就职演说时不得不宣称“四不一没有”，这就使李登辉图

① 姜殿铭、许世铨主编《台湾2000》，第387页，九州出版社，2001年版。
② 《人民日报》，2000年3月5日。
③ 《人民日报》，2000年3月6日。
④ 《人民日报》，2000年2月22日。

谋将“两国论入宪入法”的希望落空。《白皮书》首先就是针对“两国论”的。正如朱镕基总理在2000年3月15日答香港凤凰台记者问时称：“我想提醒大家，先有‘两国论’，后有白皮书，如果没有‘两国论’的抛出，也许就没有白皮书的发表。”①

第二，《白皮书》突出强调一个中国原则，使“九二共识”在台湾岛内得到越来越广泛的认同。一方面是台湾在野党，例如新党、国民党、亲民党纷纷要求陈水扁接受“九二共识”。另一方面，临门一脚将陈水扁送上“总统”宝座的诺贝尔化学奖获得者李远哲也不得不承认，“时间并不站在台湾这一边”，“台湾必须回到‘九二共识’上”。时任民进党主席的谢长廷也无可奈何地表示，台湾法律就是一个中国架构。曾任民进党主席，后来投身反陈水扁行列的许信良也明确指出：一个中国问题，台湾领导人“非面对不可”。② 再一方面，2000年2月《白皮书》发表之后，赞成用“一国两制”方式实现祖国统一的岛内人士曾一度不断增多。据台湾“行政院大陆委员会”与台湾大选研中心2000年5月13日调查显示：有12%的人表示愿意接受“一国两制”。2001年4月7日台湾“陆委会”与台湾中山大学民调中心调查显示：有16.1%的人赞同“一国两制”。同年6月5日TVBS民调中心调查显示：竟有高达31%的人赞同“一国两制”，而同月《联合报》系民调中心的调查则有高达33%的人赞成“一国两制”。

第三，通过《白皮书》使国际社会普遍更明确承诺坚持一个中国原则。尽管美国不断向台湾当局传递错误的信息，但也不得不断宣示坚持一个中国原则。欧盟与俄罗斯等大国也都表示坚持一个中国的原则立场。

上述事实表明《一个中国原则与台湾问题》白皮书的发表，的确对遏制“台独”发展起到了相当大的作用，显示了中国共产党与中国政府主导两岸关系的能力。此时，中国共产党与中国政府已经完全认识到，2000年3月台湾领导人大选后，不管谁上台，海峡两岸都将在一个中国原则问题上展开更激烈的斗争。

---

① 《人民日报》，2000年3月16日。

② 中国社会科学院台湾研究所：《台湾研究年度报告》（2000年），第7页，军事出版社，2001年版。

第五章　中国共产党两岸关系和平发展思想的理论与实践

进入新世纪后，台湾政局发生重大变化，主张“台独”的民进党登上“执政”舞台。台湾当局领导人陈水扁紧步李登辉的后尘，变本加厉、肆无忌惮地鼓吹“台独”言论，并与李登辉的台联党和建国党组成的“泛绿阵营”，极力否定“九二共识”，挑战一个中国原则，全力推进“台独”路线，将两岸关系推到了危险的战争边缘，而且成为亚太地区稳定与繁荣的最大乱源。海外分裂势力乘机推波助澜。中国共产党与中国政府针对“台独”势力猖獗与外国分裂势力，进行了坚决的斗争。在反对“台独”和外国分裂势力的斗争中，以胡锦涛为总书记的新一代领导集体，进一步贯彻了邓小平“和平统一，一国两制”的基本方针和江泽民解决台湾问题的“八项主张”，并赋予新的内容，形成了两岸关系和平发展的思想，成为新世纪中国共产党对台政策的最新宣示与纲领。

一、新世纪反对陈水扁“台独”分裂活动的斗争

陈水扁当局“执政”后，“台独”方向十分明确，目的性非常强。就陈水扁的“台独”部署看，在岛内法律、政纲角度上，他要清除两大障碍，即所谓“中华民国宪法”和“国家统一纲领”。废除现行的所谓“中华民国宪法”是实现“法理台独”的最后一步，废除“国家统一纲领”则是“毁宪”的前提。另外，陈水扁也不断制造与2006年间提出“民间版的台独新宪法草案”与2007年举办“台独新宪公投”相适应的政治气氛，使，“废统”和“毁宪”等“台独”议题成为陈水扁进行岛内朝野政争、巩固权力

的一种策略和手段。在意识形态、社会层面上，陈水扁的“台独”重点是全面推进“去中国化”、“文化台独”、“台湾正名”、“军事台独”和“务实外交”，以便全面扩大“台独”的政治与社会基础。

1. 发表警告“台独”的声明

2000年3月18日，台湾大选结果出炉，民进党籍候选人陈水扁与吕秀莲以微弱多数胜出，当选为台湾第十一届正副领导人。在台湾大选结果公布当日，中共中央台办、国务院台办就台湾地区产生新的领导人发表声明称：“世界上只有一个中国，台湾是中国领土不可分割的一部分。台湾地区领导人的选举及其结果，改变不了台湾是中国领土一部分的事实。”声明还指出：“和平统一是以一个中国原则为前提的。任何形式的‘台独’，都是绝对不允许的。对台湾新领导人我们将听其言观其行，对他将把两岸关系引向何方，拭目以待。”①

陈水扁发表“5·20”就职演说的当天，中共中央台办、国务院台办受权就当前两岸关系问题发表声明。《声明》提出以下几点：

其一，《声明》指出陈水扁“在接受一个中国原则这个关键问题上采取了回避、模糊的态度。显然，他的‘善意和解’是缺乏诚意的。”

其二，《声明》明确提出：“是否接受一个中国原则，是检验台湾当局领导人是维护国家主权与领土完整，还是继续顽固推行‘台独’分裂政策的试金石。”

其三，《声明》指出海峡两岸敌对状态并未结束，“如果有人胆敢把台湾从中国分割出去，重新挑起中国的内战，他们必须对此承担历史的罪责”。《声明》明确指出：“我们同台湾分裂势力斗争的实质，绝不是要不要民主、实行哪种制度之争，而是要统一还是要分裂之争。”

其四，《声明》指出在坚持一个中国原则问题上，“我们坚定的立场是绝对不会改变的”，只有在一个中国原则基础上，两岸才能“平等协商，共议统一”。《声明》还指出祖国大陆还将以最大诚意争取和平统一，但坚决阻止一切分裂活动。

其五，《声明》提出实现海峡两岸“高层互访”，提出恢复两岸商谈的

① 《人民日报》（海外版），2000年3月19日。

两个条件："只要台湾当局明确承诺不搞'两国论'，明确承诺坚持大陆海协会与台湾海基会1992年达成的各自以口头方式表述'海峡两岸均坚持一个中国原则的共识'，我们愿意授权海协与台湾方面授权的团体或人士接触对话。"①

中共中央台办与国务院台办的"5·20声明"，明确表达了祖国大陆对陈水扁"新政府"主张的强烈不满与严正警告，为今后两岸关系发展提出了新的政策。

2. 公开批判吕秀莲与小林善纪的《台湾论》

反对陈水扁"一边一国论"斗争的第二个回合是从点名批判吕秀莲的"远亲近邻说"与日本极右翼作家小林善纪的《台湾论》开始的。吕秀莲1944年6月7日出生在台湾省桃园县，祖籍福建省南靖县。吕秀莲在台湾大学法律系毕业后，赴美留学，1971年获法学硕士学位。在美留学期间，吕秀莲曾于1970年前往欧洲，与所谓"台湾独立建国联盟"欧洲本部负责人张维嘉取得联系，这是吕秀莲第一次接触海外"台独"势力，是其走上"台独"之路的起点。与陈水扁比较，吕秀莲搞"台独"的历史要比陈水扁早得多。吕秀莲原来是国民党党员，1974年6月她30岁生日时，在她工作的"行政院"法规科，接受了"行政院长"蒋经国赠送的生日礼物，还与蒋经国合切生日蛋糕，后因患甲状腺癌辞去公职，专门进行女性研究，从事女性运动。1974年，她出版了《新女性主义》与《寻找另一扇窗》两本书。1975年，吕秀莲成立了拓荒者出版社，并出任社长。她创办《拓荒者》后，更是名声大噪，成为党外反对势力的中坚。1977年，吕秀莲再赴美国哈佛大学学习，获第二个硕士学位，同时写就《台湾的过去与未来》一书。1978年年底，美台断"交"，吕秀莲决定返台，投入政坛。由于与国民党在政见上发生歧见，被国民党开除国民党党籍，从此全力投入反对国民党的活动。

1979年8月，吕秀莲为了支持党外反对势力的龙头老大黄信介，出任《美丽岛》杂志社副社长和"党外候选人联谊会"秘书一职。同年12月10日，台湾高雄发生了以《美丽岛》杂志社为核心的党外人士借世界人权日

① 《人民日报》（海外版），2000年5月21日。

之际发动的大规模集会游行。台湾当局出动军警镇压了这次集会游行。因吕秀莲是《美丽岛》杂志社副社长，又在集会上作了20分钟演讲，被台湾当局逮捕，以涉嫌“叛乱罪”被台湾“军事法庭”判刑12年。1985年因旧病复发被保外就医。

1986年至1988年，吕秀莲在欧美进行活动。此间，她与海外“台独”分子接触频繁，曾经在美国发起过“台湾加入联合国运动”。1988年后她由美返台，后出任“民主人同盟会”理事长。1990年11月加入民进党，1991年，吕秀莲发起成立“台湾加入联合国促成会”，亲自率领“台湾加入联合国宣达团”赴美国游说。从此吕秀莲便以激进的、极端的“台独”分子面目出现在台湾政治舞台上。

1992年12月，吕秀莲当选为第二届“立法委员”。在“立法院”，她的泼悍知名度最高，她上窜下跳，挥拳舞腿，狂言对骂，用她自己的话说“用武比用文吃香，作秀比做事风光”。① 1993年“汪辜会谈”在新加坡举行时，一批民进党激进分子在吕秀莲率领下到新加坡“搅局”。当会议正在进行时，吕秀莲领先冲进会场，大骂与会人员。

1997年3月，吕秀莲出任桃园县长。2000年3月台湾大选前，吕秀莲在桃园县举办的一次政见会上，竟然宣称桃园县选民如果不投票支持她与陈水扁，就是“桃园人不支持桃园人，是卖乡贼”。此话一出招致桃园选民的强烈不满。桃园县议员“挺连战斗团”用事实举证吕秀莲才是“卖乡贼”。团长黄金德对吕秀莲提出“三多三少三不”建言：三多是多刷牙、多反省、多听人民的声音；三少是少一点口号、少一点口水、少说谎话；三不是不要争功、不要诿过、不要夜郎自大。② 吕秀莲就是这样一个不懂情感、缺少政治道德的人物。

吕秀莲还是一个带有汉奸嘴脸的“台独”分子。早在20世纪90年代，她数典忘祖，跑到日本发表谈话说《马关条约》割让台湾给日本“是台湾人的大幸，幸亏把台湾割让给日本”。这一谈话充分暴露了吕秀莲的汉奸嘴脸。民进党即将走上“执政”地位后，吕秀莲更是变本加厉，她在香港一

---

① 李伯顺：《动荡2000》，第124页，海风出版社，2001年版。
② 李伯顺：《动荡2000》，第124页，海风出版社，2001年版。

家有线台大放厥词，说什么“台湾的主权是独立的，没有人可以否认”。台湾与大陆“历史上是远亲”，“地理上是近邻”，“加入联合国是绝对要努力的方向”①。吕秀莲的“远亲近邻”说其根本用意就是以此来界定海峡两岸关系，这与陈水扁所谓的“两个华人国家”的说法实无二致。吕秀莲的“远亲近邻”说抛出后，立即引起世人侧目，国人共愤。

2000年4月10日，《人民日报》评论员以《吕秀莲数典忘祖》为题，点名批判了吕秀莲的分裂言行。文章认为在死硬的“台独”分子中，吕秀莲是“跳得最高的、最肆无忌惮的、寡廉鲜耻”，是“台独”的缩影。文章从历史和地理常识的角度论证了台湾始终是中国的一个组成部分，台湾与大陆本是一家，而不是“远亲”。文章指出：“这些言行，完全是赤裸裸地分裂祖国，挑战一个中国原则，给两岸关系雪上加霜。”文章认为吕秀莲作为一个法学硕士，“居然对自己民族和国家的史地常识一无所知，更无视逻辑，罔顾情理法理，大肆散布分裂言论，真可谓有辱斯文，贻笑大方，徒留千古骂名”。文章最后指出：“谁无视民族的意志和要求，谁在国家统一和一个中国的原则上打主意、存妄想、冥顽不化，谁注定要自绝于人民，被钉上历史的耻辱柱。”文章不点名地告诫陈水扁：“台湾新领导人”必须“承认一个中国的原则”。② 这一点陈水扁是非常清楚的，所以在他后来“5·20”演说中淡化“台独”，承诺“四不一没有”都与大陆公开点名批判吕秀莲有关。吕秀莲在民进党“执政”期间，曾经多次受到大陆方面的公开点名批判。

2001年，在台湾岛内“台独”分裂活动越演越烈的情形下，被李登辉称为“代表了台湾价值观的一切”的日本右翼漫画家小林善纪编造的《台湾论》又在台湾出版发行。《台湾论》一出版就遭到在野党强烈批评，民间学者与亲历者也加入批判行列。然而民进党当局则态度暧昧，千方百计为《台湾论》和许文龙等人辩护。同年2月26日，民进党主席谢长廷表示：《台湾论》是一本民间著作，许文龙的言论是个人观点。大家不需过分炒作此事。陈水扁3月8日在为其纵容的《台湾论》进行辩护的同时，发誓要

① 《吕秀莲数典忘祖》，载《人民日报》，2000年4月10日。

② 《台湾2001》，第309页，九州出版社，2002年版。

保证他们的“言论自由”。①

针对《台湾论》美化日本殖民统治与台湾鼓吹汉奸言论的许文龙，国务院台办发言人张铭清3月1日接受记者采访时发表谈话称：“日本军国主义对中华民族特别是在霸占台湾50年对台湾犯下的滔天罪行罄竹难书，是任何人抹杀不了的。”《台湾论》一书“美化日本对台湾的殖民主义统治”，必然“受到海峡两岸的中国人同时谴责”。作为亲历日本奴役台湾的亲历者许文龙，“竟然附和日本极右翼势力，歪曲历史，颠倒是非，为军国主义张目，对台湾同胞横加污蔑，完全暴露了他背叛民族的丑恶面目，终将被包括台湾同胞在内的全中国人民所唾弃”。② 时任国务院台办主任助理、海协副会长的孙亚夫在答记者问时称：“日本右翼文人小林善纪发表漫画书《台湾论》，公然歪曲历史，美化日本对台湾的殖民主义统治，说明日本军国主义阴魂不散……台湾的许文龙等极少数顽固‘台独’分子与日本右翼势力沆瀣一气，为日本军国主义迫害台湾同胞的野蛮行径辩解，对台湾同胞横加污蔑，完全暴露了他们背叛中华民族和台湾人民的丑恶面目。他们的卑劣表演证明，‘台独’分裂主张与‘皇民化’思想意识是一脉相承的。”③ 中国政府的严正立场，使日本右翼的分裂活力与台湾岛内的“台独”势力受到沉重打击。

3. 公开批判陈水扁的“一边一国论”

2000年“两办”“5·20声明”虽然没有点陈水扁的名，但不意味着对他抱有什么希望，“听其言、观其行”、“拭目以待”的宣示就是要遏制“台独”势力的变本加厉。陈水扁“执政”之初，出于多方面考虑，“台独”言行有所收敛。然而如前所言，由于他的“台独”本质难改，加上国际社会中分裂势力向他传递的错误信息，从而使他的“台独”言行又开始迅速膨胀起来，从否定“九二共识”，最终走向“一边一国论”。直接反对陈水扁“一边一国论”的斗争围绕着坚持一个中国原则，反对各种分裂活动展开。具体做法是：

---

① 《台湾2001》，第309页，九州出版社，2002年版。

② 《人民日报》(海外版)，2001年3月1日。

③ 《人民日报》2001年3月16日。

第一，就陈水扁“过境”，中国政府向美国政府提出严正交涉。如前所言，陈水扁上台后，针对美国政府不顾中国政府反对允许陈水扁过境美国，中国外交部部长助理周文重2001年4月25日紧急约见美国驻华使馆临时代办马林，并提出严正交涉。中方指出：美国新政府上台后不久宣布出售大量先进武器给台湾，现在又允许陈水扁利用“过境”搞分裂中国的活动。美国此举不仅违反中美之间签署的三个公报和有关承诺，而且助长了“台独”势力分裂中国的气焰，粗暴干涉了中国内政。“这是对中国和平统一大业的阻挠和中国人民的挑衅”，中方对此表示“强烈愤慨和坚决反对”。① 5月24日，中国驻美大使杨洁篪约见美国副国务卿格罗斯曼，就美国再度准备允许陈水扁“过境”美国一事向美国政府提出严正交涉。杨大使指出：“中国政府一贯坚决反对美国与台湾进行任何形式的官方往来和接触，坚决反对陈水扁以任何名义‘过境’美国和从事分裂中国的活动。”中方要求“美国政府立即纠正错误”，停止“干涉中国内政”，“切实遵守国际关系基本准则，以免进一步损害中美关系”。② 中国国家主席江泽民两度接受美国记者专访，批评美国的做法不仅干涉了中国内政，而且助长了“台独”气焰，要求美国停止伤害“中国人民的感情”。③ 中国政府的抗议与交涉迫使美国政府支持“台独”的行径有所收敛，特别是“911事件”发生后，美国调整了对华对台政策，对遏制“台独”发展起到了一定作用。

第二，公开点名批判陈水扁否定“九二共识”、鼓吹“一边一国论”的谬论。在民进党“执政”的前两年，中国共产党与中国政府点名批判了吕秀莲、蔡英文与李登辉等“台独”分子，而没有公开点名批判陈水扁，然而陈水扁却置中国政府的良好愿望于不顾，不断挑战一个中国原则，最终迫使中国政府公开点名批判了陈水扁进行“台独”活动的分裂行径。

2000年7月20日，《人民日报》评论员以《顽固坚持“台独”立场没有出路》为题，对于民进党九届一次会议通过的大会宣言，即“对于台湾主权独立自主的主张绝不改变”进行批判，认为“此番言论又一次暴露了

① 《人民日报》，2001年4月25日。

② 新华社（华盛顿）2001年5月24日电。

③ 新华社（北京）2001年8月13日电。

民进党坚持‘台独’的立场，继续进行分裂活动的图谋”。同年9月19日，《人民日报》海外版刊文不点名抨击陈水扁宣称的“统一不是台湾惟一选项”言论，认为陈的做法就是企图“将与统一相反的‘台独’也作为选项，这将会带来不可收控的危险”。2000年12月5日，新华社发表王诤的文章《九二共识铁证如山》。文章不点名批判陈水扁宣称当年没有“九二共识”，只有“九二精神”，其目的是以“九二精神”取代“九二共识”，以所谓的“搁置争议”来回避“九二共识”的重要内容，即承认一个中国的原则。文章批判陈水扁“费尽心机地想要否定海峡两岸都属于一个中国，台湾是中国的一部分，想要否定两岸谈判是一个中国的内部事务”。文章批判陈水扁否定“九二共识”的目的都只是一个，就是阻挠两岸恢复商谈。“实质上是继续搞‘两国论’，企图炮制出一个‘统一不是惟一选项’的前途来。”文章提出“承认还是否认‘九二共识’已成为观测当局有无诚意改善两岸关系，恢复两岸商谈的重要指标。”①

2001年，祖国大陆始终对岛内“台独”势力的活动保持强大压力和警觉性，牢牢把握两岸关系发展的主导权。一方面，党和国家领导人多次强调，祖国大陆将继续执行“和平统一、一国两制”的基本方针和江泽民解决台湾问题的八项主张，只要台湾当局接受一个中国原则，回到“九二共识”，两岸就能恢复对话和谈判，而且什么问题都可以谈。钱其琛副总理在公开场合数次宣称，就海峡两岸关系而言，坚持一个中国原则就是坚持“世界上只有一个中国，台湾和大陆同属于一个中国，中国的主权和领土完整不容分割”，并特别指出，在“一国两制”框架下解决台湾问题可以实行比港澳更宽的政策。这些政策宣示既表明祖国大陆坚决制止分裂祖国图谋的严正立场，也展现了祖国大陆尽一切可能争取和平统一的最大诚意。另一方面，针对陈水扁向美国购买武器及鼓吹“渐进性台独”进行了有力的批判。4月27日，国务院台办举行新闻发布会，一方面对美国售台先进武器表示强烈抗议和强烈谴责，另一方面，不点名批判陈水扁抗拒统一，图谋分裂，大量向外采购武器装备、肆意扩军备战，必将把台湾带向危险境地，产生极

① 《台湾2000》，第454页，九州出版社，2001年版。

其严重的后果。① 5 月 30 日，国台办发言人张铭清在新闻发布会上指出："台湾当局领导人上台以来的所作所为，证明了他自己的'诚意和善意'只不过是权宜之计、欺人之谈，造成目前两岸政治僵局和无法重开对话的责任完全在台湾当局。"张铭清批判陈水扁上台以来"极力回避一个中国原则，一再否认和歪曲两会共识，企图在否定一个中国原则前提下重开两会谈判，这是根本不可能的"。陈水扁鼓吹的所谓"民主、对等、和平"取代一个中国原则是"根本行不通的"。②

针对 2002 年陈水扁否定"九二共识"、鼓吹"一边一国论"的谬论，大陆对此进行了坚决猛烈的批判。8 月 5 日，中共中央台办、国务院台办发言人发表谈话称：陈水扁鼓吹"一边一国论"与李登辉"两国论"如出一辙，"充分暴露了他顽固坚持'台独'立场的真面目，是对包括台湾同胞在内的全体中国人民的公然挑衅，也是对国际社会公认的一个中国原则的公然挑衅，必将对两岸关系造成严重的破坏，影响亚太地区的稳定与和平"。"陈水扁鼓吹'一边一国'，充分证明他所表白的'四不一没有'，只不过是欺骗民众、蒙骗国际舆论的权宜之计。求和平、求发展、求安定，希望改善和发展两岸关系，是台湾的主流民意，陈水扁罔顾民意，鼓吹'台独'，把极少数顽固'台独'分子的图谋强加给广大台湾人民，受到影响的是台湾经济，受到损害的是台湾同胞的切身利益，是将台湾引向灾难。"发言人最后严正警告台湾分裂势力，"不要错判形势，立即悬崖勒马，停止一切分裂活动"。③

8 月 13 日，海峡两岸关系研究中心在京召开研讨会，深刻批判了陈水扁的"一边一国论"比李登辉的"两国论""更加露骨，也更具挑衅性"。海峡两岸关系研究中心主任唐树备指出：陈水扁鼓吹的"台独"路线，"将永远是一条走不通的死胡同"。④

8 月 21 日，国务院副总理钱其琛在会见全非洲中国和平统一促进会访问团时也点名批判陈水扁鼓吹"一边一国论"说，陈水扁的这些分裂言论，

---

① 《人民日报》，2001 年 4 月 28 日。
② 《人民日报》，2001 年 5 月 31 日。
③ 《人民日报,》2002 年 8 月 6 日。
④ 新华社（北京）2002 年 8 月 13 日电。

“与李登辉的‘两国论’一脉相承，给两岸关系设置了新的障碍，给台湾社会带来了新的动荡，也给国际社会制造了新的麻烦，受到了海内外中华儿女以及国际舆论的普遍谴责”。①

8月23日，中共中央台办、国务院台办主任陈云林在会见台湾电子系统大陆考察团时指出：“陈水扁背弃其曾经作出过的承诺，公然鼓吹海峡两岸是‘一边一国’，煽动要以所谓‘公民投票’的方式决定‘台湾的前途、命运和现状’，他的分裂言论制造两岸关系紧张，影响台湾社会安定和经济发展，伤害台湾广大民众的利益，违背台湾同胞求和平、求安定、求发展的主流民意，是不得人心的，必得以失败告终。”②

10月25日，国家主席江泽民在美国得克萨斯州与美国总统布什会谈时特别强调：“中国一直在尽最大努力争取以和平方式解决台湾问题，完成祖国的统一。问题是‘台独’势力在千方百计地破坏和平解决的前景，‘台独’势力的分裂活动是对台海地区稳定和中美关系发展的最大威胁。”布什赞赏中方关于和平解决台湾问题的立场，宣称“理解台湾问题的敏感性，坚持一个中国的政策，反对台湾独立”。③

以上是陈水扁抛出“一边一国论”之后祖国大陆与之进行的坚决斗争。这是继上世纪90年代同李登辉两场斗争之后的又一次重大政治斗争，取得了新的成果。

4. 反对陈水扁利用“公投”进行分裂活动的斗争

民进党当局在“一边一国论”遭到批判后，又以新的分裂形式进行“台独”活动。他们打着“认同台湾”和“民主”、“改革”等旗号，竭力进行“去中国化”、“文化台独”、“台湾正名”等活动，企图误导台湾民意，扰乱台湾社会，煽动仇视大陆。他们拒不接受一个中国原则，否认体现坚持一个中国原则的“九二共识”，破坏两岸谈判的基础。他们整军备战，企图以武谋“独”。在各种不断升级的“台独”分裂活动中，最具危险性和危害性的是，台湾当局企图通过所谓“宪政改造”实现“台湾法理独立”，

---

① 《人民日报》，2002年8月23日。

② 《人民日报》（海外版），2001年8月23日。

③ 《人民日报》，2001年10月26日。

也就是妄图以所谓“宪法”和“法律”的形式，改变大陆和台湾同属于一个中国的现状，把台湾从中国分割出去。“台独”分裂势力及其活动，严重威胁着中国的主权和领土完整，严重破坏和平统一的前景，严重损害中华民族的根本利益，成为破坏台海地区乃至亚太地区和平稳定的现实威胁。要使两岸关系得以和平发展，就必须坚决反对陈水扁利用“公投”进行分裂活动的斗争。

第一，揭露陈水扁利用“公投”进行分裂活动的实质。打响反对陈水扁利用“公投”进行分裂活动的第一枪，就是揭露陈水扁利用“公投”进行分裂活动的实质。早在2003年7月18日，国台办副主任王在希在“两岸关系论坛”闭幕式上作总结发言时指出：“最近一段时间，台湾有人利用‘公投’问题大做文章，企图进一步恶化两岸关系，这是一个非常危险的动向。”王在希严正表示：“我们决不允许极少数人蓄意利用‘公投’进行分裂祖国的活动，坚决反对任何挑战一个中国原则的所谓‘公投’。”①

10月8日，国台办发言人抨击陈水扁最近多次发言否定一个中国原则和“九二共识”、鼓吹“一边一国”、“催生新的宪法”等“台独”言论说：“陈水扁出于选举的需要，为其一党和一人之私，不惜用广大台湾同胞的根本利益做赌注，不断散布‘台独’分裂言论，人为地制造两岸关系紧张，这是极不道德的，也是十分危险的。”②

10月26日，国台办发言人张铭清就民进党和一些“台独”组织10月25日举行“公投制宪”游行一事发表谈话称：“民进党和一些‘台独’组织举行‘公投制宪’游行活动，陈水扁鼓吹分裂主张，力图利用公投进行分裂活动。”“这充分证明台湾当局领导人近来多次声称‘四不一没有’的承诺不变完全是欺人之谈。”③

11月17日，国台办负责人就陈水扁当局通过“公投立法”进行“台独”分裂活动发表谈话称：“最近一个时期，陈水扁当局假借民意，纠合各种‘台独’分裂势力，大肆进行‘台独’活动。他们在‘公投立法’过程

---

① 《人民日报》（海外版），2003年7月19日。
② 《人民日报》（海外版），2003年10月8日。
③ 《人民日报》（海外版），2003年10月27日。

中，企图塞进有利于进行‘台独’分裂活动的条文，为其今后实施‘台独公投’制造‘法律依据’，企图通过公投、制定并建立所谓‘台湾国’，实现其‘台独’主张。这是一个非常危险的分裂行径，是对一个中国原则的公然挑衅，是对两岸关系的破坏，是对台海局势和亚太地区和平稳定的威胁，也是对包括台湾同胞在内的13亿中国人民的严重挑衅。”谈话明确指出了“公投”就是为“制宪”和“台独”做准备，就是企图改变海峡两岸的现状，就是分裂祖国的行径。谈话还指出陈水扁的所做所为，“彻底暴露了其分裂国家的真面目”。但“陈水扁瞒天过海的图谋，是绝对不可能得逞的”。国台办负责人正告陈水扁当局“不要再欺骗、愚弄台湾民众，必须悬崖勒马，立即停止利用‘公投立法’进行分裂国家的罪恶活动”。①

11月18日，国台办副主任王在希在两岸关系座谈会上指出：“打着民主旗号搞‘台独’，利用民意搞分裂，这是陈水扁的一大特色。”“陈水扁当局推动‘公投立法’，就是试图为其今后搞‘台独公投’提供法律依据，图谋通过公投来实现‘台独’主张。”王在希还说：“陈水扁任期未满，他就大张旗鼓地推动公投，这完全暴露了陈水扁的‘台独’分裂本质。陈水扁一边鼓吹‘公投制宪’，以稳固基本教义派选票，一边又说他‘四不一没有’的立场没有变，企图欺骗、愚弄广大善良的台湾民众，其用心昭然若揭。”王在希警告陈水扁“公投制宪”是一项极其危险的举动。② 与此同时，海协会会长汪道涵也对记者发表谈话称：台湾当局的“公投立法”是借民主之名搞“台独”。③ 在如何理解“台独就是战争”时指出：“如果陈水扁执迷不悟，一意孤行，在‘台独’道路上继续走下去，制造‘台独’事变，必将损害台湾民众的根本利益，给台湾人民带来灾难，对此我们决不会坐视不管。”④ 11月28日，国台办发言人宣称“坚决反对任何人借‘公投’进行‘台独’分裂活动。”⑤ 12月17日，国台办新闻发言人李维一针对陈水扁当局执意搞所谓“防卫性公投”指出：“这是对一个中国原则、两

① 《人民日报》，2003年11月18日。
② 《人民日报》，2003年11月19日。
③ 《人民日报》，2003年11月19日。
④ 《人民日报》，2003年11月27日。
⑤ 《人民日报》，2003年11月28日。

岸关系稳定发展、台海局势和平的严重挑衅。”①

第二，敦促美国信守承诺，反对台湾搞“公投”。进入2003年，中国政府对台政策之一就是敦促美国信守承诺，不要向台湾发出错误信号，明确反“台独”立场。

4月21日，国家主席胡锦涛在会见美国参议院多数党领袖弗里斯特率领的美国参议院访华团时指出：“台湾问题的实质是主权问题，是涉及中国是统一还是分裂的问题。中国政府在台湾问题上的立场是一贯的、明确的。我们赞赏美方多方重申恪守一个中国政策、遵守中美三个联合公报和反对‘台湾独立’。希望美方信守承诺，不向‘台独’势力发出错误信号。”②

6月1日下午，胡锦涛在法国埃维昂出席南北领导人非正式对话会议时会见了美国总统布什。胡锦涛指出：“台湾问题始终是中美关系中最重要、最敏感的核心问题。”中国政府愿意尽最大的努力争取以和平方式实现两岸统一。“现在的问题是：台湾当局拒不接受一个中国原则，‘台独’势力仍在竭力进行分裂活动，这是海峡地区局势紧张，两岸关系不能改善的根本原因。中方希望美方恪守承诺，妥善处理台湾问题，不向‘台独’势力发出错误信号。”③

10月9日下午，胡锦涛会见访华的美国总统布什时再度强调妥善处理台湾问题是中美关系稳定发展的关键。“我们希望美方恪守承诺，坚持一个中国政策、遵守中美三个联合公报、反对‘台独’，不向‘台独’势力发出错误信号，不做不利于台海地区和平稳定的事情，为中国的和平统一发挥建设性作用。”④

10月19日，胡锦涛在泰国曼谷与布什会见时，宣称绝不会容忍‘台独’，希望美方切实履行承诺。美国总统布什宣称：“美国政府坚持一个中国政策，遵守美中三个联合公报，反对‘台独’，这一政策不会改变。”⑤12月20日晚，胡锦涛在与布什通话时赞赏布什最近“重申坚持一个中国政

---

① 《人民日报》，2003年12月17日。
② 《人民日报》，2003年4月22日。
③ 《人民日报》，2003年6月3日。
④ 《人民日报》，2003年10月10日。
⑤ 《人民日报》，2003年10月20日。

策、遵守中美三个联合公报、反对‘台独’，反对台湾当局旨在改变台湾地位的言行”。①

国务院总理温家宝2003年11月2日在中南海接受美国《华盛顿邮报》总编唐尼专访时指出：“台湾当局领导人最近的一系列言行，特别是‘公投’和‘制宪’的行径，充分暴露了他们顽固坚持分裂国家的立场，而且变本加厉地进行‘台独’的活动”。对于“任何分裂祖国的挑衅行为，我们不会坐视不管”。温家宝“希望美国政府能够注意到台湾当局领导人破坏国家统一的严重性与危险性，不要向他们发出错误的信号，应该采取有助于台海局势和平与稳定的实际行动”。唐尼问希望美国采取的具体行动指哪些方面？温家宝回答：“在台湾问题上，美国应该明确坚持中美三个联合公报，反对‘台独’，明确反对台湾当局领导人以‘公投’、‘制宪’等手段推行台湾‘独立’的分裂活动，并遵守‘八一七’公报的原则，停止售台武器。”温家宝宣称，美国只有这样做才能从根本上有利于台海局势的和平与稳定，也有利于我们和平统一祖国的进程，从根本上有利于世界的和平与稳定。温家宝还宣称“中国人民会不惜一切代价，维护祖国的统一”。② 12月8日，温家宝在访美与国务卿鲍威尔会谈时用两个“最大”宣示中国政府用和平方式解决台湾问题的诚意。他说：“我们将以最大的诚意、尽最大的努力，用和平方式实现国家的最终统一。同时，我们绝不会容忍台湾当局假借民主，搞所谓‘公投’，企图把台湾从中国分割出去。”温家宝“要求美国政府恪守承诺，奉行一个中国政策，遵守中美三个联合公报，反对‘台独’”。鲍威尔说：“美国政府认识到台湾问题对中国的重要性，对最近台湾方面传出的某些信息表示关注。他重申美国政府奉行一个中国政策，遵守美中三个联合公报，从根本上不支持‘台独’。”③ 12月9日，温家宝与布什会谈时，重申中国政府在台湾问题上的立场。布什表示：“美国政府坚持一个中国政策，恪守美中三个联合公报，反对台湾独立，这一政策不会改变。”“布什还说最近从台湾传出一些试图改变现状的信息，令人不安，美

① 《人民日报》，2003年12月21日。
② 《人民日报》，2003年11月24日。
③ 《人民日报》，2003年12月10日。

方不赞成，我们反对单方面试图改变台湾现状的做法。”①

国家最高领导人之所以不断向美国施压，要求明确反对“台独”立场，其根本原因是美国在对待台湾问题上所奉行的双重立场。美国既认为台湾是中国的一部分，奉行一个中国的政策，又通过《与台湾关系法》，将台湾定位在“准国家”关系上，企图利用台湾遏制中国大陆发展。“9.11 事件”后，出于反恐考虑，美国调整了对华政策，中美两国关系从对抗走向了缓和，但美国对台政策却没有根本的改变。台湾陈水扁当局一直紧抱美国的粗腿，唯美国命是从。海峡两岸关系紧张的根本原因之一在于美国不断插手台湾事务。与中国领导人施压相配合，中国外交部门也不断向美国施压，一方面批评美国售台武器的错误行为，一方面逼美国在“台独”问题上表态。

2003 年 3 月 14 日，中国外交部发言人孔泉就台、美商讨反导合作与售台武器问题发表评论称：“美方与台进行军事交往与合作，直接违反‘8·17’公报原则和美方有关承诺，向‘台独’势力发出新的错误信号，中方对此表示强烈不满和坚决反对。”孔泉再次敦促美方：“认清上述行动的敏感性和危害性，恪守在台湾问题上向中方所作的各项承诺，以免给中美关系带来损害。”②

外交部长李肇星 9 月 7 日接受美国《侨报》社长范东升专访时指出：“中美最突出的分歧仍是台湾问题。美方多次重申奉行一个中国政策、遵守美中三个联合公报、反对‘台独’，但美仍坚持售台先进武器等错误做法。这是影响中美关系稳定的最大因素。”他表示：“希望美方恪守承诺，慎重处理台湾问题，以免损害中美关系。”③ 10 月 12 日，李肇星应约与美国国务卿鲍威尔通电话时，希望美方“妥善处理涉台问题”。10 月 20 日，李肇星在曼谷与鲍威尔会见时，赞赏美国反对“台独”，希望把承诺落到实处。

12 月 6 日，中国驻美大使杨洁篪接受新华社记者采访时宣称：美国应“明确反对‘台独’势力分裂中国的挑衅行为”。2004 年 11 月 17 日，外交

---

① 《人民日报》，2003 年 12 月 11 日。

② 中新社（纽约）2003 年 9 月 7 日报道。

③ 中新社（纽约）2003 年 9 月 7 日报道。

部发言人孔泉针对3月16日陈水扁宣布的两次“公投”议题敦促美方“信守承诺”，“继续明确反对台利用‘公投’搞‘台独’的任何行为”。另据香港凤凰卫视消息：华尔街日报2月9日刊出上周五对中国外交部副部长周文重的一项专访，周要求美国对于台湾“公投”问题积极行动以制约台湾，以避免造成台湾“领导人”和选民认为美国支持“公投”的印象。

中国政府对美施压政策使美国在2003年真切地认识到台湾问题在中美关系中的极端重要地位，出于全球战略与国家安全等多方面因素考虑，美国对台政策由模糊逐渐变得清晰，由不支持“台独”转变为反对“台独”，美国决策层对陈水扁利用“公投”搞分裂的警告力度和频率前所未有，从2003年11月后，美国白宫、国务院官员不断公开或放话要求台湾当局“自制”。布什总统专门派国家安全委员会亚太事务主任莫健赴台说明美国的立场，还带亲笔函给陈水扁，要求其有所克制。错判形势的陈水扁一意孤行，使布什在同温家宝会谈时，以强硬的语气向陈水扁发出警告说，美国“反对任何单方面改变现状的决定”，“台湾领导人的言行表明，他可能想单方面作出改变现状的决定，这是我们所反对的”。美国高级官员立即宣称：“我们向台湾发出了一个明确的官方信息。”12月31日，美国国务院发言人爱瑞立更进一步明确表示，反对台湾举办“公投”。很显然，台湾“公投”没有过关，除了大陆的严正立场外，美国的警告也是起了至关重要的作用。

当“公投”失败后，不甘心失败的陈水扁，在台湾“公投”结果揭晓后的第九天，迫不及待对美国《华盛顿邮报》宣称：台湾是一个“主权独立的国家”，台湾决不接受一个中国原则，在未来4年“执政”中，将在2006年“催生台湾新宪法”，在2008年实施“新宪法”。① 换句话说，不惜战争，也要搞“台独”。陈水扁的一意孤行使美国非常恼火。主管东亚事务的助理国务卿凯利在2004年4月国会听证会上严厉警告台湾当局，“台独”将引发军事行动，如果台湾当局领导人“把中国大陆的态度视为虚张声势，那将是不负责的”，美对台湾“修宪”的支持是“有限度的”，对台湾的支持也不是一张可以用来抗拒中国大陆的“空白支票”。10月，国务卿鲍威尔在访问中国大陆期间，两次接受媒体专访，直指台湾“不是独立的，它并

---

① 台湾中央社2004年3月29日自华盛顿报道。

不享有作为一个国家拥有的主权”，甚至刻意两度将过去美国希望两岸未来走向“和平解决”的制式说法改为“和平统一”。12 月，副国务卿阿米蒂奇又进一步表示，台湾已成为美中关系间“最大地雷”，《与台湾关系法》并未规定美国必须保卫台湾。上述三次立场鲜明的对台重要表态，均在岛内引起很大震动，使陈水扁当局受到严重打击。

第三，进一步阐明一个中国的法理基础，争取国际社会反对“台独”。2000 年台湾大选前夕，国务院台办新闻办已经发表过《一个中国的原则与台湾问题》白皮书，系统地论述了一个中国的事实与法理基础。然而民进党上台后，极力否认“九二共识”与一个中国原则，造成了两岸关系的政治危机。在这种情形下，祖国大陆多次阐释一个中国原则的法理基础。在《开罗宣言》发表 60 周年前夕，北京大学国际法研究所所长锐戈平撰写了《〈开罗宣言〉的法律效力不容否定》一文，文章指出，1943 年 12 月 1 日中美英三国首脑签署的《开罗宣言》“是台湾法律地位的一个有力证据，强调了将台湾归还中国的政治意愿，为中国处理战后台湾提供了国际法的依据”。文章批判了台湾当局攻击《开罗宣言》“只是表达共同目的或意图的一般政策性声明”，“不足以构成任何法律上的义务和责任，在法律上不足为据”等观点。文章认为：其一，《开罗宣言》具备国际法律文件的三个条件：一是它是中美英三国政府首脑的名义共同发表的，表达了三国政府的共同意愿；二是它记载了三国领导人达成的协议；三是它明确规定了三国对日作战的行为准则，包括确认台湾是日本所窃取的中国领土，承诺务使日本在战后将台湾归还中国。其二，从来没有一个大国在正式场合和公文中公开否认《开罗宣言》的法律效力，相反，《开罗宣言》在一些国际文件中屡屡被引为法律证据。① 外交学院国际法教授刘文宗也撰文提出：“《开罗宣言》确立了一个中国原则不可动摇的国际法基础。”②

国台办副主任王在希在 2003 年 12 月 1 日北京召开的纪念《开罗宣言》发表 60 周年座谈会上指出：“这是第一份确认台湾是中国领土的国际法文件，它从法律上明确了日本侵占台湾的非法性，强调了战后日本必须将台湾

① 《人民日报》，2003 年 11 月 28 日。
② 《人民日报》，2003 年 11 月 29 日。

归还中国，为战后中国处理台湾问题提供了国际法依据。”他还指出：“60年来，《开罗宣言》的法律性质与效力为世界各国包括主要西方国家所确认。”该文件绝不会因为台湾当局为搞“台独”否定其法律地位和效力而受到贬损。①

中国尊重国际法，从法理的角度阐述一个中国的原则得到了整个国际社会的认同，因此在海峡两岸关系的危机时刻，各国政府纷纷公开表示坚持一个中国原则，反对“公投”、反对“台独”。当陈水扁公布了“防卫性公投”的议题后，除了美国明确表态外，一向在台湾问题上表态低调的日本政府，首次通过日本交流协会台北事务所所长内田胜久向台湾当局明确表示举办“防卫性公投”不仅会“恶化两岸关系”，而且“威胁本地区的和平与稳定，日本对此感到忧虑”。② 欧洲国家也否认了台湾当局有关“防卫性公投”是展现民主政治的解释，而认为这是“挂羊头卖狗肉”。12月4日，欧盟执委会无异议通过针对台湾举行“公投”的决议，明确表示欧盟不愿意看到台海两岸发生冲突，台湾举行“统独公投”不仅对解决两岸问题没有帮助，对区域和平也有威胁，欧盟特别关切台湾“公投”的进展。

与此同时，俄罗斯、澳大利亚、新西兰以及包括韩国在内的亚洲国家纷纷公开表态反对台湾“公投”或表示严重关切台湾“公投”。国际主要媒体也纷纷发表评论，批评陈水扁是在严重挑衅，是在把台湾引向险境。

综上所述，民进党当局在抛出“一边一国论”后，又企图利用“公投”进行分裂活动，蓄意挑战一个中国原则。中国政府和人民坚决果断地进行了反对陈水扁利用“公投”进行“台独”分裂活动的斗争，充分展示了中华儿女坚决捍卫国家主权和领土完整的坚强意志和坚定决心，沉重打击了“台独”分裂势力的嚣张气焰，明确了台湾是中国领土一部分的地位。在这场斗争中，中国政府得到了国际社会的广泛支持，使得国际社会更没有“台独公投”的活动空间。

---

① 《人民日报》，2003年12月2日。

② 《台湾2003》，第155页，九州出版社，2004年版。

二、中国共产党关于两岸关系和平发展思想的形成

党的十六大以来，以胡锦涛为首的中共中央在对台政策上进行了重大调整。2005 年胡锦涛总书记在看望参加全国政协十届三次会议的民革、台盟、台联委员并参加联组会时，创造性地提出了新形势下发展两岸关系的“四点意见”。同年 4 月，胡锦涛总书记在与时任中国国民党主席连战会谈时，首次提出“两岸关系和平发展”的概念。2006 年 4 月，胡锦涛总书记又将和平发展概括为“两岸关系主题”。2007 年党的十七大上，胡锦涛总书记在政治报告中正式呼吁结束两岸敌对状态，“达成和平协议，构建两岸关系和平发展框架，开创两岸关系和平发展新局面”。2008 年 4 月，胡锦涛总书记提出了“建立互信、搁置争议、求同存异、共创双赢”的十六字方针，特别强调“和平发展”；2008 年 12 月 31 日，胡锦涛总书记在纪念《告台湾同胞书》发表 30 周年座谈会上的讲话中，首次全面系统阐述了两岸关系和平发展的思想，提出了推动两岸关系和平发展“六点意见”。上述对台政策的宣示，是对邓小平“和平统一、一国两制”理论和江泽民解决台湾问题的“八项政治主张”的继承、丰富与发展，体现了中国共产党在新形势下用和平方式解决台湾问题的真诚愿望、宽广胸怀、气魄与胆略，并形成了“两岸关系和平发展”的思想。

1. 发展两岸关系的“四点意见

2005 年 3 月 4 日，中共中央总书记、国家主席、中央军委主席胡锦涛在看望参加全国政协十届三次会议民革、台盟、台联界委员时，就新形势下发展两岸关系提出了四点意见。这四点意见在突出强调一个中国原则立场的基础上，提出了一系列关于发展两岸关系的新建议，是中国共产党在国际局势与岛内局势急剧变化的形势下，解决台湾问题的最新构想，是对邓小平“和平统一、一国两制”理论与江泽民关于解决台湾问题八项主张的重大发展。其新意是：

第一，突出强调坚持一个中国原则决不动摇与一个中国原则阐释更具包容性相结合。坚持一个中国原则，是发展两岸关系和实现祖国和平统一的基

石。在这个事关中华民族根本利益的大是大非问题上，我们的立场是坚定的、一贯的。众所周知，1949 年以来，尽管海峡两岸尚未统一，但大陆和台湾同属一个中国的事实从未改变，这就是两岸关系的现状。从提出解决台湾问题时起到中共十六大报告在论述台湾问题时，我党都强调一个中国原则。胡锦涛担任中共中央总书记后，在 2003 年 3 月 11 日参加十届全国人大一次会议台湾代表团审议时，就做好新形势的对台工作谈了四点意见，第一条就是“要始终坚持一个中国原则”。这一次又就台湾问题谈了四点意见，其中第一条仍是“坚持一个中国原则决不动摇”。可见一个中国原则是中国共产党反对分裂、反对“台独”斗争的一个焦点问题，是两岸关系的底线。

与过去谈坚持一个中国原则的不同之处在于，对于一个中国的阐释比过去更具包容性。2000 年 2 月 21 日，国务院台办、国务院新闻办发表了《一个中国的原则与台湾问题》白皮书。文中对一个中国的定义是：“世界上只有一个中国，台湾是中国的一部分，中华人民共和国政府是代表全中国的唯一合法政府。”此一说法代表了一个中国原则的传统说法，而且延续了相当长的时期。民进党“执政”后，由于台湾当局拒绝一个中国原则，不承认体现一个中国原则的“九二共识”，两岸对话缺乏政治基础，基本处于隔绝状态。为了打破两岸关系的僵局，争取让台湾当局把接受一个中国原则作为两岸谈判的基础，中国共产党在坚持一个中国原则不动摇的同时，对其作了尽可能大的包容性与灵活性的解释。2001 年 1 月 22 日，钱其琛在纪念江泽民《为促进祖国统一大业的完成而继续奋斗》发表六周年的讲话中说：“我们说过，世界上只有一个中国，大陆和台湾同属一个中国，中国的主权和领土完整不容分割。这是海峡两岸坚持一个中国原则的共同基点，具有很大的包容性。”① 中共十六大政治报告中采纳了这一说法。此举既充分表明坚持一个中国原则是全党的共同意志，同时也是我们党对海峡两岸关系与台湾定位再次释出的最大善意。

胡锦涛两次对台工作的四点指示中，对一个中国内涵的阐释是：“我们提出世界上只有一个中国，大陆和台湾同属一个中国，中国的主权和领土完整不容分割，就是要表明，中国是两岸同胞的中国，是我们共同的家园。”

① 《人民日报》，2001 年 1 月 23 日。

“中国是包括2300万台湾同胞在内的13亿中国人民的中国，大陆是包括2300万台湾同胞在内的13亿中国人民的大陆，台湾也是包括2300万台湾同胞在内的13亿中国人民的台湾。任何涉及中国主权和领土完整的问题，必须由全中国13亿人民共同决定。”实事求是地讲，胡锦涛对一个中国的阐释，不仅再次释出中国共产党解决台湾问题的最大善意，而且进一步为台湾和台湾问题定位，同时告诫台湾当局进行“统”“独”公投自决台湾前途没有法律依据。此一阐述也充分考虑了台湾人民的愿望，孤立了“台独”。

第二，在两岸谈判的范围与对象等问题上释放了最大的善意与诚意。其一，提出争取和平统一的努力决不放弃，并提出了两岸和平统一的五大好处。针对台湾民进党当局鼓吹的大陆不要和平之说，胡锦涛指出：“只要和平统一还有一线希望，我们就会进行百倍努力。”中共中央领导人多次强调：我们将以最大的诚意、最大的决心，实现祖国的和平统一。这样做既符合两岸同胞的根本利益，符合中华民族的根本利益，也符合当今世界和平与发展的潮流。胡锦涛还从和平统一是两岸同胞之福、地区和世界之福的角度出发，提出了五大好处：“可以弥合两岸因长期分离而造成的隔阂，使两岸同胞增进一家亲情；可以结束两岸在军事上的对抗，使两岸同胞共同致力于和平建设；可以使两岸经济更好地互补互利，使两岸同胞携手共谋发展；可以使两岸一起共同促进世界和平与发展的崇高事业，使两岸同胞共享伟大祖国的尊严和荣誉；可以真正确保国家主权和领土完整，使两岸同胞共同促进中华民族的伟大复兴。”胡锦涛还表示，大陆真诚希望台湾有关人士和有关政党严肃思考祖国和平统一这个重大问题，希望他们“从民族大义出发，从两岸同胞的福祉出发，作出正确的历史性抉择”。

其二，在两岸谈判的范围上，对台政策也体现出极大的灵活性。1992年10月，江泽民在中共十四大政治报告中提出：“在一个中国的前提下，什么问题都可以谈，包括就两岸正式谈判的方式问题同台湾方面进行讨论，找到双方都认为合适的办法。”1995年1月30日，江泽民在《为促进祖国统一大业的完成而继续奋斗》的讲话中重申了“在一个中国的前提下，什么问题都可以谈”，创造性地提出分步骤进行两岸谈判，逐步实现和平统一的构想。2002年11月召开的中共十六大在谈判问题上又提出了一些极具新意的主张。具体说来，一是在一个中国前提下双方可以暂时搁置某些政治争议；二是将“在一个中国原则下什么问题都可以谈”更加具体化了，具有可操作性。报告充分考虑到了台湾与香港、澳门的差异，进一步提出比港澳更宽的政策。具体说来：一是“可以谈正式结束两岸敌对状态问题”。二是“在一个中国的前提下，可以谈台湾地区在国际上与其身份相适应的经济文化社会活动空间问题”。这表明在“一国两制”体制下，台湾可以充分地共享伟大祖国在国际上的尊严与荣誉。三是“在一个中国的前提下，可以谈台湾的政治地位等问题”。胡锦涛关于对台工作的四点指示中，关于“什么问题都可以谈”的内涵又有了新的拓展：“不仅可以谈我们已经提出的正式结束两岸敌对状态和建立军事互信、台湾地区在国际上与其身份相适应的活动空间、台湾当局的政治地位、两岸关系和平稳定发展的框架等议题，也可以谈在实现和平统一过程中需要解决的所有问题。”

其三，关于谈判的前提与对象，中国共产党人则表现出捐弃前嫌的宽广胸怀与更大的善意与诚意。关于谈判的前提，胡锦涛指出：只要承认一个中国原则，承认“九二共识”，“两岸对话和谈判即可恢复”。关于谈判对象，邓小平建议举行国共“两党平等会谈”，“实行第三次合作，而不提中央与地方谈判”。江泽民在1995年1月30日发表的《为促进祖国统一大业的完成而继续奋斗》讲话中考虑到“台独”势力猖獗，台湾政治变数增大等因素，提出举行“两岸和平统一谈判”。对于谈判对象，江泽民提出“可以吸收两岸各党派、团体有代表性的人士参加”。显然“两岸各党派、团体”是包括民进党中有识之士的。2002年11月中共十六大提出：“我们愿与台湾各党派和各界人士就发展两岸关系、推进和平统一交换意见。”胡锦涛在对台工作的四点指示中，则对谈判对象的包容性更强。他说：“对于台湾任何人，任何政党朝着承认一个中国原则方向所作的努力，我们都欢迎。”“只要承认一个中国原则，承认九二共识，不管是什么人、什么政党，也不管他们过去说过什么、做过什么，我们都愿意同他们谈发展两岸关系、促进和平统一的问题。”胡锦涛释放的这一诚意与善意，得到了台湾与国际社会有识之士的极大赞同。也就是说，尽管陈水扁与民进党过去曾多次进行分裂活动，搞“台独”，但只要现在朝着一个中国原则方向努力，我们就愿意与他进行接触与谈判。

第三，突出“寄希望于台湾人民”与尊重维护台湾同胞的权益相结合。

1979年1月1日全国人大常委会《告台湾同胞书》中提出：“我们寄希望于一千七百万台湾人民，也寄希望于台湾当局。”这就是中央对台工作的“两个寄希望”方针。当时之所以提“两个寄希望”，是因为“台湾当局一贯坚持一个中国的立场，反对台湾独立”，这是海峡两岸“共同的立场，合作的基础”。其后，有相当一段时间，中央领导同志在其讲话中多次宣称：“我们寄希望于台湾当局，更寄希望于台湾人民。”李登辉大搞“两国论”和民进党“执政”后，台湾当局否定“九二共识”，挑战一个中国原则，顽固推行“台独”分裂路线，破坏两岸关系发展。在这种情况下，再提“寄希望于台湾当局”，显而易见不够现实。

针对两岸关系发展的现状，中共十六大和胡锦涛的发展两岸关系四点意见将“两个寄希望”明确调整为“我们寄希望于台湾人民”。中共中央为什么只强调“寄希望于台湾人民”呢？一是台湾民进党当局不承认一个中国原则，大搞分裂的“台独”活动已经丧失了我们寄希望的基础。二是台湾同胞是我们的骨肉兄弟，是发展两岸关系的重要力量，也是遏制“台独”分裂活动的重要力量。三是台湾同胞具有光荣的爱国主义传统。四是“台独”分裂势力总是企图把台湾同胞同祖国大陆分隔开来，中国共产党明确指出：“广大台湾同胞要求当家作主，与极少数搞‘台独’是有本质区别的。”因此，胡锦涛在讲话中指出：“‘台独’分裂势力越是想把台湾同胞同我们分隔开来，我们就越是要更紧密地团结台湾同胞。”

如何贯彻“寄希望于台湾人民”方针呢？其一，中共十六大提出“我们充分尊重台湾同胞的生活方式和当家作主的愿望”。其二，胡锦涛在讲话中提出：“尊重他们，信赖他们、依靠他们，并且设身处地为他们着想，千方百计照顾和维护他们的正当权益。”如何做到“设身处地”与“千方百计”呢？胡锦涛具体提出三项举措：“台湾农产品在大陆销售的问题，事关广大台湾农民的切身利益，要切实解决。如果两岸客运包机实现了‘节日化’，还可以向常态化发展。两岸货运包机问题，也可以由两岸民间行业组织交换意见。”这三项举措的确是急台湾同胞之急，得到了广大台湾同胞的极大好评与认同。

胡锦涛还提出：“我们将进一步陆续出台解决台湾同胞关心的问题、维护台湾同胞正当权益的政策措施。”这就是四个“只要”：“只要是对台湾同胞有利的事情，只要是对促进两岸交流有利的事情，只要是对维护台海地区和平有利的事情，只要是对祖国和平统一有利的事情，我们都会尽最大努力去做，并且一定努力做好。”这是我们对广大台湾同胞的庄严承诺。

由上可见，将“两个寄希望”调整为“寄希望于台湾人民”，体现了中国共产党对民进党当局顽固坚持“台独”本质的清醒认识与警惕。同时，中国共产党将“寄希望于台湾人民”具体化了，体现了中国共产党真正的尊重、信赖与依靠台湾同胞来解决台湾问题，体现了中国共产党的最大诚意。对此，台湾绝大多数民众也是认同的。

第四，在主张和平统一、维护台湾同胞利益的同时，特别强调反对“台独”分裂活动决不妥协。进入新世纪后，针对“台独”分裂活动猖獗，中国共产党对此持坚决打击的立场。一方面公开点名批判了陈水扁的“一边一国论”和利用“公投”进行“台独”分裂活动的行径。另一方面不断向外国分裂势力与岛内“台独”分裂势力发表谈话与声明，展示中国共产党反分裂、反“台独”的决心与信心。陈水扁获得大选连任后，被严重警告必须在两条道路上作出选择：一条是悬崖勒马，停止“台独”分裂活动，承认两岸同属一个中国，促进两岸关系发展；一条是一意孤行，妄图把台湾从中国分割出去，最终玩火自焚。在全国人大十届三次会议即将召开之际，中国政府启动《反分裂国家法》遏制“台独”活动。胡锦涛在对台工作的四点指示中特别指出：“在反对分裂国家这个重大原则问题上，我们决不会有丝毫犹豫、含糊和退让。”“台独”分裂势力必须放弃“台独”分裂立场，停止一切“台独”活动。因为任何人要危害中国的主权和领土完整，13 亿中国人民坚决不答应。胡锦涛希望，台湾当局领导人切实履行 2 月 24 日重申的“四不一没有”的承诺和不通过“宪改”进行“台湾法理独立”的承诺，通过自己的实际行动向世人表明这不是一句可以随意背弃的空话。

胡锦涛关于发展两岸关系的四点指示，充分体现了中国共产党和中国政府在国家统一问题上所持的以国家和民族大义为重与尊重历史、尊重现实、坚持原则、求同存异的公正立场。同时表现了对台政策既坚持原则又机动灵活，有守有为。这是新一代中国领导人在邓小平同志“和平统一、一国两制”的基本方针和江泽民同志“就现阶段发展两岸关系、推进祖国和平统一进程的八项主张”基础上，面对两岸关系新形势，对解决台湾问题、实现两岸和平统一做出的新的决策。它必将在未来进一步发展两岸关系方面同《反分裂国家法》一样起到不可估量的作用。

2. 制定《反分裂国家法》遏制“台独”

民进党“执政”以来，广大干部群众、社会各界人士和海外侨胞要求以法律手段反对和遏制“台独”分裂势力分裂国家、实现祖国统一的呼声越来越高，全国人大代表、全国政协委员提出了不少对台湾问题立法的议案、建议和提案。

2004 年 5 月 9 日，在温家宝总理访问英国期间，海外华人华侨建议国家尽快制定“统一法”，温总理当即表态说，这一建议“非常重要，我们会认真考虑”。这是中国领导人首次公开对有关对台特别立法问题作出正面回应。中国媒体对此进行了报导，引起海内外的广泛关注。几天后，国台办发言人又在回答台湾记者的提问时，再次明确表示，对于各界有关促进祖国统一的建议，包括“以法律手段促进祖国统一”，中国政府“都会认真地考虑并予以采纳”。

12 月 26 日，十届全国人大常委会第十三次会议经过分组审议，决定将反分裂国家法草案提请全国人民代表大会审议。吴邦国委员长在闭幕会上强调：“制定反分裂国家法是国家政治生活中的一件大事。做好反分裂国家法的立法工作，是当前全国人大及其常委会的一项重要任务。”①

2005 年 3 月 8 日，全国人大三次会议第二次全体会议上，全国人大常委会副委员长王兆国受全国人大常委会委托，就《反分裂国家法》（草案）》作了说明。为什么现在要制定《反分裂国家法》呢？王兆国指出：近一个时期以来，台湾当局加紧推行“台独”分裂活动。在各种不断升级的“台独”分裂活动中，应引起高度警惕的是，台湾当局妄图利用所谓“宪法”和“法律”形式，通过“公民投票”、“宪政改造”等方式，为实现“台独”分裂势力分裂国家的目标提供所谓“法律”支撑，改变大陆和台湾同属一个中国的事实，把台湾从中国分裂出去。事实表明，“台独”分裂势力分裂国家的活动，严重威胁着中国的主权和领土完整，严重破坏和平统一的前景，严重损害中华民族的根本利益，严重威胁着台海地区乃至亚太地区的

① 新华社（北京）2004 年 12 月 29 日电。

和平稳定。因此，制定《反分裂国家法》是必要的、适时的。①

由上可见，制定《反分裂国家法》是为了反对和遏制“台独”分裂势力分裂国家，促进祖国和平统一，维护台湾海峡地区和平稳定，维护国家主权和领土完整，维护中华民族的根本利益。

《反分裂国家法》的内容包括“关于本法的立法宗旨和适用范围”、“关于台湾问题的性质”、“关于以和平方式实现统一”、“关于以非和平方式制止“台独”分裂势力分裂国家四部分。这部法律实际上重申了中国政府坚持“和平统一、一国两制”的基本方针和现阶段发展两岸关系，推进祖国和平统一的八项主张。是把我们过去20多年来争取以和平方式解决台湾问题的方针政策加以法律化，充分体现了我们以最大的诚意、尽最大的努力争取和平统一前景的一贯立场。这部法律把我们关于发展两岸关系，促进直接通商、通邮、通航，保护台湾同胞的正当权益，关于两岸协商和谈判，在一个中国原则基础上什么问题都可以谈等政策主张，明确以法律形式加以规范。同时，这部法律将表明全中国人民捍卫国家主权和领土完整，绝不容忍“台独”分裂势力以任何名义、任何方式把台湾从中国分裂出去的共同意志。

当然，这部法律也就“以非和平方式制止‘台独’分裂势力分裂国家”作了规定：“‘台独’分裂势力以任何名义、任何方式造成台湾从中国分裂出去的事实，或者发生将会导致台湾从中国分裂出去的重大事变，或者和平统一的可能性完全丧失，国家得采取非和平方式及其他必要措施，捍卫国家主权和领土完整。”草案同时规定：“采取非和平方式及其他必要措施，本法授权国务院、中央军委决定和组织实施，并及时向全国人大常务委员会报告。”

这里需要强调，如果“台独”分裂势力一意孤行，迫使我们不得不做出最后选择，采取非和平方式及其他必要措施，完全是针对“台独”分裂势力的，决不是针对台湾同胞的。

出席全国十届人大三次会议的代表表示，《反分裂国家法（草案）》体现了13亿中国人民的共同意志和坚强决心，展现了祖国大陆解决台湾问题

---

① 《人民日报》，2005年3月9日。

的极大诚意和对台湾同胞的关怀与尊重。有媒体称一部《反分裂国家法》胜抵雄师百万。港澳舆论支持国家制定《反分裂国家法》。香港《文汇报》3月9日发表社评说："反分裂法显示出大陆逐渐掌握两岸关系的主导权，其重点就在于划出反'台独'的底线，以法律形式遏止'台独'。"《大公报》的社评说，本法是维护国家主权、反对"台独"的"极为重要一步"。香港《商报》社评认为任何一国都不会对分裂活动"坐视不管"。岛内一些民众认为该法扼住了"台独"咽喉。著名台湾问题评论家南方朔说《反分裂国家法》可能是"台独"的末日，但绝不是台湾的末日。台湾"中国文化大学"大陆所教授邵宗海在3月10日的《联合早报》发表文章称：该法在位阶上将可能与港澳基本法相等，为国家根本大法。一些台湾学者称该法的颁布将为两岸关系提供一个新的契机。

与上述看法相反，台湾当局表示了极大的愤慨与无奈。早在大陆通过《反分裂国家法（草案）》之前，民进党当局就宣称此法是"为了武力犯台"。随即，台湾当局派员赴美游说，积极向美日求援，希望通过国际压力，让大陆放弃立法。① 台湾"行政院"宣称《反分裂国家法》破坏台海现状；3月16日，陈水扁针对《反分裂国家法》提出六点声明，并号召百万人进行反《反分裂国家法》大游行。以大嘴巴著称的吕秀莲气极败坏地宣称要发动"圣战"，但是在3月16日对记者称：当局要谨言慎行。还有些"台独"分子攻击这部法律为"动武法"，是大陆对台的"战争动员令"。全国人大十届三次会议新闻发言人针对这些荒谬论调批驳说："这部法律绝不是所谓的"对台动武法"，更不是"战争动员令"，而是一部促进两岸关系发展，促进和平统一的法律；是一部反对和遏制"台独"分裂势力分裂国家、维护台海地区和平稳定的法律；是一部维护国家主权和领土完整，符合中华民族根本利益的法律。"② 台湾民进党当局与"台独"分子的表演恰恰说明了这部《反分裂国家法》击中了"台独"的要害。正如胡锦涛在纪念《告台湾同胞书》发表30周年大会上的讲话中指出的："《反分裂国家法》的制定和实施，把我们关于解决台湾问题的大政方针法律化，表

① 纪欣：《立法大震撼·〈反分裂国家法〉》，第2页，台北：海峡学术出版社，2005年。
② 《人民日报》，2005年3月5日。

达了我们坚持和平统一的一贯立场和最大诚意，同时表明了全中国人民坚决反对‘台独’、捍卫国家主权和领土完整的共同意志和坚定决心。”① 它对于发展两岸关系、维护国家主权与领土完整及两岸关系和平发展，将会发挥极其重要的作用。

3. 邀请连战、宋楚瑜参访大陆

2005 年 4 月 26 日和 5 月 5 日，中国国民党主席连战、亲民党主席宋楚瑜应中共中央及胡锦涛总书记邀请，率团先后来大陆参访。同年 7 月 6 日，新党主席郁慕明也率团访问大陆。胡锦涛总书记与连、宋两位主席就两岸关系深入交换了意见，并分别发布了新闻公报和会谈公报。

众所周知，国共两党自 1946 年 6 月内战爆发以来，一直处于敌对状态。中国国民党退守台湾后，尽管中国共产党多次呼吁结束敌对状态，但由于种种历史原因和李登辉抛出“两国论”，使两党关系又呈恶化状态。进入新世纪后，岛内“台独”势力更为猖獗，政争激烈至白热化状态，两岸关系也临近冰点。然而就在山穷水尽疑无路之际，中国共产党中央总书记胡锦涛邀请中国国民党主席连战和亲民党主席宋楚瑜率团参访大陆。

国民党副主席江丙坤也于 3 月 28 日至 31 日，率国民党代表团赴大陆访问，并在北京与国台办主任陈云林等人举行工作性会谈，双方达成十二项初步成果。中国国民党副主席江丙坤对参访的结果表示“很满意”。他认为，此行不仅是“缅怀之旅、经贸之旅”，也是一次“搭桥之旅”、“破冰之旅”。而国民党主席连战当日表示，他欣然接受大陆方面的正式邀请，并将择期来访。台湾《中国时报》刊文说大陆已经明白确定了当前海峡两岸交流的“民间原则”。《联合报》载文说大陆在两岸经贸和其他领域交流方面推出新政策，提出许多两岸可协商的议题，此举可另辟两岸对话新渠道。岛内还有舆论称，两党首次进行正式工作性会谈，象征两岸“党对党”交流方式正式启动。4 月 18 日，国民党中央秘书长林丰正等人先行至北京洽商国民党主席连战参访大陆事宜。

2005 年 4 月 26 日至 5 月 3 日，中国国民党主席连战应中国共产党中央委员会总书记胡锦涛邀请，率国民党大陆访问团一行 60 人访问大陆。4 月

① 《人民日报》，2009 年 1 月 1 日。

26 日下午，连战率领国民党大陆访问团首站是去南京中山陵谒陵。在中山先生灵前，连战发表讲话称："面对今天两岸关系的严峻僵局，我们免不了会回忆起中山先生在弥留之际对国人和平、奋斗、救中国的昭示。""中山先生是两岸共同尊崇的革命先行者。让我们大家一起追随革命先行者的脚步共同努力。"①

4 月 29 日下午 3 点，在两党"正视现实，开创未来"的共同体认下，胡锦涛总书记与连战在北京人民大会堂福建厅举行了会谈。胡锦涛总书记先请连战发表关于发展两岸关系和两党交往的意见。连战指出，今天的会谈是国共两党促进两岸关系和平发展的契机。国民党反对"台独"，反对"台湾正名"、"制宪"、"去中国化"、"一边一国"、"台独"时间表等"台独"主张和活动。我们主张在"九二共识"架构下进行有意义的沟通，建立一个两岸关系和平发展的大环境，进而推动签署两岸和平协议。期望两岸关系能够从当前对抗的恶性循环扭转成为合作的良性循环。

胡锦涛总书记强调，构建和平稳定发展的两岸关系，对两岸同胞有利，对中华民族的长远发展有利，我们两党应该为此而积极努力。他就发展两岸关系提出四点主张：第一，建立政治上的互信，相互尊重，求同存异；第二，加强经济上的交流合作，互利互惠，共同发展；第三，开展平等协商，加强沟通，扩大共识；第四，鼓励两岸民众加强交往，增进了解，融合亲情。②

国共双方就促进两岸关系改善和发展的重大问题及两党交往事宜，广泛而深入地交换了意见。在此基础上，胡总书记与连主席决定共同发布"两岸和平发展共同愿景"。"共同愿景"强调："近年来，两岸互信基础迭遭破坏，两岸关系形势持续恶化。目前两岸关系正处在历史发展的关键点上，两岸不应陷入对抗的恶性循环，而应步入合作的良性循环，共同谋求两岸关系和平稳定发展的机会，互信互助，再造和平双赢的新局面，为中华民族实现光明灿烂的愿景。"

两党共同体认到："坚持'九二共识'，反对'台独'，谋求台海和平稳

① 《人民日报》，2005 年 4 月 28 日。

② 新华社 2005 年 4 月 29 日电。

定，促进两岸关系发展，维护两岸同胞利益，是两党的共同主张。”“促进两岸同胞的交流与往来，共同发扬中华文化，有助于消弭隔阂，增进互信，累积共识。”“和平与发展是二十一世纪的潮流，两岸关系和平发展符合两岸同胞的共同利益，也符合亚太地区和世界的利益。”

两党基于上述体认，共同促进以下工作：

“一、促进尽速恢复两岸谈判，共谋两岸人民福祉。促进两岸在“九二共识”的基础上尽速恢复平等协商，就双方共同关心和各自关心的问题进行讨论，推进两岸关系良性健康发展。”

“二、促进终止敌对状态，达成和平协议。促进正式结束两岸敌对状态，达成和平协议，建构两岸关系和平稳定发展的架构，包括建立军事互信机制，避免两岸军事冲突。”

“三、促进两岸经济全面交流，建立两岸经济合作机制。促进两岸展开全面的经济合作，建立密切的经贸合作关系，包括全面、直接、双向‘三通’，开放海空直航，加强投资与贸易的往来与保障，进行农渔业合作，解决台湾农产品在大陆的销售问题，改善交流秩序，共同打击犯罪，进而建立稳定的经济合作机制，并促进恢复两岸协商后优先讨论两岸共同市场问题。”

“四、促进协商台湾民众关心的参与国际活动的问题。促进恢复两岸协商后，讨论台湾民众关心的参与国际活动的问题，包括优先讨论参与世界卫生组织活动的问题。双方共同努力，创造条件，逐步寻求最终解决办法。”

“五、建立党对党定期沟通平台。建立两党定期沟通平台，包括开展不同层级的党务人员互访，进行有关改善两岸关系议题的研讨，举行有关两岸同胞切身利益议题的磋商，邀请各界人士参加，组织商讨密切两岸交流的措施等。”

“两党希望，这次访问及会谈的成果，有助于增进两岸同胞的福祉，开辟两岸关系新的前景，开创中华民族的未来。”①

5月5日，亲民党主席宋楚瑜率团前来大陆展开“搭桥之旅”。5月12日下午，胡锦涛和宋楚瑜在北京举行正式会谈，这是中国共产党与亲民党两

① 新华社2005年4月29日电。

党高层举行的第一次正式会谈。这次会谈对加强两党交往、促进两岸关系发展具有重要历史意义和现实意义。会谈后两党发表了会谈公报。公报表明，双方都主张，促进在“九二共识”基础上尽速恢复两岸平等谈判；坚决反对“台独”，共谋台海和平与稳定；推动结束两岸敌对状态，促进建立两岸和平架构。公报记载了双方对于“两岸合则两利，分则两害，通则双赢”的共同体认，就加强两岸经贸交流、促进建立稳定的两岸经贸合作机制达成九项共识，包含了许多新的具体构想、步骤与措施。其中，大陆方面进一步简化台湾同胞往来大陆的入出境手续，尽快实施在大陆就读的台湾学生与大陆学生同等收费标准，放宽台湾同胞在大陆就业政策，以利于维护台湾同胞利益、增进台湾同胞福祉。中共中央台办主任陈云林5月3日受权宣布大陆有关方面将于近期扩大开放台湾水果准入，并对其中十余种实行零关税，也体现在这一公报中。此外，两党推动建立的“两岸民间菁英论坛”，也可以说是今后两党交流的一个平台。①

两党会谈之所以能够取得重大的积极成果，在于两党具有坚持一个中国原则和“九二共识”的共同认知，具有坚决反对“台独”、共谋台海和平与稳定的共同态度。

7月6日，新党主席郁慕明率团到大陆参访，10日抵达北京。12日，胡锦涛总书记会见了新党主席郁慕明一行。胡锦涛总书记高度肯定了新党“始终坚持一个中国、反对‘台独’的立场”，高举民族大义、反对分裂国土、主张和平统一的旗帜，“难能可贵”。并就当前两岸关系提出四点看法：“共同促进中华民族的伟大复兴”；“坚持一个中国原则”；“坚决反对和遏制‘台独’”；“切实照顾和维护台湾同胞的切身利益”。②

新党之所以选择抗战胜利60周年之际，展开“民族之旅”，其目的就是向世人展示出新党谋求祖国统一、促进民族复兴这一宗旨。

台湾“泛蓝”阵营三党先后到大陆参访，在岛内掀起了巨大的波澜。岛内多数民众对三党大陆行表示理解和支持。据台湾《联合报》最新民调显示，超过六成的岛内民众支持胡锦涛与宋楚瑜会谈公报所达成的“逐步

① 《中共中央台办新闻发言人发表对会谈公报的看法》，新华社2005年5月12日电。
② 《人民日报》，2005年7月13日。

促成两岸双向直航”等主张。台湾大学政治系教授张麟征认为：连战与宋楚瑜两位台湾在野党主席相继成功访问大陆，是两岸关系一个很大的转折点。她说，连战和宋楚瑜访问大陆在岛内引起了巨大反响，也引起了国际社会的高度关注。连战和宋楚瑜在访问大陆期间一再强调一个中国和“九二共识”，一再表明反“台独”的立场，这对台湾求和平、求稳定、求发展的主流民意无疑是一种强化，具有十分积极的意义。她相信，随着连宋访问大陆，新的“大陆热”势必在台湾延烧，这是不可阻挡的趋势。①

香港《文汇报》的评论指出，中共中央总书记胡锦涛与亲民党主席宋楚瑜举行历史性会谈，这是继国共两党携手开创两岸新局之后，两岸政党之间为进一步推动两岸双赢搭起了又一座互信和沟通之桥。评论认为，会谈公报体现了中国共产党和亲民党领导人登高望远、紧跟时代、顺应民意、奋发有为，为促进两岸发展繁荣和实现中华民族伟大复兴作出的巨大努力，也显示了两岸中国人具有足够的智慧和能力结束两岸对峙，搭起两岸之间的互信和沟通之桥，共同开创双赢的崭新局面。

《澳门日报》专门开辟5个版面全面报道了宋楚瑜的“搭桥之旅”。该报社论指出，公报六点共识体现了中国共产党和亲民党促进两岸缓和、谋求台海和平稳定、增进两岸人民福祉和维护中华民族整体利益的努力，蕴含着两岸同胞的愿景，展现了大陆方面的善意和诚意。宋楚瑜希望通过这次访问在两岸之间搭起互信之桥、沟通之桥和感情心灵之桥，可以说目的已经达到。②

海外舆论对此也给予了高度评价。美国总统布什肯定连战访问大陆是“历史性访问”。

怎样看待台湾泛蓝阵营三党大陆行及其所取得成果呢？以笔者之见：

第一，泛蓝阵营三党大陆行是中国共产党与三党特别是国共两党关系史上的一件大事，也是当前两岸关系中的一件大事，是历史性的一步，标志着中国共产党与三党交往进入新的发展阶段。众所周知，台湾“泛蓝”阵营三党均属于原国民党。在中国历史上，曾经发生过两次国共合作的历史。第

① 《人民日报》(海外版)，2005年5月14日。
② 《人民日报》(海外版)，2005年5月14日。

一次国共合作成就了北伐大进军，开创了中国革命的新局面。第二次国共合作打败了日本侵略者，书写了中华民族反侵略历史的崭新篇章。遗憾的是，国民党在战后置全国人民利益于不顾，坚持内战与独裁政策，最终在自己发动的内战中败北。中国国民党退守台湾后，由于自身极端的反共情结，海峡两岸虽然都主张一个中国原则，坚持反对“台独”的立场，但没能实现两党的第三次合作与祖国的完全统一。实事求是地讲，国民党在台湾“执政”时期，有许多机会促成国共两党的和谈，甚至第三次合作，但机会都错过去了。在国民党沦为在野党与李登辉势力基本清除的情况下，国民党无论是从重新夺取政权还是从维护民族利益出发，均希冀结束国共两党的敌对状态，为结束两岸敌对状态创造前提。特别是党主席连战的历史责任感，率先开启了“世纪首航，和平之旅”，终于迎来了56年来中国国民党最高领导人首次登上大陆与60年后国共两党最高领导人再次聚首，同时也使得亲民党和新党紧随其后，形成了一股“泛蓝”阵营三党竞相参访大陆潮。此举推动了两岸关系的和平发展，为开创两岸关系新局面奠定了基础。

第二，“泛蓝”阵营三党大陆行使中国共产党与三党最高领导人举行了会谈并达成了若干项共识，集中体现了海峡两岸民众与中华民族的根本利益。坚持一个中国原则、承认“九二共识”，反对“台独”是中国共产党与“泛蓝”阵营三党交往的基础，是发展两岸关系和实现祖国和平统一的基石。海外《侨报》发表社论称：“胡连会”的精髓就是两岸要和平共处，最终目的是合作双赢。可见，求和平、求发展，促统一是海峡两岸的主流民意，也是全球华人的共同主张。

第三，“泛蓝”阵营三党大陆行的重大成果之一就是搭建了中国共产党与三党定期沟通的平台，为推进两岸关系构建了新的交流模式。十多年前，国共双方本着善意，在求同存异的基础上，开启协商、对话与民间交流，让两岸关系充满和平的希望与合作的生机。但后来两岸互信基础迭遭破坏，两岸关系形势持续恶化。目前两岸关系正处在历史发展的关键点上，两岸不应陷入对抗的恶性循环，而应步入合作的良性循环，共同谋求两岸关系和平稳定发展的机会，互信互助，再造和平双赢的新局面，为中华民族实现光明灿烂的愿景。为此，建立与三党定期沟通的党际交流平台，包括开展不同层级的党务人员互访，进行有关改善两岸关系议题的研讨，举行有关两岸同胞切身利益议题的磋商，邀请各界人士参加，组织商讨密切两岸交流的措施等，是非常必要的。

总之，对于“泛蓝”阵营三党的大陆行，海内外评论颇多，整个国际社会予以肯定。尽管三党均是在野党，但它代表了台湾半数的民众，此次国、亲、新三党先后访问大陆，必将对两岸关系产生深远的影响。具体说来：

一是有助于两岸关系趋于缓和。岛内最新民意调查表明，56%的民众肯定三党大陆行有助两岸和平发展，31%的人感觉两岸关系趋于缓和，这是自1998年“辜汪会晤”后的最高点。

二是将会导致岛内政治生态发生相应变化。国、亲、新三党顺应民意，顺应潮流，先后赴大陆与中国共产党互动，开创了两岸关系的新局面。三次会谈及其成果对台湾一个重要的影响是，台湾民众看到了一条新的两岸政策和路线，台湾民众可以将这条路线与台湾当局坚持的路线相比较，看看哪种政策更符合台湾人民的根本利益，更有利于两岸的和平与发展。一方面国、亲、新三党特别是中国国民党在今后两岸关系和岛内政局发展中扮演更为积极的角色，发挥更大的政治影响力。另一方面势必对民进党产生强大的压力，是顺势而为，还是逆流而动。顺应民意，顺应潮流，民进党必定会在两岸关系上大有作为，裹足不前、逆流而动，民进党必定会遭民众唾弃。2008年民进党丢掉政权和中国国民党重新上台就说明了这一点。

2006年9月25日，中国国民党副主席林益世、亲民党政策中心主任张显耀率团来湖南湘潭，参加9月25日举行的“湘台经贸交流与合作论坛”，寻求两岸合作商机。国台办常务副主任郑立中在湘潭会见由林益世、张显耀率领的中国国民党、亲民党及台商代表团。郑立中表示，在全球经济一体化的背景下，海峡两岸比任何时候都需要加强合作、共促发展。①

2008年5月，中国国民党主席吴伯雄率团来大陆进行交流。5月28日，中共中央总书记胡锦涛与中国国民党主席吴伯雄进行了历史性会谈，达成了广泛共识：在“九二共识”基础上尽快恢复海协会和海基会交往协商，通过平等协商务实解决两岸间的有关问题，首先要解决的就是当前两岸同胞最

① 中新社2006年9月26日报道。

关心的两岸周末包机、大陆居民赴台旅游问题；两党在新形势下将继续依循并切实落实“两岸和平发展共同愿景”，开创两岸关系和平发展新局面等。搁置争议是这次会谈的最显著特点之一。为了促进两岸关系朝和平稳定方向发展，双方都明确表示坚持“九二共识”，互相释放善意和诚意。① 正是这种积极、务实的态度使会谈收获了丰硕的成果。会谈中最关键的就是国共两党通过会谈就两会尽快恢复协商达成了共识，而且两会商谈随即启动。28 日双方达成这一共识后，29 日海协会就发函邀请海基会于 6 月 11 日至 14 日来京协商，海基会也立即表态接受邀请。这意味着，两岸间中断多年的协商谈判终于恢复，并取得实际成果，是两岸关系改善和发展的重要标志。

4. 两岸关系和平发展的“六点意见”

2008 年 3 月，台湾局势发生积极变化，两岸关系迎来难得历史机遇，中国国民党重新“执政”。5 月 20 日以来，以马英九为首的台湾当局能够与大陆一起，落实国共两党 3 年前签署的“五项共同愿景”，从而使两岸同胞多年企盼的全面直接双向“三通”得以基本实现，两岸关系“实现了历史性转折，取得了突破性进展”，步入了“和平发展的轨道”。②

12 月 31 日，胡锦涛总书记在纪念《告台湾同胞书》发表 30 周年座谈会上发表了题为《携手推动两岸关系和平发展，同心实现中华民族伟大复兴》的重要讲话，首次全面系统阐述了两岸关系和平发展的论断，提出了推动两岸关系和平发展的“六点意见”。六点意见”是对邓小平“和平统一、一国两制”理论和江泽民解决台湾问题的“八项政治主张”的继承、丰富与发展，体现了中国共产党在新形势下用和平方式解决台湾问题的真诚愿望、宽广胸怀、气魄与胆略，科学回答了为什么要推动两岸关系和平发展、怎样推动两岸关系和平发展的重大问题。

胡锦涛总结了《告台湾同胞书》发表以来两岸关系发展的经验，强调：30 年来两岸关系发展的实践告诉我们：推动两岸关系发展，实现祖国和平统一，最重要的是要遵循“和平统一、一国两制”的方针和现阶段发展两

① 新华网（北京），2008 年 5 月 28 日电。

② 2009 年 6 月 18 日，国台办主任王毅在旧金山侨界招待会上的讲话，载 2009 年 6 月 19 日国台办网站。

岸关系、推进祖国和平统一进程的八项主张，坚持一个中国原则决不动摇，争取和平统一的努力决不放弃，贯彻寄希望于台湾人民的方针决不改变，反对“台独”分裂活动决不妥协，牢牢把握两岸关系和平发展的主题，真诚为两岸同胞谋福祉、为台海地区谋和平，维护国家主权和领土完整，维护中华民族根本利益。①

胡锦涛就推动两岸关系和平发展提出六点意见：

一、恪守一个中国，增进政治互信。维护国家主权和领土完整是国家核心利益。两岸在事关维护一个中国框架这一原则问题上形成共同认知和一致立场，就有了构筑政治互信的基石，什么事情都好商量。两岸应该本着建设性态度，积极面向未来，共同努力，创造条件，通过平等协商，逐步解决两岸关系中历史遗留的问题和发展过程中产生的新问题。

二、推进经济合作，促进共同发展。两岸同胞要开展经济大合作。我们期待实现两岸经济关系正常化，推动经济合作制度化。

三、弘扬中华文化，加强精神纽带。两岸同胞要共同继承和弘扬中华文化优秀传统，开展各种形式的文化交流。我们将继续采取积极措施，推动两岸文化教育交流合作迈上范围更广、层次更高的新台阶。

四、加强人员往来，扩大各界交流。两岸同胞要扩大交流，两岸各界及其代表性人士要扩大交流。对于任何有利于推动两岸关系和平发展的建设性意见，我们都愿意作出积极回应。

五、维护国家主权，协商涉外事务。我们了解台湾同胞对参与国际活动问题的感受，重视解决与之相关的问题。两岸在涉外事务中避免不必要的内耗，有利于增进中华民族整体利益。

六、结束敌对状态，达成和平协议。海峡两岸中国人有责任共同终结两岸敌对的历史，竭力避免再出现骨肉同胞兵戎相见，让子孙后代在和平环境中携手创造美好生活。②

胡锦涛总书记的重要讲话，从政治、经济、文化、社会、涉外事务、军事安全等方面，全面系统地阐述了中国共产党的政策主张，指明了构建两岸

---

① 《人民日报》，2009年1月1日。

② 《人民日报》，2009年1月1日。

关系和平发展框架的努力方向，为开创两岸关系的未来提供了新的契机。

中共中央政治局常委、全国政协主席贾庆林在纪念胡锦涛《携手推动两岸关系和平发展，同心实现中华民族伟大复兴》的重要讲话发表一周年座谈会上的讲话，进一步阐述了胡锦涛重要讲话的新意所在：

第一，讲话“鲜明的特色和主旨，就是把我们党实现祖国完全统一的历史使命与近代以来中华民族的历史追求紧密联系起来，把两岸关系的发展与实现中华民族的伟大复兴紧密联系起来”，进一步号召两岸同胞携手推动两岸关系和平发展，同心实现中华民族伟大复兴。中国共产党十七大提出“要牢牢把握两岸关系和平发展的主题”这一论断以来，两岸关系发展的实践表明：台湾的前途系于两岸关系和平发展，系于中华民族伟大复兴。胡锦涛总书记郑重提出，回顾近代民族之艰难奋斗历程，展望未来民族之光明发展前景，我们应该登高望远、审时度势，本着对历史、对人民负责的态度，站在全民族发展的高度，以更远大的目光、更丰富的智慧、更坚毅的勇气、更务实的思路，认真思考和务实解决两岸关系发展的重大问题。我们要牢牢把握两岸关系和平发展的主题，积极推动两岸关系和平发展，实现全民族的团结、和谐、昌盛。这些重要论述充分体现了维护中华民族根本利益的坚定意志，充分展现了我们为两岸同胞谋福祉、为台海地区谋和平、为中华民族谋复兴的决心和诚意。

第二，讲话首次全面系统地阐述了两岸关系和平发展的思想，鲜明地提出了争取祖国和平统一首先要确保两岸关系和平发展的论断，科学回答了为什么要推动两岸关系和平发展、怎样推动两岸关系和平发展的重大问题。胡锦涛总书记在讲话中强调，“推动两岸关系和平发展，应该把坚持大陆和台湾同属一个中国作为政治基础，把深化交流合作、推进协商谈判作为重要途径，把促进两岸同胞团结奋斗作为强大动力”。他还指出，继续反对“台独”分裂活动是推动两岸关系和平发展的必要条件，是两岸同胞的共同责任。“两岸关系和平发展的思想，立足于对台工作长期的丰富实践，体现了实事求是的科学精神，反映了对两岸关系发展规律的深刻认识。牢牢把握两岸关系和平发展这一主题，既符合当前推进两岸关系的实际需要，又反映了两岸关系发展的客观趋势，同时也是坚持和平统一方针的必然要求。从根本上说，推动两岸关系和平发展，是我们国家发展战略的一个重要组成部分，是走中国特色社会主义道路、实现中华民族伟大复兴的战略选择。”

第三，讲话立足现实、着眼长远，体现了构建两岸关系和平发展框架的战略要求，体现了解决两岸关系重大问题的新思路、新观念、新主张，也体现了破解难题、打开僵局的政治智慧。这六点重要意见，表明了我们推动两岸关系和平发展的诚意和善意，同时又尽量回应了台湾方面的合理诉求，有利于双方共同探索和开辟两岸关系和平发展的前景。全面贯彻落实六点意见，两岸关系和平发展就能够行稳致远，两岸关系和平发展的框架就能够逐步建立。

第四，讲话“突出强调了两岸同胞在两岸关系和平发展中的主体地位，充分体现了以人为本的科学理念。两岸同胞是血脉相连的命运共同体”。胡锦涛总书记强调：“实现中华民族伟大复兴要靠两岸同胞共同奋斗，两岸关系和平发展新局面要靠两岸同胞共同开创，两岸关系和平发展成果由两岸同胞共同享有。”中国共产党历来认为，台湾同胞是发展两岸关系的重要力量。要推动两岸关系和平发展，就必须始终坚持寄希望于台湾人民的方针，尽最大可能、最大限度地团结广大台湾同胞，团结的人越多越好。只有最广泛地实现两岸同胞大团结，最充分地调动和汇聚起一切积极因素，两岸关系和平发展才大有希望。①

总之，胡锦涛总书记的重要讲话深刻把握民族根本利益和国家核心利益，深刻把握两岸关系的发展趋势，是在认真总结30年来对台工作实践经验基础上形成的最新理论成果，丰富和发展了中央对台工作的大政方针。

三、两岸“三通”实现与互动格局的形成

2008年12月，随着两岸海空直航，海峡两岸“三通”得以基本实现。两岸关系和平发展是新世纪以来两岸关系的主题，如何实现两岸关系和平发展，是海峡两岸各界关注的焦点。两岸当局与学者都将目光投向了两岸“三通”问题。“三通”是实现两岸关系和平发展的有效途径之一。进一步

① 《贾庆林在学习贯彻胡锦涛总书记重要讲话座谈会上的讲话》，新华网，北京，2009年12月30日电。

探讨两岸“三通”实现的艰难历程与两岸互动格局形成的原因，对于深入理解中共对台新政策与大力推进两岸交流、实现两岸关系和平发展与促进祖国早日统一具有十分重要的现实意义。

1. 两会重启会谈与两岸“三通”实现

《告台湾同胞书》发表以来，大陆方面的有关部门负责人先后公开发表谈话，表示随时准备与台湾有关方面就两岸通邮、通航、通商问题进行协商，同时制订了一系列政策规定，为两岸“三通”提供了法律依据与便利。1979 年，外贸部率先制订了《关于开展对台湾贸易的暂行规定》；80 年代，邮电部、商业部、交通部、外贸部、中国人民银行、中国银行、国家海洋局、国家水产总局等单位先后制订了《购买台湾产品的补充规定》、《关于两岸通航的五项决定》、《关于促进大陆和台湾通商的四点建议》、《关于两岸通邮通电的六项决定》、《关于台湾同胞来大陆探亲旅游接待办法的通知》、《关于简化台胞来大陆探亲旅游的出入境手续的决定》等规定；国务院制订了《台胞经济特区投资三项优惠办法》等相关法规与政策。90 年代，两岸红十字会签署了《金门协议》；海峡两岸关系协会与海基会签署了《两岸挂号函件查询、补偿事宜协议》；全国人民代表大会常委会通过了《中华人民共和国台湾同胞投资保护法》；国务院发布了《中华人民共和国台湾同胞投资保护法实施细则》等。然而李登辉与陈水扁主政时期，千方百计地阻挠两岸“三通”。有鉴于此，国台办通过的《以人为本为民谋利积极务实推进两岸“三通”》的说明书认为：“从李登辉到台湾当局现任领导人，都一直以所谓对等、安全、尊严为借口，拖延和阻止“三通”。台湾当局在相关规定中，刻意对“三通”设置严格的限制条款，附加了种种政治条件，极力阻挠两岸“三通”谈判。台湾当局现任领导人一方面拒不接受一个中国原则，不承认九二共识，致使两岸对话与谈判无法恢复；另一方面又不接受简便易行的民间行业组织协商三通问题的办法，致使三通商谈迟迟不能启动。”“台湾当局现任领导人破坏两岸关系发展、蓄意分裂祖国的立场和政策，是两岸直接、双向、全面三通迄今无法实现的根本原因。”①

2005 年，胡锦涛总书记同连战主席达成的两党“共同愿景”中，明确

① 《人民日报》，2003 年 12 月 17 日。

提出首先实现两岸两会的正常交往，为两岸三通开辟道路。2008 年 5 月，中国国民党重新执政后，经过国共两党的进一步磋商，两岸两会于同年 6 月 12 日在北京钓鱼台国宾馆举行会谈，此次会谈标志着中断近 10 年的两会协商谈判正式恢复。海协会会长陈云林强调：两岸协商谈判能否顺利进行，一向是两岸关系是否改善与发展的重要标志。衷心希望两会把握时机，及时、积极地交换意见，作出符合两岸同胞期待、有利于增进两岸同胞福祉的务实规划。他还说，新形势下的两会商谈应牢牢把握两岸和平发展的大方向，海协会愿秉持“建立互信、搁置争议、求同存异、共创双赢”的精神，通过与海基会的平等协商，务实解决两岸同胞关心的各种问题。海基会董事长江丙坤在会谈中表示：这次会谈象征着两会互动的恢复，也是两岸关系重新启动的一个起点。“两会正常化、制度化的往来对两岸关系未来的发展具有指标性的意义。”①

2008 年 6 月 13 日上午，海协会与海基会在北京钓鱼台国宾馆签署了《海峡两岸包机会谈纪要》与《海峡两岸关于大陆居民赴台湾旅游协议》。此举如陈云林所言：海协会和海基会在北京恢复了中断将近 10 年的两会商谈，并成功地签署了两项协议，开启了两岸谈判的历史新页。

2008 年 11 月 3 日，海协会会长陈云林率团赴台北与海基会领导人会谈。陈云林在台北机场发表讲话称：当前，两岸关系发展正面临难得的历史机遇。迈出新的步伐，推进两会制度化协商，以增进两岸同胞交往，加强两岸经济交流合作，乃当务之急。② 11 月 4 日，陈云林与江丙坤在台北圆山大饭店举行会谈。两会在台北举行领导人会谈，是两会成立以来的第一次，这也是两岸关系得到改善与发展的重要标志。在台北两岸两会签署了《海峡两岸空运协议》、《海峡两岸海运协议》、《海峡两岸邮政协议》和《海峡两岸食品安全协议》四项协议。

四项协议的签订标志着两岸同胞盼望已久的两岸直接通航、通邮即将变成现实。协议签署后，海协会常务副会长郑立中在海协会记者会上指出，今天是两岸关系史上值得记载的日子，会谈成果将带动两岸人民往来和经济文

---

① 《两会领导人会谈在京举行，两会协商谈判正式恢复》，载新华网，2008 年 6 月 12 日。

② 陈云林：《台北会谈是两会制度化协商新里程开始》，载中新网，2008 年 11 月 3 日。

化交流。江丙坤在海基会记者会上表示，两会台北会谈签署的四项协议是两岸共同努力的成果，有助于提升台湾的经济竞争力和保障台湾民众的健康权益，有信心能够顺利付诸实施。① 据台湾一项最新民调显示，超过七成民众支持两岸制度化的协商机制，七成到八成民众对此次两岸协商签署的四项协议感到满意，超过六成民众认为这些具体成果对台湾经济发展有好的影响。② 岛内媒体对陈江第二次会谈给予了高度评价：台湾《经济日报》对此发表社论称："三通"达成台湾行将浴火重生。香港《文汇报》11 月 5 日发表彭利国文章：《虽有猿声啼不住　轻舟已过万重山》；马来西亚《南洋商报》11 月 7 日发表社论：《台海两岸实现三通缔造双赢局面》；美国《侨报》11 月 4 日发表社论：《两岸交流突破"绿色困局"》；纽约时报说，陈云林访台象征两岸关系更和缓。英国广播公司（BBC）中文网站报道陈云林访台时，提到海基会董事长江丙坤称这是两岸关系迈出历史性的一步。美联、路透和法新三家主要国际通讯社都称这次陈云林访台是"历史性"行程。《华盛顿邮报》刊出评论指出，这是一次极重要的象征性磋商，可能是启动两岸关系的新纪元。

中共中央台办、国务院台办主任王毅高度评价海协会代表团此次赴台商谈是"开拓之旅、合作之旅、和平之旅"，"两会制度化协商已经站在一个新的出发点上，两岸关系的发展也呈现出前所未有的光明前景"。

2008 年 12 月 15 日，众望所归的两岸海运直航、空运直航以及直接通邮正式启动，两岸同胞魂牵梦萦的直接"三通"终于得以基本实现。

2009 年，两岸两会在反对"台独"、坚持"九二共识"的基础上建立互信，以协商合作、和平双赢代替了对抗冲突，以往民进党当政时期危机四伏的两岸关系终于得到了根本性改善。

同年 4 月 26 日，海峡两岸两会在南京举行第三次会谈。会谈中，双方就大陆资本赴台投资事宜交换了意见，达成原则共识。下午，两岸两会签署了《海峡两岸空运补充协议》、《海峡两岸金融合作协议》、《海峡两岸共同打击犯罪及司法互助协议》等三项协议。对于会谈取得的丰硕成果，岛内

① 人民网（台北）2008 年 11 月 4 日电。
② 中新社（台北）2009 年 1 月 9 日电。

各界表示欢迎和肯定。

同年12月22日，两会领导人第四次会谈又在台中市举行，围绕两岸渔船船员劳务合作、两岸农产品检验检疫合作、两岸标准计量检验认证合作、两岸避免双重征税及加强税务合作等四项议题进行协商，并最终签署协议。

在国民党执政的两年里，两岸两会四次复谈，不仅使两岸两会协商进一步制度化，而且使“三通”最终得以基本实现，同时还证明了和平发展符合时代的潮流，符合两岸人民的根本利益，也给台湾民众带来了诸多的实惠，得到了两岸同胞和国际社会的充分肯定和支持。

2. 两岸互动格局形成的原因

两岸“三通”的实现与两岸大交流、大合作与大发展局面的出现，标志着两岸互动格局最终得以形成。

对于两岸互动格局形成的原因，两岸学者有不同的看法。台湾学者过分强调了中国国民党重新走向执政与“大陆政策”的转变在两岸互动格局形成中的因素。大陆学者的论证较为客观，既认为中共十六大以来对台政策的重大转变是两岸互动格局形成的根本原因，又强调了中国国民党重新走向执政与“大陆政策”的转变在两岸互动格局形成中的作用。笔者以为两岸互动格局形成的原因是多方面的，是各种因素合力的结果。

第一，中国共产党对台政策的重大转变是两岸互动格局形成的根本原因。众所周知，1949年中国国民党退台与“反攻大陆”政策的厘定，是两岸对峙格局形成的根本原因。有鉴于此，中国共产党从消灭国民党残余与解放全中国的战略角度考虑，提出了“一定要解放台湾”的口号。1954年9月爆发了第一次台海危机，以美国为首的西方反华势力借机推波助澜，致使两岸之间剑拔弩张。为了打破美国等西方反华势力的战争叫嚣与分裂中国的图谋，化解台海危机，中国共产党主动将武力解放台湾政策调整为和平解放台湾。当然，中国共产党在强调和平解放的同时，始终未承诺放弃使用武力，而是以武力解放台湾作为和平解放的后盾。60年代初，中国共产党为了和平解决台湾问题，将对台方针概括为“一纲四目”。这一概括既丰富和发展50年代中期中国共产党关于“和平解放台湾”的政策与实践，又成为后来“一国两制，和平统一”方针的雏形。

以中国共产党十一届三中全会为其标志，中国共产党对台政策真正实现了由武力解放到和平解决的转变。全国人大常委会于 1979 年元旦发表了《告台湾同胞书》，提出了和平统一祖国的主张。1 月 30 日，邓小平接待外宾时强调："我们不再用'解放台湾'这个提法了。只要台湾回归祖国，我们将尊重那里的现实和现行制度。"① 《告台湾同胞书》的发表与邓小平的谈话，是新时期中国共产党和中国政府对台方针政策的重大转变。1981 年 9 月 30 日，全国人大常委会委员长叶剑英向新华社记者发表谈话，提出和平统一祖国的各项政策，简称"叶九条"。1982 年 1 月 11 日，邓小平在接见海外朋友时，第一次把中央关于和平统一祖国的构想概括为"一国两制"。

和平解决台湾问题一经提出，就得到了海峡两岸民众的强力支持与积极评价，为促进海峡两岸走向缓和与互动格局的形成，起了极大的推动作用。尽管以蒋经国为首的台湾国民党当局奉行"不接触、不谈判、不妥协"的三不政策，阻挠两岸之间的正常接触与交流，但最终还是被迫放弃了"反攻大陆"的政策，提出了"三民主义统一中国"的主张，并且开放台湾民众赴大陆探亲。此举尽管非常被动，但对两岸互动格局的形成起到了积极作用。

90 年代，中国共产党针对李登辉之流的"台独"活动与西方国家特别是美国加紧对中国的西化、分化，加强利用台湾问题对中国进行牵制与遏制的特点，准确把握解决台湾问题的国内国际形势，及时调整对台工作方针，在理论上积极创新，提出了发展两岸关系的八项政治主张。这一重要讲话对于推动两岸关系发展、反对和遏制"台独"分裂活动、维护祖国和平统一发挥了极其重要的作用。然而遗憾的是，江泽民解决台湾问题的八项政治主张却遭遇了李登辉抛出的"六条"意见。"李六条"背离一个中国原则，全面拒绝了"江八点"提出的促进祖国和平统一的呼吁，极力推行"两个中国"为核心的分裂政策，一直发展到公然主张"两国论"。李登辉此举使海峡两岸和平发展的大好势头遭到严重破坏，损害了两岸和平统一的基础。

进入新世纪后，台湾政局发生重大变化，主张"台独"的民进党登上"执政"舞台。台湾当局领导人陈水扁紧步李登辉的后尘，变本加厉、肆无忌惮地鼓吹"台独"言论，并与李登辉的台联党和建国党组成的"泛绿阵

① 中共中央文献研究室编：《邓小平年谱》（上），第 478 页，中央文献出版社，2004 年版。

营”，极力否定“九二共识”，挑战一个中国原则，全力推进“台独”路线，将两岸关系推到了危险的战争边缘，而且成为亚太地区稳定与繁荣的最大乱源。海外分裂势力乘机推波助澜。中国共产党与中国政府针对“台独”势力猖獗与外国分裂势力，进行了坚决的斗争。在反对“台独”和外国分裂势力的斗争中，以中共十六大为其标志，胡锦涛总书记为首的中共新一代领导集体在对台政策上进行了重大调整，实施了更为积极的两岸政策，对于推进两岸关系互动格局的最终形成，起到了至关重要的作用。中共新一代领导集体在对台政策上所做的重大调整是：其一，突出强调“牢牢把握两岸关系和平发展的主题”。其二，强调通过建立党际交流平台借以反对“台独”，构建两岸互动格局。其三，真心诚意地为台湾同胞谋福祉，通过深化两岸互利合作与交流，营造两岸和平环境。

第二，中国国民党重新走向执政与大陆政策的重大调整是两岸互动格局形成的关键原因

关于此点，学术界并没有争论。的确，如果台湾不是国民党执政，还是民进党执政，两岸“三通”根本不可能实现，两岸互动格局也无从谈起。众所周知，国共两党自1946年6月内战爆发以来，一直处于敌对状态。中国国民党退守台湾后，尽管中国共产党多次呼吁结束敌对状态，倡导第三次国共合作，实现祖国的早日统一，但由于种种历史原因和李登辉抛出“两国论”，致使国共两党与两岸关系一直处于对峙与僵化状态。

进入21世纪后，岛内“台独”势力更为猖獗，政争激烈至白热化程度，两岸关系也临近冰点。然而就在山穷水尽疑无路之际，进入2005年后，台海紧张局势出现了某些缓和的迹象。中国国民党借纪念孙中山逝世80周年之机，向海峡两岸展示化解国共两党多年积怨的意愿，追求民族大义，坚持一个中国原则，反对“台独”的立场。中国共产党主动捐弃前嫌，紧紧抓住这一有利时机，向国民党发出了参访大陆的邀请，希冀突破两岸僵局。国民党主席连战遂于4月26日至5月3日率领中国国民党代表团到大陆参访。5月5日，“泛蓝”阵营的亲民党主席宋楚瑜又率领亲民党大陆访问团抵达大陆。胡锦涛总书记与连、宋两位主席就两岸关系深入交换了意见，并分别发布了新闻公报和会谈公报。关于此点，前面已经作了说明。尽管国民党姗姗来迟，但从结束国共两党56年不交往的立场角度分析，连战的大陆

行的确是“破冰之旅”。此举既有助于化除两党积怨，又有助于消除两岸误解，加强交流，有助于“三通”，还可以进一步遏制“台独”分裂活动。

中国国民党之所以接受中国共产党的邀请，一方面是中国国民党承认“九二共识”，国共两党均坚持一个中国原则，有此共识才使国民党欣然接受中共的邀请；一方面是国共两党都持坚决反对“台独”的立场，都希望两岸之间有一个和平的环境来发展两岸经济；再一方面国民党也想通过两党交流来打破两岸僵局，顺应民意争取选票，重新夺取执政权。

2008 年 3 月，国民党终于从民进党手中夺回了“执政权”，为两党进一步交流和两岸“三通”创造了有利的条件。早在 2005 年 9 月 2 日，国民党主席马英九在接受东森亚洲新闻台采访时，就提出了两岸“三通”直航时间表。他承诺：“如果国民党执政，两年内一定完成两岸‘三通’直航。”① 马英九还提出了两岸“三通”直航的时间表。他当时的考虑是：一是表明国民党在 2008 年重夺台湾执政权的信心，并对台湾民进党当局阻挠两岸“三通”的做法表示抗议；二是马英九认识到，要想在 2008 年的台湾大选中战胜民进党，必须顺乎民意，改善两岸关系，并在促进两岸发展上采取实质性行动；三是推动两岸“三通”直航，符合“连胡会五点共同愿景”。2008 年 5 月中国国民党重新执政后，经过国共两党的进一步磋商，同意海峡两岸关系协会与海峡交流基金会就两岸“三通”问题恢复谈判。此举推进了两岸关系的重大突破，众望所归的两岸海运直航、空运直航以及直接通邮正式启动，两岸同胞魂牵梦萦的直接“三通”终于在 2008 年 12 月得以基本实现。

由上可见，如果没有国民党的重新“执政”、捐弃前嫌与改变其大陆政策，两岸“三通”是很难实现的。如果没有两岸“三通”，两岸互动格局也只能是空中楼阁。正是从这个意义上讲，中国国民党重新走向执政与大陆政策的重大调整是两岸互动格局形成的关键原因。

第三，两岸两会会谈机制的初步建立与两岸人民的深入交流是两岸互动格局形成的重要原因。关于此点，前面已经作了详细论述，此处不再述及。

第四，美国与国际社会认同两岸关系和平发展是两岸互动格局形成不可

---

① 新华网，2005 年 9 月 7 日。

或缺的外部原因。众所周知，二次大战结束后，国际关系逐渐朝着和平的方向发展，呈现出缓和与对话的趋势。随之，和平与发展成为时代的主题，求和平、促发展、谋合作是世界各国人民的共同心愿，也是不可阻挡的历史潮流。基于国际大势，美国对华政策也经历了从敌视、对抗走向合作与认同两岸关系和平发展、但仍不愿意完全放弃干涉中国事务的立场。

台湾问题本来是中国内战的遗留问题，但由于以美国为首的西方势力在台湾问题上插手中国事务，阻挠中国人民的统一大业，致使海峡两岸长期处于对峙隔绝状态。从 1972 年中美关系解冻到 1979 年中美两国建交，两国关系逐渐走向正常化。此后，美国对华政策表现了双轨政策特点：一方面与中国大陆发展正式关系，促进两岸之间的缓和；另一方面则在 1979 年 4 月通过了《与台湾关系法》，将台湾视为一个“独立的政治实体”，保持与台湾的“实质关系”，借此以阻挠中国统一。随着冷战的结束，中苏美三角战略关系发生重大变化。苏联解体，美国认为“中国牌”的作用消失，中国在美国对外关系中的作用大大减少。加上中国坚持社会主义方向，使美国决策者们开始重新评估两国关系的战略价值和基础。他们从意识形态的角度出发，不但在舆论上提出“中国威胁论”，而且采取实际措施力图遏制中国经济和社会的迅速发展。同时极力阻止中国统一的历史进程。基于中国人民坚决反对分裂与反对“台独”的严正立场和李登辉制造“两国论”使中美关系受到严重伤害，造成亚太地区局势动荡，从而迫使美国调整对华政策。美国总统克林顿时期提出对台湾将遵守“三不”政策，即“不支持台湾独立”、不支持“两个中国”或“一中一台”、不支持台湾加入任何主权国家才能加入的国际组织。当然，美国的“三不”政策是服务于其在世界和亚太地区战略利益的，美国对台政策调整很难从根本上改变美国对台的“双轨”政策。美国对华政策的核心仍然是一个中国，基本框架是“三个公报”、“一个法”和不支持“台独”。不管是民主党执政，还是共和党执政，美国对华对台政策有时会出现一些调整或摇摆，但其基本立场不会改变。美国这种做法的结果是：既坚持一个中国原则，又阻挠了中国实现完全统一；既反对中国大陆对台动武解决台湾问题，又在安抚台湾当局的同时不允许台湾公开进行“台独”活动，以改变海峡两岸的现状，维持台海两岸“不统、不独、不战”的局面。小布什上台后，对华政策虽比克林顿时期更为强硬，但随着“9.11 事件”的发生，美国对华政策又回到了原来的轨道。奥巴马上台后，从奥巴马及其执政团队的对台言论来看，其对台政策基本延续了“一个中国、三报一法、和平解决、两岸人民同意”等美国传统的“双轨政策”，对两岸关系和平发展也表现了支持与鼓励的态度。奥巴马本人在竞选时曾经明确指出，“强力支持两岸降低紧张关系，并支持两岸建立更紧密联系”，高度赞扬两岸在此方面所做的努力。美国国务卿希拉里在 2009 年 2 月访华期间也明确表态：“支持和鼓励两岸关系和平发展……期待两岸关系有更大改善。”美国既支持鼓励两岸关系和平发展，但又要保持一定介入的“两面性”立场，对两岸关系和平发展带来复杂影响。中美联合声明签订后，美国在台协会理事长薄瑞光 11 月 24 日在讲话中宣称美国坚持对台政策的一贯立场。

与此同时，国际社会对于中国共产党主张两岸关系和平发展均取支持立场。新加坡外交部发表声明认为胡锦涛提出的促进海峡两岸关系和平发展的六点意见是一个非常重要的发展，这对海峡两岸的全体中国人及整个地区都是有益的，海峡两岸关系的改善将会促进本地区的稳定与繁荣。共同社认为，胡锦涛建议两岸和平发展将进一步缓和两岸关系。正如胡锦涛所指出的：“两岸关系和平发展促进了台海地区和平稳定，受到国际社会广泛欢迎和支持。”也正是由于美国与国际社会认同两岸关系和平发展，两岸互动格局形成的外部条件才得以确立。

综上所述，可以看到两岸互动格局形成的根本原因在于中国共产党对台政策的重大转变；当然，中国国民党重新走向执政与大陆政策的重大调整，对两岸互动格局形成起到了关键作用；在国共两党开始走向合作的基础上，两岸两会会谈机制的初步建立与两岸人民的深入交流，对于推进两岸关系和平发展与两岸互动格局的形成亦起到了重要作用；从外部条件讲，美国与国际社会认同两岸关系和平发展是两岸互动格局形成不可或缺的因素。随着两岸“三通”的基本实现，两岸互动格局也得以基本形成，两岸关系真正进入了历史新阶段。

3. 经济贸易协议签订对两岸关系的深刻影响

在实现“三通”的基础上，两岸两会又于 2010 年 6 月在重庆签署了海峡两岸经济合作框架协议（简称 ECFA）。ECFA 的签订，对两岸关系产生了积极而深远的影响，笔者以为：

第一，ECFA 的签订将有利于建立“具有两岸特色的经济合作机制”，推进交流，并形成“两岸经济共同体”。ECFA 的签订对于两岸经济发展都具有十分重要的意义。特别是对台湾经济而言，在遭受了金融危机沉重打击后，复苏乏力，国民党执政能力备受质疑。总结 2 年多来的执政绩效，只有两岸政策突破是最大的收获。ECFA 的签订，使台湾争取到了 540 项 136 亿美元，给脆弱的台湾经济注入了一针强心剂。台湾“中央社”宣称“两岸经贸关系从此进入新纪元”。国民党主席马英九也宣称：两岸签订 ECFA，让很多国家重新评估对台湾的投资，台湾发展亚太经贸枢纽显然已成形。的确，ECFA 的签订不仅使两岸经济关系正常化、制度化，而且有助于两岸经济交流与合作的全面深化，将使台湾被纳入区域经济一体化，为构建“两岸经济共同体”创造条件。随着两岸经济交流的不断深化，今后两岸经济交流将“以提高两岸竞争力为核心，大力加强战略性新兴产业合作，共同推进两岸科技进步和创新”。培育和发展新兴产业，关键在于创新。只有不断推动两岸科技创新、管理创新、政策创新，才能开创两岸产业合作的新局面。

第二，ECFA 的签订将有利于促进两岸文化教育交流，不断增强休戚与共的民族认同，坚定地维护和增进中华民族的整体利益。要开创两岸关系和平发展新局面，就必须进一步加强两岸之间的文化教育交流。因为在两岸关系和平发展的基本框架中，文化交流占有特殊而重要的位置。众所周知，中华文化培养起两岸同胞共同的文化特质和民族情怀，成为维系两岸同胞民族感情的重要纽带，也是未来实现和平统一的重要基础。胡锦涛总书记在纪念《告台湾同胞书》发表 30 周年座谈会上的讲话中，提出了推动两岸关系和平发展的“六点意见”，突出强调两岸同胞要开展各种形式的文化交流，尤其要加强青少年交流，不断为两岸关系和平发展增添蓬勃活力。同时建议协商两岸文化教育交流协议，推动两岸文化教育交流合作迈上范围更广、层次更高的新台阶。在文化与教育的交流中，两岸同胞应当始终保持自觉清醒的民族意识，不断增强休戚与共的民族认同，坚定地维护和增进中华民族的整体利益。只要两岸同胞团结奋斗，把中华民族强大的凝聚力和无穷的创造力充分发挥出来，两岸经济共同繁荣就大有希望，两岸关系和平发展就大有希望，中华民族实现伟大复兴就大有希望。

第三，ECFA 的签订将有利于增进两岸政治互信度，为两岸“由经入政”提供了前提。早在 90 年代，中国共产党就提出和平解决台湾问题采取“先经济后政治”的大思路。本此思路，经过海峡两岸的共同努力，终于实现了经济交流的大突破。ECFA 的签订，使两岸互信基础更为坚实。当经济合作框架协议签订后，结束两岸敌对状态，“达成和平协议，构建两岸关系和平发展框架，开创两岸关系和平发展新局面”就提上了议事日程。然而，经济整合不等于必然走向政治整合。从这个意义上讲，在中华民族伟大复兴的新的历史起点上，两岸应进一步提升政治互信，共同肩负起终结两岸敌对状态的历史责任，竭力避免再度出现骨肉同胞兵戎相见的局面，让子孙后代在和平环境中携手创造美好生活，同时促进两岸进行政治协商谈判，签订两岸关系和平发展协议，促进祖国和平统一大业的实现。

第四，ECFA 的签订将有利于进一步降低“台独”势力的影响，为开创两岸关系和平发展新局面奠定了坚实的基础。ECFA 签订前，国民党主席马英九与民进党主席蔡英文就签订 ECFA 进行了激烈辩论，最终结果赢得了台湾多数民众对国民党大陆政策的认同。ECFA 签订后，尽管民进党意识形态作怪，千方百计阻挠 ECFA 在“立法院”通过，但包括民进党内的有识之士，均对 ECFA 签订表示了乐观其成的态度。据台湾两岸事务主管部门最新公布的民调显示：ECFA 签署后，61.1% 的台湾民众对 ECFA 成果表示满意。另据台湾媒体报道：以反对 ECFA 的 6 月 26 日民进党大游行基于台湾主流民意，也不敢打出反 ECFA 旗帜，只是以“人民公投做主，反对一中市场”为主题。上述事实表明，ECFA 签订有效地遏制了“台独”分裂活动，进一步降低了“台独”势力的影响，为开创两岸关系和平发展新局面奠定了坚实的基础。当然，由于台湾政治生态和国际因素的影响与制约，海峡两岸不可能在短期内实现统一，但有一点是非常明确的，那就是海峡两岸和平发展必须在反对“台独”和坚持“九二共识”的基础上稳步推进。

由此可见，ECFA 的签订，真正实现了两岸经济关系正常化、制度化，标志着两岸关系取得了重大突破，进入了“和平发展的轨道”。